"十二五"职业教育国家规划教材
经全国职业教育教材审定委员会审定

全国高等职业教育规划教材·电子商务专业

电子商务支付与安全

（第3版）

主　编　臧良运

副主编　纪香清　周晓菊　朱甜甜

主　审　曹彩杰

Publishing House of Electronics Industry

北京·BEIJING

内 容 简 介

本教材按照高等职业教育"以服务为宗旨，以就业为导向"的培养目标，通过对电子商务支付与安全的基本概念、基本理论的介绍，以及经典案例的解读，全面系统地阐述了支付和安全在电子商务领域中的应用。

本教材内容共分 9 个模块，以电子交易与支付为核心，叙述了电子支付工具、网上金融的知识及应用；从电子商务系统的安全角度出发，详细叙述了技术层面的网络安全技术、安全协议与认证的内容，并介绍了电子商务支付的法律保障。

本教材采取模块和任务相结合的编写体例，以每个单元开篇的情景案例对任务进行描述，在任务思考中提出问题，在任务分析中简要解析解决方法和思路，通过相关知识阐述理论知识，最后由课堂讨论、案例分析、实务训练和课后拓展等组成实践训练来检验学习效果和提高学生的动手能力。

本教材既可作为应用本科、高职高专、成人高校电子商务、信息管理、工商管理等专业的教材，又可作为其他从事电子商务活动、网络金融等技术人员的参考用书。

未经许可，不得以任何方式复制或抄袭本书之部分或全部内容。

版权所有，侵权必究。

图书在版编目（CIP）数据

电子商务支付与安全 / 臧良运主编. —3 版. —北京：电子工业出版社，2014.8
全国高等职业教育规划教材. 电子商务专业

ISBN 978-7-121-23893-2

Ⅰ. ①电… Ⅱ. ①臧… Ⅲ. ①电子商务—支付方式—安全技术—高等职业教育—教材 Ⅳ. ①F713.36

中国版本图书馆 CIP 数据核字（2014）第 169281 号

策划编辑：贾瑞敏
责任编辑：毕军志
印　　刷：三河市鑫金马印装有限公司
装　　订：三河市鑫金马印装有限公司
出版发行：电子工业出版社
　　　　　北京市海淀区万寿路 173 信箱　邮编　100036
开　　本：787×1 092　1/16　印张：16　字数：409.6 千字
版　　次：2006 年 1 月第 1 版
　　　　　2014 年 8 月第 3 版
印　　次：2021 年 11 月第 20 次印刷
定　　价：34.00 元

凡所购买电子工业出版社图书有缺损问题，请向购买书店调换。若书店售缺，请与本社发行部联系，联系及邮购电话：（010）88254888。

质量投诉请发邮件至 zlts@phei.com.cn，盗版侵权举报请发邮件至 dbqq@phei.com.cn。

服务热线：（010）88258888。

《电子商务支付与安全》第 1 版于 2006 年 1 月出版，被评为第一批普通高等教育"十一五"国家级规划教材。为体现电子商务的新问题和新成果，于 2010 年 6 月修订出版了第 2 版。其优点是知识技能先后有序、知识积累循序渐进、教学体系严谨，较符合当时的职教形势和生源特点。

  电子商务的发展日新月异，高等职业教育人才培养方案也发生了很大的变化，课程改革对教材提出了更高的要求。为了适应新形势下电子商务专业的发展要求，《电子商务支付与安全》第 3 版进行了较大的修改。与前两版和其他同类教材相比，具有以下四个特点。

1. 内容符合高职人才培养方案

  内容力求体现"以就业为导向，以能力为本位"的精神，注重学生技能的培养，整合理论知识，合理安排知识点、技能点，注重实训教学，突出对学生实际操作能力和解决问题能力的培养，强化实际工作任务培训，与学生考证相结合。

2. 知识新，实用

  本教材根据当前电子商务的实际工作需要，增加了模块 7 "认证中心 CA"，补充了移动支付、第三方支付等新知识，对于难度太大的内容，如密码技术、安全协议的原理等知识点进行了适当调整。

3. 贯彻理论实践一体化的教学思想

  内容安排上将"任务"贯穿始终，通过解决电子商务支付和安全的实际工作任务，阐述理论，培养学生的技能。

  （1）体例实用化：每个单元构建了情景案例、任务思考、任务分析、相关知识、相关链接、实践训练等板块；每个模块后有知识小结和练习测试，符合"工学结合"和任务驱动的教学理念。实践训练包括了课堂讨论、案例分析、实务训练和课后拓展等内容，适合即学即用。

  （2）任务形象化：情景案例和任务思考都是同学们日常遇到的实际问题，能够激发学生的学习兴趣，有利于教师教学的展开，学生学习后了解知识的实际用途，也能解决实际工作中的具体问题。

  （3）逻辑图表化：本教材运用了大量的图表说明任务的解决方案和流程，减少了文字叙述，具有很强的直观性和可读性。

  （4）版式生动化：本教材的排式、版面、插图等新颖生动，具有良好的视觉效果。

4. 配套资源丰富

  本教材提供丰富的教学配套资源。为更好地发挥教材的作用，体现以人为本的教育理念，提高学生的学习兴趣，调动学生学习的积极性和主动性，本教材提供了系列配套教学辅助资源（可到华信教育资源网下载）。

  （1）提供课程手册，包括教学大纲及教学活动设计，可供教师备课时使用。

  （2）制作精致的多媒体电子教案，可在教学时直接使用，也可供教师根据具体需要加以修改，满足多媒体教学的需要。

（3）提供课后练习测试题的参考答案，以及模拟试卷与参考答案，方便教师选用。

本教材共分 9 个模块，模块 1 为电子商务支付与安全概述，模块 2 为电子支付系统，模块 3 叙述了电子支付工具，模块 4 介绍网上金融，模块 5 介绍电子商务系统的安全，模块 6 是网络支付安全技术，模块 7 介绍认证中心 CA，模块 8 是电子支付安全协议，模块 9 介绍电子商务支付与安全的法律保障。

本教材是集体劳动的成果，由多所高校教师共同承担编写任务。本书由臧良运教授担任主编，并负责拟订编写提纲、统稿和定稿；纪香清、周晓菊和朱甜甜担任副主编。模块 1、模块 2 和模块 8 由齐齐哈尔大学臧良运老师编写，模块 3、模块 4 由青岛大学纪香清老师编写，模块 5、模块 6 由福州海峡职业技术学院朱甜甜老师编写，模块 7、模块 9 由山西经济管理干部学院周晓菊老师编写。第 2 版的作者青岛职业技术学院刘春霞、西安工业学院张娟、黄河水力职业技术学院陈萱老师对本教材的编写提供了宝贵的资料，作出了重要贡献。本书由黑龙江省广播电视大学曹彩杰教授主审。

本教材在编写过程中参考了大量相关领域的文献，已在书后参考文献中列出，但仍可能有遗漏。在此谨向已标注和未标注的参考文献的作者们表示诚挚的谢意和由衷的歉意！

由于编者水平所限，书中难免出现疏漏和不妥之处，敬请广大读者和专家批评指正，以期不断改进。

编　者

2014 年 5 月

目　录

模块 1

电子商务支付与安全概述

学习目标

知 识 目 标

掌握电子支付的内涵及其流程

了解电子商务安全威胁，防范技术和法律要素

掌握电子支付与安全对电子商务的作用

能 力 目 标

掌握电子支付的一般流程，了解其他支付工具的支付流程

对电子商务支付与安全有深刻的认识

素 质 目 标

激发并保持学习兴趣

养成良好的电子商务支付与安全的职业道德素养

具有严谨、规范的安全防范习惯

第1单元 电子支付

 情景案例

中国内地第一笔因特网电子交易

张丽艳是鹤乡职业技术学院电子商务专业的一名大学生，她喜欢电子商务，想在大学期间学好专业，毕业后在电子商务领域创业。她想了解中国电子商务交易的历史，在网上她看到了以下资料。

1998 年 3 月 18 日，北京友谊宾馆，世纪互联通信技术有限公司向首都各新闻单位的记者宣布：中国内地第一笔因特网电子交易成功。为本次交易提供网上银行服务的是中国银行，扮演网上商家的是世纪互联通信技术有限公司。

中国内地第一笔因特网电子交易的时间是 1998 年 3 月 18 日下午 3 点 30 分。第一位网上交易的支付者是浙江电视台播送中心的王轲平先生；第一笔费用的支付手段是中国银行长城卡；第一笔支付费用是 100 元；第一笔认购物品是世纪互联通信技术有限公司的 100 元上网机时。中国银行开展网上银行服务的最早时间是 1996 年。1997 年底，王轲平先生发现了这个站点，并填写了申请书。在接到王轲平先生的申请后，世纪互联通信技术有限公司开始着手进行这次交易的筹备，实质性的时间大约为 15 天。王轲平先生成为第一个在中国因特网上进行电子交易的人。这次交易也是国内企业与消费者在网上的"第一次亲密接触"。

 任务思考

张丽艳看后，产生了以下疑问：如果王先生没有长城卡，那他如何完成这次交易？如果现在要完成这样的交易，需要有哪些结算手段？怎样确保世纪互联通信技术有限公司能安全收到王先生支付的 100 元？王先生的其他信息会泄露给第三者吗？目前电子交易的支付安全吗？当前进行这样的一笔电子商务交易还需 15 天的时间吗？周围的同学进行过电子商务和电子支付活动吗？等等。

张丽艳同学产生的这些疑问，实际上就是和电子商务支付与安全相关的一系列问题。

任务分析

迄今为止，商品交易经济经历了原始的物物交换、简单商品交换和发达商品交换三种形式与阶段。随着网络技术的发展，电子商务已经渗透到了各行各业，对以货币为媒介的传统商品交换活动产生了巨大的冲击。

从商业角度看，电子商务是指用 Internet 作为商务平台实现整个商业贸易活动的电子化。电子商务从涵盖范围方面看，指交易各方以电子交易方式，而不是通过当面交换或直接面谈方式进行的任何形式的商业交易。

电子商务经过多年的快速发展，电子支付即网络支付已经越来越被人们所知所用。网上购买火车票、飞机票，网上缴纳水电煤气费、电话费已经非常普遍，支付宝、财付通和手机的移

动支付等电子支付平台纷纷争夺电子支付市场，电子支付逐渐成为人们关注的热点。除了购买商品使用网上支付外，现在许多学校的大学生缴纳学费都使用银行卡了。网络支付促进了电子商务的发展，方便了人们的生活。那么，网络电子支付的运行需要什么环境？网络电子支付的具体操作流程是什么呢？如何才能安全地进行网上支付结算呢？

网上购买火车票、缴纳电话费、淘宝购物等一系列电子商务要成为一个完整的过程，网上的电子支付及其安全是重要的环节。客户和商家之间不再使用现金进行结算，而是采用信用卡、电子钱包、电子支票和电子现金等多种支付方式进行网上结算，省去了交易中很多人员开销。网上支付的即时到账，缩短了交易时间。与传统的现金结算相比，网上支付的手段更多了，也更复杂了，不同的支付工具的操作流程也是不一样的。

由于电子商务双方的虚拟性，网上支付需要更为可靠的信息传输安全性控制，以防止欺骗、窃听、冒用等非法行为。对于网上支付的安全问题，现在已有实用的技术来保证信息传输的安全性。

相关知识

随着电子商务市场的高速发展，电子支付已经成为消费者最重要的支付手段之一，电子支付行业呈现爆发式增长。2011 年中国互联网支付业务交易规模达到 22 038 亿元，同比增长了118.1%。2012 年第三季度中国第三方互联网支付市场交易规模已达到 9764 亿元，同比增长了73%，2013 年前三季度累计交易规模已超过去年全年。

截至 2013 年，已有六批第三方支付企业相继获得支付业务许可，电子支付产业体系日趋完善化。电子支付迎来了包括互联网支付企业、移动支付企业、预付卡企业、银行卡收单企业在内的更多的运营主体。

未来，电子支付的"全能化"将主要体现在"3A 服务"方面——即 Anytime（任何时间）、Anywhere（任何地方）和 Anyhow（任何方式）。服务的便利性、支付的安全性成为消费者权衡电子支付优劣的两大重要指标。

1. 网络电子支付的产生和发展

在网络经济时代，企业和客户对更有效率、更快捷安全、成本更低的交易和支付方式的迫切需求，以及 Internet 的普及应用，导致了电子交易和电子支付的迅猛发展。从根本上讲，电子支付的产生源自于电子交易。

1）电子交易

所谓电子交易就是指在网上进行买卖交易。电子交易将不再是简单地开辟一条新的网上销售渠道，它采用电子技术手段改善企业经营模式、提高企业运营效率、进而增加企业收入；它将降低经营成本并能帮助企业与客户、供货商及合作伙伴建立更为密切的合作关系。这样，企业不但能赢得客户的信任，更能提高订货效率、降低库存损耗、保持资金全部周转和降低实际销售支出，进而降低成本、增加利润。电子交易也使顾客足不出户，就可以购买到物美价廉的商品和便捷舒心的服务。

与传统交易方式相比，电子交易具有以下几个优点。

（1）电子交易超越了传统商务的四大障碍：地域障碍、时间障碍、价格信息对比障碍和更换供货商的障碍。电子交易的实施可使厂商真正提供 24 小时不间断服务和全天候营业，方便客户和优化服务，客户可以足不出户、随心所欲地浏览网页和订货，并具有更多的选择余地。

（2）厂商可以根据客户浏览网页的习惯掌握客户的喜好和消费模式，有助于调整产品结构、生产和进货规划，同时厂商的直销、广告、宣传和市场调查也可以不受地理位置的限制。

（3）降低企业内部人与人之间的互动成本。

（4）减少中间流通环节，实现零库存，降低成本，从而可使用户和厂商双双得利，也有利于遏制假货的出现。借助因特网的覆盖范围和众多的用户之间实现信息流通，扩大产品销路和选择低价质优的原料。

（5）减少交通费用，减缓交通压力，节省差旅费用。

 相关链接

DELL 笔记本电脑网络交易流程

张丽艳考入鹤乡职业技术学院电子商务专业后，准备买一台笔记本电脑，在众多的笔记本电脑公司调查比较后，选中了一款。后来张丽艳在 DELL 的网站上看到，此型号产品网上购买折后价位比笔记本电脑公司便宜 999 元，而且包括增值税和运费，还可以免费得到电脑包和鼠标。张丽艳最后决定在网上购买，并按以下的流程购买。

（1）在百度（http://www.baidu.com/）上输入"戴尔"，搜索 DELL 的网站主页，进入主页后，单击"笔记本电脑"图标。

（2）找到要购买型号的笔记本电脑后，单击图标，张丽艳就按照网上提供的基本配置标准选定了商品。

（3）放入购物车。在进入"放入购物车"界面后，单击"注册新账户"按钮。

（4）系统生成了一份订单，并显示了报价单号和订单号。

（5）张丽艳在"支付宝"上按照要求进行了注册，利用自己的中国邮政储蓄银行的借记卡进行了支付。详细支付流程在模块 2 讲解。

张丽艳在 DELL 网站上的购物流程如图 1-1 所示，一笔电子交易顺利完成。一周后，张丽艳收到了笔记本电脑。DELL 的这种网络直销模式，不仅促进了公司产品的销售，而且也给消费者带来了很多的便利和实惠。

图 1-1　　DELL 网站上的购物流程

2）电子支付

所谓电子支付（Electronic Payment）是指进行电子商务交易的当事人（包括消费者、厂商和金融机构）使用安全手段和密码技术通过电子信息化手段进行的货币支付和资金流转。广义地说，电子支付就是发生在购买者和销售者之间的金融交换，而这一交换方式往往借助银行或其他机构支持的某种电子金融工具完成，如电子现金、电子支票和电子银行卡等。它无须任何实物形式的标记，以纯粹电子形式的货币，一般以二进制数字的方式保存在计算机中。

信用卡专线支付结算方式在 20 世纪 70 年代就开始了，因此电子支付与结算方式的出现要早于现在的 Internet。随着 20 世纪 90 年代全球范围内 Internet 的普及和应用，电子商务的深入发展标志着信息网络经济时代的到来，一些电子支付结算方式逐渐采用费用更低、应用更为方便的公用计算机网络，特别是将 Internet 作为运行平台，网络支付（Internet Payment）就应运而生了。本书所讲的电子支付，主要指的就是网络支付。

与传统的支付方式相比，电子支付具有以下优势。

（1）电子支付适应了整个社会向信息化、数字化发展的趋势。电子支付是通过网络以先进、安全的数字流转技术完成信息传输；而传统的交易支付方式则以传统的通信媒介通过现金、票据、银行兑汇等物理实体完成，无法满足信息社会高效、便捷的商务活动需求。

（2）电子支付的工作环境是基于开放的系统平台（如 Internet），而传统的交易支付方式则在较为封闭的系统中运行（如某银行的各分行之间）。工作环境的开放性使得商家加入电子支付系统更加方便快捷，没有障碍；而开放性带来的普遍性也使得消费者可以随时随地进行消费支付活动。

（3）电子支付是跨时空的电子化支付，能够真正实现全球 7 天 24 小时的服务保证。交易方只要有一台能够上网的 PC 或手机，就可以足不出户，在很短的时间内完成整个支付过程。

（4）电子支付有助于降低交易成本，最终为消费者带来更低的价格。传统的支付系统要求银行、分行、银行职员、自动取款机及相应的电子交易系统来管理现金和转账，成本非常高。而电子支付只需现有的技术设施、互联网和现有的计算机（手机）系统就可以，而且只需要少数系统维护人员。电子支付的交易效率较高，从而加快了资金周转速度，降低了企业的资金成本。

3）电子支付发展历程

银行采用计算机等技术进行电子支付的形式有五种，分别代表着电子支付发展的不同阶段。

第一阶段是银行利用计算机处理银行之间的业务，办理结算。

第二阶段是银行计算机与其他机构的计算机之间资金的结算，如代发工资等业务。

第三阶段是利用网络终端向客户提供各项银行服务，如自助银行。

第四阶段是利用银行销售点终端（POS）向客户提供自动的扣款服务，这是现阶段电子支付的主要方式。在这一阶段，以各发卡行的行内授权系统为基础，全国银行卡信息交换中心和城市银行卡中心的建立为银行卡的跨行交互和跨行交易创造了条件，网络现行的支付系统也自然成为第五阶段网上支付的软硬件基础。

第五阶段是最新阶段，也是正在发展的阶段。电子支付可随时随地通过互联网进行直接转账结算，形成电子商务交易平台。这一阶段的电子支付又叫网上支付。

2．电子支付面临的问题

与传统支付相比，虽然电子支付存在很大的优势。但就目前而言，电子支付仍然存在一些缺陷限制了其发展，主要表现为以下几方面。

（1）安全性和支付信息私密性问题。这是一直困扰着电子支付发展的关键问题。目前主要采用行政管理和计算机安全技术双管齐下的方法进行防范，如防止内部作案、建立安全的认证体系、设立防火墙等。

（2）对软硬件要求很高。电子支付一般要求有联网的计算机、服务器、相关的软件与配套设施、专业人员的配备，而传统支付则没有这么高的要求。对于原来没有实现电子化办公、没有建设内部网的企业而言，一步实现电子支付的投入太高。

（3）电子支付工具需要相应的系统支持。消费者选用的电子支付工具必须满足多个条件，首先要由消费者账户所在的银行发行，要有相应的支付系统和商家所在银行的支持，被商家认可。如果消费者的支付工具得不到商家的认可，电子支付还是难以实现的。而对消费者来说，要求同时持有各种流行的支付工具，也是不现实的。所以，电子支付的推广要求商家认可支持多种支付工具，各种电子支付系统能够相互兼容，实现系统的互通。

3．网络电子支付的运行环境

电子支付是一种通信频次大、数据量不定、实时性要求较高、分布面很广的电子通信行为，因此电子支付的运行环境即网络平台必须是交换型、通信时间较短、安全保密好且稳定可靠的通信平台，并面向全社会，对所有公众开放。

电子支付的常见网络平台有电话交换网 PSTN、公用数据网、专用数据网、电子数据交换 EDI 专用网络平台及近年发展起来的 Internet 等。最早的电子支付网络平台主要有 PSTN，x.25 和 x.400 网络等，后来出现了 x.435，x.500 等网络平台。随着网络时代的到来，这些网络的普及面及速度都明显跟不上当前业务发展的需要，特别是不能支撑以 Internet 为平台的电子商务下支付结算的需要。

目前，网络支付的支撑网络平台主要有两类：一类是传统成熟的 EDI 专用网络支付平台；另一类是大众化网络平台 Internet，它们各有优缺点和应用环境，随着 Internet 在全社会各行各业的大规模普及应用，加上其方便快捷、多媒体互动性强及经济的应用特点，大众化网络平台 Internet 已成为网络支付平台的发展趋势。EDI 正从专用网络逐渐向 Internet 转移，如 Web-EDI 的发展就是支付平台的关注热点，也体现出上述两个平台的融合趋势。所以本书的叙述重点是基于 Internet 平台的电子支付。

4．网络电子支付流程

1）网络支付结构

Internet 网络支付平台主要由 Internet、支付网关、银行内部专用业务网络三部分组成，其网络结构如图 1-2 所示。支付网关的作用是特殊而重要的，它是位于 Internet 和传统的银行专用网之间，用于连接银行专用网络与 Internet 的一组专用服务器。设置支付网关的主要目的是安全地连接 Internet 和银行专用网，完成两者之间的通信、通信协议转换和进行相关支付数据的加密、解密，将目前不安全开放的 Internet 上的交易信息传给内部封闭的安全的银行专网，起到隔离和保护银行内部网络的作用。正是有了支付网关，

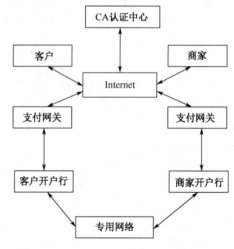

图 1-2　Internet 网络支付平台结构

整个 Internet 网络支付平台才安全可靠，大大方便了商家与客户对网络支付系统的应用，因为支付网关的运作对商家与客户来讲均是"透明"的，它由第三方或银行来研发运作。

2）电子支付流程

在处理电子支付时借鉴了很多传统支付方式的应用机制和过程，只不过流通的领域不同，一个是运用传统纸制货币与票据，大多手工作业；一个是运用电子货币且网上作业；但是，基于互联网平台的网络支付结算流程与传统的支付结算过程是类似的。如果熟悉传统的支付结算

方式,如纸制现金、支票、银行 POS 等方式的支付结算过程,将有助于对网络支付结算流程的理解。例如,用户通过互联网进行电子支付的流程与目前商店中的销售点系统的支付结算过程非常相似,其主要不同在于电子支付的客户通过 PC,以互联网服务器作为操作和通信的工具,而 POS 支付结算使用专用刷卡机、专用终端、专线通信。

基于互联网平台的电子支付的基本流程如图 1-3 所示。根据工作流程图,可将整个电子支付工作程序分为下面 7 个步骤。

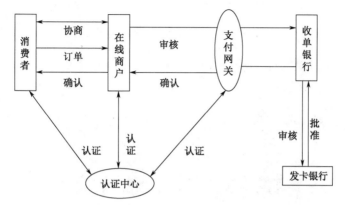

图 1-3 基于 Internet 平台的电子支付的一般流程

(1)消费者利用自己的 PC 通过 Internet 选定所要购买的物品,并在计算机上输入订货单,订货单上需包括在线商店、购买物品名称及数量、交货时间及地点等相关信息。

(2)通过电子商务服务器与有关在线商店联系,在线商店做出应答,告诉消费者所填订货单的货物单价、应付款数、交货方式等信息是否准确,是否有变化。

(3)消费者选择付款方式,如信用卡、电子钱包、电子现金、电子支票或网络银行账号等,确认订单,签发付款指令。此时 SET(Secure Electronic Transaction,安全电子交易协议)开始介入。

(4)在 SET 中,消费者必须对订单和付款指令进行数字签名。同时利用双重签名技术保证商家看不到消费者的账号信息。

(5)在线商店接受订单后,向消费者所在银行请求支付认可。信息通过支付网关到收单银行,再到电子货币发行公司确认。批准交易后,返回确认信息给在线商店。

(6)在线商店发送订单确认信息给消费者。消费者端软件可记录交易日志,以备将来查询。

(7)在线商店发送货物,或提供服务;并通知收单银行将钱从消费者的账号转移到商店账号,或通知发卡银行请求支付。

在认证操作和支付操作中间一般会有一个时间间隔,例如,在每天的下班前请求银行工作人员结当天的账。

网络支付的基本流程只是对目前各种网络支付结算方式的应用流程的简单归纳,并不表示各种网络支付方式的应用流程与上述的一样。事实上在实际应用中,这些网络支付方式的应用流程由于技术上、资金数量上、管理机制上的不同还有所区别,但大致遵循该流程。不过像信用卡、电子现金、网络银行账号的网络支付结算流程还是有所差别的。

网络支付流程还有一个特点,即实现的是资金的立即支付,它适用于数目众多的较小金额的电子商务业务，对客户与商家来说都是方便的。对较大金额的资金支付结算，如大企业与大企业之间的电子商务，实现互联网上的立即支付并不现实。这时，传统上采用独立于商务交易环节的金融 EDI 或银行专业 EFT 系统，这是目前比较普遍采用的支付结算方式。

 相关链接

中国工商银行网上个人银行支付流程

（1）登录中国工商银行网站 http://www.icbc.com.cn/icbc/，单击"自助注册"按钮进行注册，如图 1-4 所示。

图 1-4 工商银行"自助注册"界面

（2）输入个人准确信息进行注册，如图 1-5 所示。注册成功后，系统提示"您已成功注册，可以登录系统"。

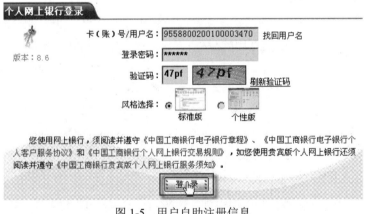

图 1-5 用户自助注册信息

（3）登录支付宝网站 http://www.alipay.com/，利用手机或 E-mail 进行注册。交易建立后，在支付宝账户的"交易管理"中单击"付款"按钮，如图 1-6 所示。

图 1-6　支付宝"交易管理"界面

（4）选择要使用的网上银行，以上述中国工商银行电子口令用户为例，如图 1-7 所示。

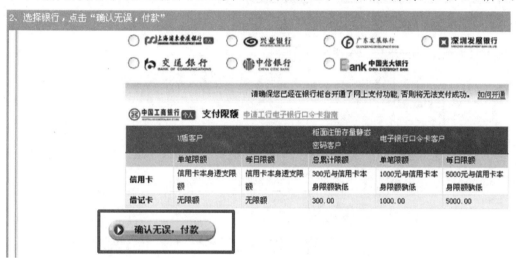

图 1-7　选择工商银行付款

（5）显示出应付总价及选择的网上银行，单击"去网上银行付款"按钮，如图 1-8 所示。
（6）输入卡号、验证码，单击"提交"按钮，如图 1-9 所示。

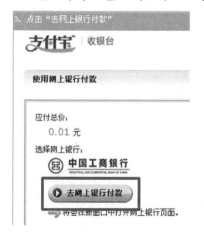

图 1-8　进入工商银行网上银行付款

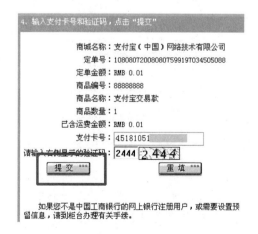

图 1-9　输入卡号和验证码

（7）确定在工行的预留信息，单击"确定"按钮，如图1-10所示。

（8）输入口令密码、网上银行登录密码、验证码，单击"提交"按钮，如图1-11所示。

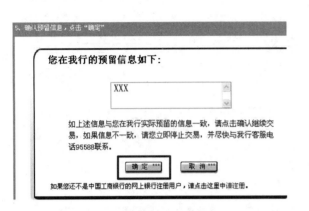

图1-10　确定付款预留信息　　　　　　　　图1-11　确认支付信息并提交

（9）页面显示支付成功，如图1-12所示。

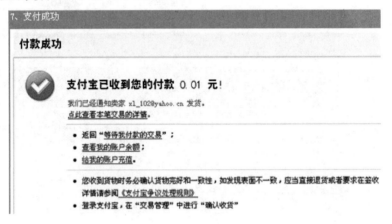

图1-12　支付成功

实践训练

1．课堂讨论

（1）电子支付的产生根源是什么？电子交易有哪些优点？

（2）什么是电子支付？电子支付具有哪些优势？存在哪些问题？

（3）电子支付的一般流程是什么？

2．案例分析

比尔·盖茨曾断言"传统银行将成为21世纪即将灭绝的恐龙"，该结论未免有些夸张，至少在国内是不现实的。但银行的电子化能力确实远远落后于发展的需要，甚至可以说，正因为此才造就了中国特色的电子支付业务。

飞速发展的互联网彻底颠覆了银行对持卡用户的传统服务思维，使之变得更加电子化、便捷化和个性化。网银是第一个因互联网推动而标准化的银行通道能力，接下来会是什么呢？快捷无卡、IVR 语音、代收代付、空中发卡……无论如何，银行的电子通道将越来越丰富、越来越标准化。另一方面，这些电子通道的承载能力、安全保障、产品易用性、资费定价方式等需要大幅优化，才能满足 80 后、90 后主流用户急速膨胀的消费需求。

讨论与分析

传统银行的银行卡、网上银行等电子支付工具在电子交易过程中具有哪些优势和劣势？需要做哪些改进？

3．实务训练

（1）你进行过电子支付吗？下载过收费的彩铃吗？登录 http://www.12530.com/，找到你喜欢的彩铃，试着下载一首（收费 2 元）。你是怎么缴费支付的？与到营业厅缴纳手机费相比，你认为这种电子支付有哪些优势？

（2）上网查找信用卡支付流程，画出流程图。

实训说明

（1）请同学们在课后完成本单元实训。

（2）对比银行卡和网银支付的异同。

4．课后拓展

（1）上网查询你持有的银行卡和该银行网银的支付流程。

（2）上网查询，了解其他支付工具，如信用卡、电子现金等的支付流程。

第 2 单元　电子商务安全

 情景案例

一个多月支付宝被盗 39 笔

2013 年初，经常淘宝的福州 90 后女生小林，把母亲的两张银行卡绑定在了自己的支付宝上，并申请了"快捷支付"功能。开通"快捷支付"后，小林网购付款时，只需输入支付宝密码，即可从两张银行卡里提取资金，进行消费。而支付宝绑定的是小林的手机号。

过了几个月，小林换了一个手机号，注销了旧号码。2013 年 2 月 27 日，小林收到一封淘宝网的退货邮件。一查淘宝账户才发现，从 1 月中旬开始，有人用她的淘宝账号，进行了 39 笔交易，母亲的两张银行卡先后有 12 000 多元被盗刷。

小林意识到账户被盗，随即报警。警方发现，39 笔交易所留的收货人电话，是小林一年前注销的手机号，收货地点是福州盖山的一家网吧，收货人姓杨，今年 20 岁，是这家网吧的网管。

在证据面前，杨某向警方交代，这个尾数为"7817"的手机号，是他 2012 年 6 月买的。2013 年 1 月 18 日，他打算用这个手机号申请一个支付宝账户，发现这个号码已绑定了一个支

付宝账户。熟悉网购的他，通过"手机号寻回密码"的方式，更改了支付宝账户的原密码。

　　杨某用修改后的密码登录支付宝，发现这个账户开通了"快捷支付"，还关联着两张银行卡。通过"快捷支付"，杨某虽然不知道银行卡的账号、密码，但输入支付宝密码，就买到了价值 400 元的 Q 币。随后一个多月间，他用支付宝盗刷 12 000 多元，大部分用于购买网游装备、计算机等商品。杨某因涉嫌盗窃已被刑拘。

 任务思考

　　通过上述情景案例可以发现，网上支付安全是电子商务面临的最大安全问题。只有建设良好的电子商务安全系统，才能保障网上支付的安全性，促进电子商务的健康发展。

　　电子商务安全面临哪些威胁？具体包括哪些安全要素？技术方面应该采取什么防范措施？管理方面应该怎么加强监管？如何才能实现安全的电子商务？如何才能使小林的事件不再重演？

任务分析

　　随着 Internet 的发展，电子商务已经逐渐成为人们进行商务活动的新模式。越来越多的人通过 Internet 进行商务活动。电子商务的发展给人们的工作和生活带来了新的尝试和便利，前景十分诱人，也为人们带来无限商机。但许多商业机构对是否采用电子商务仍持观望态度，主要原因是对网上运作的安全问题存有疑虑。美国密执安大学的一个调查机构曾对 23 000 名因特网用户调查显示：超过 60% 的人由于担心电子商务的安全性问题而不愿进行网上购物。

　　木马病毒的猖狂泛滥，人们防范意识的不足，使得电子商务的安全性尤其是电子支付的安全性越来越成为人们关注的热点。

　　当许多传统的商务方式应用在开放的 Internet 上时，便会带来许多源于安全方面的问题。电子商务的交易安全就是对交易中涉及的各种数据的可靠性、完整性和可用性进行保护。做到传输的安全性、数据的完整性、交易各方的身份认证和交易的不可抵赖性，才能确保电子商务的安全。

　　电子商务安全可以分为信息传输与访问过程中的安全，以及电子商务系统的安全，电子商务安全协议、网上支付安全、移动商务安全、移动支付安全、电子商务身份认证和计算机及其网络的安全。

　　从国内外的情况来看，电子商务发展的速度太快，致使其安全技术和安全管理跟不上，这是一个越来越突出的问题。安全是一个系统的概念，电子商务安全问题不仅仅是个技术性的问题，不仅仅只涉及技术，更重要的还有管理，而且它还与社会道德、行业管理及人们的行为模式都密切相关。

　　电子商务面临哪些安全威胁？如何进行有效防范？

 相关知识

　　在运用电子商务模式进行贸易的过程中，安全问题就成为电子商务最核心的问题，也是电子商务得以顺利推行的保障。

　　电子商务在全球范围内的迅猛发展，使电子商务中的网络安全问题日渐突出。在传统交易

过程中，买卖双方是面对面的，因此比较容易保证交易过程的安全性和建立起信任关系。但在电子商务过程中，消费者、商户、银行是通过网络来联系的，彼此远隔千山万水通过网络来完成购物、支付等一系列的商务活动；如果系统安全性被破坏，入侵者就有可能假冒成合法用户来改变用户数据、解除用户订单或生成虚假订单，使商户遭受损失；消费者在将个人数据或自己的身份数据（如口令）发送给商户时，这些信息也可能会在传递过程中被窃听，使消费者受到损失。因此，电子商务系统中交易各方都面临着安全威胁。

1. 电子商务面临的安全威胁

信息在网络上传递时，要经过多个环节和渠道。由于计算机技术发展迅速，原有的病毒防范技术、加密技术、防火墙技术等始终存在着被新技术攻击的可能性。计算机病毒的侵袭、黑客非法侵入、线路窃听等很容易使重要数据在传递过程中被泄露，威胁电子商务交易的安全。一般来说电子商务安全中普遍存在着以下几种安全隐患。

（1）信息的截获和窃取。如果没有采用加密措施或加密强度不够，攻击者可能通过互联网、公共电话网、搭线、电磁波辐射范围内安装截收装置或在数据包通过的网关和路由器上截获数据等方式，获取输入的机密信息，或通过对信息流量和流向、通信频度和长度等参数的分析，推出有用信息，如消费者的银行账号、密码及企业的商业机密等。

（2）信息的篡改。当攻击者熟悉了网络信息格式以后，通过各种技术方法和手段对网络传输的信息进行中途修改，并发往目的地，从而破坏信息的完整性。这种破坏手段主要有三方面。

① 篡改：改变信息流的次序，更改信息的内容，如篡改购买商品的出货地址等。

② 删除：删除某个消息或消息的某些部分，例如，一些淘宝店铺雇佣黑客删除差评，误导消费者。

③ 插入：在消息中插入一些信息，让接收方读不懂或接收错误的信息。

（3）信息假冒。当攻击者掌握了网络信息数据规律或解密了商务信息以后，可以假冒合法用户或发送假冒信息来欺骗其他用户，主要有以下两种方式。

① 伪造电子邮件，虚开网站和商店，给用户发电子邮件，收订货单；伪造大量用户，发电子邮件，穷尽商家资源，使合法用户不能正常访问网络资源，使有严格时间要求的服务不能及时得到响应；伪造用户发大量的电子邮件，窃取商家的商品信息和用户信用，等等。

② 假冒他人身份，如冒充领导发布命令、调阅密件；冒充他人消费、栽赃；冒充主机欺骗合法主机及合法用户；冒充网络控制程序，套取或修改使用权限、通行字、密钥等信息；接管合法用户，欺骗系统，占用合法用户的资源。由于攻击者掌握了数据的格式，并可以篡改通过的信息，可以冒充合法用户发送假冒的信息或者主动获取信息，而远端用户通常很难分辨清真伪。

（4）恶意破坏。由于攻击者可以接入网络，则可能对网络中的信息进行修改，掌握网上的机要信息，甚至可以潜入网络内部，其后果是非常严重的。

（5）交易抵赖。交易抵赖包括多个方面，例如，发信者事后否认曾经发送过某条信息或内容；收信者事后否认曾经收到过某条消息或内容；购买者下了订货单不承认；商家卖出的商品因价格差而不承认原有的交易。

此外，各种外界的物理性干扰，例如，通信线路质量较差、地理位置复杂和自然灾害，等等，都可能影响到数据的真实性和完整性。

 相关链接

互联网信息安全不容乐观

中国互联网络信息中心公布的《2013 年中国网民信息安全状况研究报告》指出，整体上，我国信息安全环境不容乐观，有 74.1% 的网民在过去半年内遇到过信息安全问题，总人数达 4.38 亿。

在遭受经济损失的人群中，平均每人损失了 509.2 元，过去半年全国因信息安全遭受的经济损失达到了 196.3 亿元。

过去半年因网上购物发生安全问题的网民数占整体网民的 4.0%，影响人口达 2010.6 万人。因网上购物发生安全事故人群中，发生较多的是遇到欺诈信息，发生比例达 75.0%；其次为假冒网站/诈骗网站，比例为 60.7%；其他方面，个人信息泄露和账号密码被盗分别为 42.9%、23.8%，中病毒或木马的情况为 22.6%。

在因网络支付发生安全事件的人群中，遇到假冒网站/诈骗网站的比例达 57.1%。近年来，假冒的钓鱼网站较为猖獗，已经成为互联网安全的主要危害之一。此外，遇到个人信息泄露的比例为 39.3%，资金被盗、被骗和账号密码被盗的比例达 32.1%。

在智能手机上网用户群中，接收到手机垃圾短信/骚扰短信、骚扰电话的比例分别达 68.6% 和 57.2%，在手机上网人群中，除了骚扰电话和垃圾短信外，发生安全事件概率最多的是手机浏览网页，发生比例达 16.8%；其次为手机游戏，发生比例达 13.8%；再次为手机聊天工具和手机下载文件，发生比例在 12% 左右；其他方面，手机搜索引擎、手机购物、手机支付等也可能导致安全事件。

2. 电子商务安全要素

电子商务随时面临的威胁导致用户对电子商务安全的迫切需求，真正实现一个安全电子商务系统所要求做到的各个方面，主要包括机密性、完整性、认证性和不可抵赖性等。下面分析电子商务的安全要素。

1）有效性

有效性是指贸易数据在确定的时刻、确定的地点是有效的。

电子商务以电子形式取代纸张，保证信息的有效性就成为开展电子商务的前提。电子商务作为贸易的一种形式，其信息的有效性将直接关系到个人、企业或国家的经济利益和声誉，因此，要对网络故障、操作错误、应用程序错误、硬件故障、系统软件错误，以及计算机病毒所产生的潜在威胁加以控制和预防。保证计算机系统的安全是保证电子商务系统数据传输、数据存储及电子商务完整性检查的正确和可靠的根基。

2）真实性／认证性

真实性是指接收方可以确信信息来自发信者，而不是第三者冒名发送；发送方可以确信接收方的身份是真实的，而不至于将商品发往与交易无关的第三方。

由于网络电子商务交易系统的特殊性，企业或个人的交易通常都是在虚拟的网络环境中进行，要使交易成功，必须做到：首先要能确认对方的身份，对商家要考虑客户端不能是骗子，而客户也会担心网上的商店是不是一个玩弄欺诈的黑店，所以对个人或企业实体进行身份性确

认成了电子商务中很重要的一环；其次对人或实体的身份进行鉴别，为身份的真实性提供保证，即交易双方能够在相互不见面的情况下确认对方的身份。这意味着当某人或实体声称具有某个特定的身份时，鉴别服务将提供一种方法来验证其声明的正确性，一般都通过证书机构 CA 和证书来实现。

例如，因特网中计算机系统的身份是由其 IP 地址确认的，黑客使用虚假 IP 地址，以达到隐瞒自己身份的目的。另外，在日常电子邮件的使用中很难避免匿名邮件或使用不真实的邮件用户名；因此，在电子商务中必须建立严格的身份认证机制，以确保参加交易各方身份的真实有效。

3）保密性

保密性是指保证只有发送者和接收者可以接触到信息。

电子商务作为贸易的一种手段，其信息一般包括个人、企业或国家的商业机密。例如，信用卡的账号和用户名被人获悉，就可能被盗用；订货和付款的信息被竞争对手获悉，就可能丧失商机。传统的纸面贸易都是通过邮寄封装的信件或通过可靠的通信渠道发送商业报文来达到保守机密的目的；而电子商务建立在开放的网络环境中，因此，对传送的信息要求加密，以预防非法的信息访问和信息在传输过程中被非法窃取。

4）完整性

完整性是指信息在传输过程中未经任何改动。

由于数据输入时的意外差错或欺诈行为，或者数据传输过程中信息的丢失、重复或传送次序的差异都可能导致贸易各方得到的信息不同。由于因特网的开放体系，只要具备特定的知识和工具，完全可以更改传输中的数据，因此，必须预防对信息的随意生成、修改和删除，同时还要防止数据传送过程中信息的丢失和重复，并保证信息传送次序的统一。另外要采取适当的访问控制，以保证数据存取系统的安全。在电子商务中务必保存数据原始的格式和内容，因为贸易各方信息的完整性会影响交易和经营的策略。保持贸易各方信息的完整性是电子商务应用的基础。

5）不可否认性

不可否认性是指在交易数据发送完成以后，双方都不能否认自己曾经发出或接收过信息。

在传统的纸面贸易中，贸易双方通过交易合同、契约或贸易单据等书面文件上的签名或盖章来鉴别贸易伙伴，确定合同、契约和单据的可靠性，以预防抵赖行为的发生，这也就是人们常说的"白纸黑字"。为了保证通信过程的各个环节都必须是不可否认的，电子交易必须为交易双方提供可靠的标识。

不可否认性主要包含数据的原始记录和发送记录，确认数据已经完成发送和接收，防止接收用户更改原始记录，或者否认已收到数据并拖延下一步工作。为了保证交易过程的可操作性，必须采取可靠的方法来确保交易过程的真实性，保证参加电子交易的各方承认交易过程的合法性。

3. 电子商务安全技术

一个全方位的计算机网络安全体系结构包含网络的物理安全、访问控制安全、系统安全、用户安全、信息加密、安全传输和管理安全等。充分利用各种先进的主机安全技术、身份认证技术、访问控制技术、密码技术、防火墙技术、安全审计技术、安全管理技术、系统漏洞检测技术、黑客跟踪技术，在攻击者和受保护的资源间建立多道严密的安全防线，极大地增加了恶意攻击的难度，并增加了审核信息的数量，利用这些审核信息可以跟踪入侵者。下面主要介绍密码技术、安全协议、PKI（Public Key Infrastructure，公钥基础设施）、网络安全技术等内容。实际上安全协议和PKI技术都是源于密码技术。

1）密码技术

密码技术是保证电子商务安全的重要手段，是信息安全的核心技术。它主要包括加密、签名认证和密钥管理三大技术。

（1）加密。所谓加密就是使用数学方法来重新组织数据，使得除了合法的接收者外，任何其他人要想恢复原先的"报文"或读懂变化后的"报文"是非常困难的。许多密码算法现已成为网络安全和商务信息安全的基础。密码算法利用秘密密钥（Secret Keys）来对敏感信息进行加密，然后把加密好的数据和密钥（要通过安全方式）发送给接收者，接收者可利用同样的算法和传递来的密钥对数据进行解密，从而获取敏感信息并保证了网络数据的机密性。

（2）密钥管理技术。密钥管理包括密钥的产生、存储、装入、分配、保护、丢失、销毁及保密等内容。其中分配和存储是最棘手的问题。密钥管理不仅影响系统的安全性，而且涉及系统的可靠性、有效性和经济性。在用密码技术保护的现代信息系统的安全性主要取决于对密钥的保护，而不是对算法或硬件本身的保护，即密码算法的安全性完全寓于密钥之中。

（3）数字签名。数字签名（Digital Signature）是公开密钥加密技术的一种应用，是指用发送方的私有密钥加密报文摘要，然后将其与原始的信息附加在一起，合称为数字签名。通过数字签名能够实现对原始报文的鉴别与验证，保证报文的完整性、权威性和发送者对所发报文的不可抵赖性。数字签名机制提供了一种鉴别方法，保证了网络数据的完整性和真实性。普遍用于银行、电子贸易等，以解决伪造、抵赖、冒充、篡改等问题。

（4）安全协议。安全协议是许多分布式系统安全的基础，是电子商务系统运行的安全通信标准。目前国际上流行的电子商务所采用的协议主要包括以下四方面。

一是电子支付协议。电子支付作为电子商务中最重要的内容，目前已经出现了很多的电子支付协议。根据人们在现实生活中常见的有基于卡的支付协议、基于支票的支付协议和基于现金的支付协议。著名的有：First Virtual、SSL、SET、iKP、NetBill、E-Cash 等。

二是安全 HTTP（S-HTTP）协议。

三是安全电子邮件协议（如 PEM、S/MIME 等）。

四是用于公对公交易的 Internet EDI（UN/EDIFACT）等。

（5）PKI 技术。PKI 是利用公钥算法原理和技术为网上通信提供通用安全服务的基础设施。它为电子商务、电子政务、网上银行证券等提供一整套安全基础平台。

密钥管理是电子商务安全业务中共同存在的问题，为解决在 Internet 上开展电子商务的安全问题，世界各国在经多年研究后，初步形成了一套完整的解决方案。PKI 采用证书管理公钥，即结合 x.509 标准中的鉴别框架来实现密钥管理，通过 CA 把用户的公钥及其他标识信息捆绑在一起，在 Internet 上验证用户的身份，保证网上数据的保密性和完整性。

PKI 的核心元素是数字证书，其核心执行者是认证机构。有关数字证书服务的应用、实施是广泛开展电子商务的基本前提，电子商务的深入开展离不开数字证书技术和认证机构的正确督导。

2）网络安全技术

网络安全是电子商务安全的基础，一个完整的电子商务系统应建立在安全的网络基础设施之上。网络安全所涉及的方面比较多，如操作系统安全、防火墙技术、VPN（Virtual Pager Net Work，虚拟专用网）技术和各种反黑客技术和漏洞检测技术等。其中最重要的就是防火墙技术。

防火墙建立在通信技术和信息安全技术之上，它用于在网络之间建立一个安全屏障，根据指定的策略对网络数据进行过滤、分析和审计，并对各种攻击提供有效的防范，主要用于 Internet 接入和专用网与公用网之间的安全连接。具体工作原理，在第 6 模块将进行详细叙述。

 **相关链接**

防火墙

防火墙一般有 3 个端口，如图 1-13 所示。其中一个接外网（Internet），一个接内网，一个接 DMZ（Demilitarized Zone 的缩写，中文名称为"隔离区"），在 DMZ 区中有网络服务器。安装防火墙所要达到的效果：内网区的计算机可以任意访问外网，可以访问 DMZ 中指定的网络服务器，Internet 和 DMZ 的计算机不能访问内网；Internet 可以访问 DMZ 中的服务器。

图 1-13　防火墙

VPN 也是一项保证网络安全的技术之一，它是指在公共网络中建立一个专用网络，数据通过建立好的虚拟安全通道在公共网络中传播。企业只需要租用本地的数据专线，连接上本地的公众信息网，其各地的分支机构就可以在互相之间安全传递信息；同时，企业还可以利用公众信息网的拨号接入设备，让自己的用户拨号到公众信息网上，就可以连接进入企业网中。使用 VPN 有节省成本、提供远程访问、扩展性强、便于管理和实现全面控制等好处，是目前和今后企业网络发展的趋势。

4．电子商务安全体系结构

电子商务的安全体系应包括：安全可靠的通信网络，保证数据传输的可靠完整，防止病毒、黑客入侵；电子签名和其他身份认证系统：完备的数据加密系统等。

（1）支持服务层。支持服务层包括密码服务、通信、归档、用户接口和访问控制等模块，它提供了实现安全服务的安全通信服务。

（2）传输层。传输层发送、接收、组织商业活动所需的封装数据条，实现客户和服务器之间根据规定的安全角色来传递信息。数据条的基本类型：签名文本、证书、收据、已签名的陈述信息、数字化的商品、访问某种服务所需的信息、获得物理商品所需的信息等。传输层包括付款模块、文档服务模块和证书服务模块等。

（3）交换层。交换层提供封装数据的公平交换服务。所谓公平是指 A 和 B 同意进行交换，则 A 收到 B 封装数据条的充要条件是 B 收到 A 的封装数据条。

（4）商务层。商务层提供商业方案，如邮购零售、在线销售信息等。商务层也称一般业务服务层。这一层实现各种网上商务活动与服务，如标准的商品目录／价目表、电子支付工具等保证商务信息安全传送、认证交易各方的合法性、商务活动协同和商品交易等。

5．电子商务安全法律要素

安全的电子商务除了依赖于技术因素外，还必须依靠法律手段、行政手段来最终保护参与电子商务各方的利益。法律法规的建设成为当前电子商务发展不可或缺的要素。

开展电子商务需要在企业和企业之间、政府和企业之间、企业和消费者之间、政府和政府之间明确各自需要遵守的法律义务和责任，其主要涉及以下几方面的法律要素。

（1）有关 CA 中心的法律。CA（Certificate Authority，证书授权中心）是电子商务中介于买卖双方之外的公正的、权威的第三方，是电子商务中的核心角色，它担负着保证电子商务公正、安全进行的任务。因而必须由国家法律来规定 CA 中心的合法地位、设立程序和设立资格及必须承担的法律义务和责任，也必须由法律来规定由谁来对 CA 中心进行监管，并明确监管的方法及违规后的处罚措施。

（2）有关保护个人隐私、个人秘密的法律。本着最小限度收集个人数据、最大限度保护个人隐私的原则来制定法律，以消除人们开展电子商务时对泄露个人隐私及重要个人信息（如信用卡账号和密码）的担忧，从而吸引更多的人上网进行电子商务活动。

（3）有关电子合同的法律。需要制定有关法律对电子合同的法律效力予以明确；对数字签名、电子商务凭证的合法性予以确认；对电子商务凭证，电子支付数据的伪造、变更、注销做出相应的法律规定。

（4）有关电子商务的消费者权益保护法。网络交易过程中，消费者对商家信誉的信心只能寄托于为交易提供服务的第三方，如 CA 中心和收款银行等。其中，CA 中心能够核实商家的合法身份，收款银行则能掌握商家的信誉情况。一旦因商家不付货、不按时付货或者货不符实而对消费者产生损害时，可以由银行先行赔偿消费者，再由银行向商家追索损失，并降低商家在银行的信誉，或取消商家电子支付的账号，或将商家违规情况记入 CA 中心的黑名单，甚至取消商家的数字证书。

（5）有关网络知识产权保护的法律。网络对知识产权的保护提出了新的挑战，因此在研究技术保护措施时，还必须建立适当的法律框架，以便侦测仿冒和欺诈行为，并在上述行为发生时提供有效的法律援助。

值得指出的是，在制定电子商务法律时，要坚持灵活性和安全性的高度辩证统一。为了电子商务的安全性，必须加快电子商务立法。但由于电子商务还处在快速发展之中，在很多方面（如数字身份认证）应该首先考虑行业的自律机制，以避免不灵活或不协调的政府法规的"锁定"效应。

 **相关链接**

Android 平台成恶意程序重灾区

2012 年，我国移动用户数量稳步增长，新增智能设备数量跃居世界首位，应用程序商店下载量快速增长。同时，移动互联网恶意程序也在快速繁衍和扩散，危害用户隐私安全，或造成垃圾短信泛滥，给感染用户造成话费损失等。

2012 年，监测到和网络安全企业通报的移动互联网恶意程序样本有 162 981 个，较 2011 年增长了 25 倍，其中约有 82.5%的样本针对 Android 平台。Android 平台已成为恶意程序的重灾区，这主要是缘于 Android 平台的用户数量快速增长和 Android 平台的开放性。

按照恶意程序的行为属性统计，恶意扣费类的恶意程序数量仍居第一位，占 39.8%，流氓行为类占 27.7%，资费消耗类占 11.0%，分列第二、三位。

 ## 实践训练

1. 课堂讨论

（1）电子商务面临的安全威胁有哪些？

（2）电子商务安全要素有哪些？

（3）电子商务安全技术主要有哪两类？

2. 案例分析

支付机构需平衡快捷与安全

针对目前存在的网络支付风险，阿里小微金服集团安全副总裁江朝阳详解了支付宝的安全策略，通过实时风险监控系统将资损率控制在十万分之一以下，远低于业内平均水平。

针对小林支付账号被盗的事件，支付宝采用从终端环境保护、用户认证、隐私保护、安全产品、交易行为监控等完整的链条去保障用户安全。以交易行为监控为例，支付宝开发了一套国内最先进的智能风险实时监控系统，可以实时为用户提供保护。

据支付宝方面统计，2012 年因运营商二次放号带来的账户风险不到 100 笔，占全年快捷支付总笔数的两千五百万分之一。"我们也已经宣布，类似案例我们会进行补偿，可以说风险非常低。但考虑到用户的诉求，我们还是开通了安全度更高的'双因子'验证机制，增加了身份证输入验证。"江朝阳坦言，双因子提高了安全度，但降低了便捷性。"提升了密码手机重置安全级别，有20%的用户因无法找回密码而进行投诉，而这个机制对支付宝案件率的下降也几乎没有作用。"

因此，支付宝方面认为，解决此类安全问题更好的方式是运营商等上下游伙伴通力合作。

讨论与分析

电子商务支付过程中，你认为快捷和安全哪个更重要？

3. 实务训练

（1）上网查找最近的病毒流行排行，了解一两个电子商务安全事件。掌握电子商务安全的具体内容。

（2）你的计算机受到过安全威胁吗？你是如何处理的？

实训说明

（1）本部分实训既可在课堂上进行，也可课后完成实训。

（2）总结电子商务安全事件产生的原因，指出应该采取哪些相应的预防措施。

4. 课后拓展

以小组为单位上网收集资料，开展"电子商务安全技术和法律哪个更重要？"的辩论。

第 3 单元　安全电子支付

情景案例

　　手机用来打电话、发短信人人皆知，但您能否想象，有一天，不用兑换零钱，也不用使用公交 IC 卡，乘坐公交车时只要将手机在车上轻轻一"刷"，就能潇潇洒洒地坐公交车？手机不仅可用来刷卡乘车，还可查询余额和空中充值。这听起来有点"天方夜谭"的事，却已经在湖南郴州实现，郴州市民目前能享受到这种在国内公交行业独一无二的手机支付服务。2012 年 3月 9 日，湖南移动郴州分公司与市公共汽车公司签署了"移动公交一卡通"项目战略合作协议。

　　随着业务的不断推进，手机除了能乘坐公交车，还可在超市、便利店等地方进行刷卡购物，同时还可在集团单位内部实现一卡通，真正实现"一机在手，消费随心"。继卡类支付、网络支付后，手机支付俨然成为新宠。

　　手机支付便利了消费者，也为商家带来了机遇，电子支付促进了电子商务的发展，其前景广阔。淘宝的成功，除了网站自身的优势以外，支付宝所起到的作用也是不可低估的。

　　消费者在进行电子支付的时候，最担心的就是安全问题。银联手机支付使用了目前国际上最先进、最安全的智能加密技术，采用硬件级加密无法破译，比传统的银行卡和网上银行更加安全。因此，如果手机遗失，无需担心银行卡信息的丢失和账户资金的安全，挂失并补办智能SD 卡后就可继续使用。

任务思考

　　湖南郴州市民用手机进行支付服务活动，大大地便利了人们的生活，拓展了电子支付的新领域。无论使用信用卡、网银还是移动支付，人们除了关心便捷性以外，最为担心的还是安全问题。那么，电子支付面临哪些安全威胁？其应对措施是什么？安全的电子支付对电子商务的发展和我们的生活有什么意义？

　　本单元主要阐述安全电子支付的内容，通过本单元的学习，激发同学们学习《电子商务支付与安全》的积极性。

任务分析

　　以电子支付技术为基础的信用卡、电子货币、网上银行和移动支付等的普及应用，为电子商务的发展提供了金融基础。信用卡以其方便、快捷、安全等优点成为人们消费支付的重要手段，并由此形成了完善的全球性信用卡计算机网络支付与结算系统，为电子商务中的网上支付提供了重要的技术手段。

　　伴随着 2012 年"双十一"支付宝无线业务单日 900 万笔的业绩，可以看到用户对于移动支付的使用潜力。另外，智能终端的普及也给移动支付从硬件上带来了更广阔的可操作性。移动支付产业链各方目前都在积极寻求合作，共同开发抢占市场。为寻求自身利益最大化，银行、运营商、第三方机构各方激烈博弈，分别推出了适于自身发展的移动支付方式，例如，中国移动大力倡导的 RF-SIM 方案，银联推广的 SD 卡方案，手机制造商推广的 NFC 手机等，激烈的多方博弈导致我国之前的移动支付市场处于比较混乱的状态。

可以说 2012 年是移动支付爆发式增长的前兆，移动支付在这一年占尽了天时、地利、人和，未来肯定会以惊人的速度改变整个支付产业。

继手机的一卡通支付后，微信支付已经上线。用户只需在微信中关联一张银行卡，并完成身份认证，即可将装有微信 APP 的智能手机变成一个全能钱包，之后即可购买合作商户的商品及服务，用户在支付时只需在自己的智能手机上输入密码，无需任何刷卡步骤即可完成支付，整个过程简便流畅。

无论是银行卡、网上银行还是手机移动支付，都极大地方便了消费者。电子商务的发展除了依靠计算机技术、互联网技术以外，支付技术和安全技术是其发展最重要的物质基础。相应的法律制度、管理规范是我国电子商务规范、有序发展的重要保障。

作为 2012 年涌现出来的创新热点，移动支付很有可能改变产业发展与未来生活。湖南郴州率先开通的公交手机支付服务，必然会在全国普及。电子支付的不断创新，保障了电子商务的快速发展。但是像福州小林被盗刷资金的事件，也给消费者的网上支付带来了隐忧。

 相关知识

1. 电子支付的安全问题

信息流、商流、资金流、物流是商务活动的四大环节，资金流又是商务运作模式的核心，是政府、商家、客户最为关心的对象，其运作的好坏直接影响到商务处理的效果，因此政府、企业及家庭个人对解决资金流的运行效率和服务质量的要求也越来越高。

电子商务安全和网络安全问题已经变得日益突出，在这种背景下，网上金融服务面临着和很多普通互联网服务相同的安全威胁，电子支付的有效性、真实性、机密性、完整性、认证性和不可抵赖性等安全要求面临危机，支付的安全性变得尤为重要。

1）电子支付面临的安全问题

在 2013 年首届中国电子支付发展研讨会上，公安部网络安全保卫局透露，2012 年国家网络安全保卫部门刑事犯罪立案数达 10 万多起，其中有 46.1% 的是网络诈骗案。针对电子支付的违法犯罪案件时有发生，犯罪手法不断翻新，安全问题日益困扰蓬勃发展的中国电子支付行业。

电子支付面临的安全问题主要表现在以下几方面。

（1）计算机病毒。计算机病毒是编制者在计算机程序中插入的破坏计算机功能或者破坏数据，影响计算机使用并且能够自我复制的一组计算机指令或者程序代码。计算机中毒后，可能会导致正常的程序无法运行，删除计算机内的文件或使其受到不同程度的损坏。通常表现为增、删、改、移。中毒的计算机很有可能无法正常完成电子商务活动，或者无法进行正常的电子支付。

（2）黑客攻击。利用计算机的安全漏洞，入侵计算机系统的行为称为黑客攻击。它的破坏性在于黑客攻击以侵入他人计算机系统、盗窃系统保密信息、破坏目标系统的数据为目的。在利益的驱使之下，入侵者在网上获取用户信息，将账单转嫁到目标主机上，设立钓鱼网站，对用户进行诈骗。

 **相关链接**

遭受境外黑客攻击严重

　　来自国家互联网应急中心（CNCERT）的最新数据显示，中国遭受境外网络攻击的情况日趋严重。CNCERT 抽样监测发现，2013 年 1 月 1 日至 2 月 28 日不足 60 天的时间里，境外 6747 台木马或僵尸网络控制服务器控制了中国境内 190 万余台主机；其中位于美国的 2194 台控制服务器控制了中国境内 128.7 万台主机。

　　针对中国网上银行、支付平台和网上商城等的钓鱼网站有 96% 位于境外，其中位于美国的 619 台服务器承载了 3673 个针对境内网站的钓鱼页面，美国服务器承载钓鱼页面数量占全部钓鱼页面数量的 73.1%。

　　（3）系统安全漏洞。系统安全漏洞是指可以用来对系统安全造成危害，系统本身具有的或设置上存在的缺陷。漏洞主要是因为设计和实施中出现错误所致，造成信息完整性、可获得性和保密性受损。错误通常在软件中，也存在于各个信息系统层，从协议规格到设计及物理硬件。系统在安全方面存在漏洞，非法网站、病毒和非法插件会通过这个漏洞入侵系统，破坏系统的安全性，给电子支付带来巨大的威胁。

　　2）电子支付安全问题产生的主要原因

　　（1）技术原因。由于受到目前计算机和网络科学技术水平的限制，系统的安全漏洞还无法彻底消除，电子支付系统的软件、硬件和协议等存在安全漏洞，很容易被不法分子利用。电子支付依赖于现代化的电子信息传递和电子处理系统，一旦通信或系统出现故障，将会出现资金汇划延误，严重时将导致整个电子支付业务瘫痪。

　　（2）安全意识低。在国内，互联网用户账号、密码信息被盗取现象已存在多年，甚至已形成"灰色产业链"。一些单位和个人由于安全意识不强和防范手段的疏漏，导致账号、密码等通过网络泄密，造成资金损失。在当前网络安全形势尖锐的环境下，加强对信息系统中安全保护，提升安全防范意识尤为重要，养成良好上网习惯，尽可能不在网吧等公共场合进行网上支付。

　　（3）法律因素。现有的法律法规对网络安全犯罪缺少具体司法解释，缺少具体定罪量刑标准。目前的《计算机信息网络国际联网安全保护管理办法》中规定制造和传播病毒是违法的，但是对于木马、黑客程序等并没有清晰的界定，这也是木马程序制造者敢于利用网络公开叫卖的根本原因。

　　病毒软件只是一种计算机程序，每一环节都不违法，但是如果应用到窃取账号等行为时，就违法并危害了网络安全，但很难查处。例如，虚拟资产在现实中难以认定价值，定盗窃罪没有依据。受害者有权利提起民事诉讼请求，但操作上还是有些困难，包括收集证据、赔偿的标准和计算方法，目前我国立法上缺少统一的规定。

　　（4）安全管理滞后。由于我国电子支付方面的法律相对滞后，对电子支付市场特别是非金融机构支付监管不够，目前存在的商业银行和非金融机构支付产品质量参差不齐，机构员工安全意识淡薄，安全防护措施不够，用户的交易安全和个人信息存在很大的风险。有些电子支付平台要求用户提供真实姓名、联系方式、住址、银行账号甚至身份证号，个别网站在设计上存在问题，致使这些信息很容易被泄露。

　　（5）信用体系不健全。我国的信用机制建设启动较晚，2002 年上海资信有限公司运营的个人信用联合征信服务系统投入使用，中国第一个"个人信用档案数据中心"诞生，随后其他信用建设项目陆续开始启动。美国建立起其完善的信用体系，足足用了一百年的时间。

信用评价体系落后，信用缺失成本低，失信甚至违法行为大行其道。进行电子支付时，交易双方本能地相互不信任，都害怕对方会不守信，担心自己的利益会受到侵害，因此，宁愿自己先失信，也不愿等到另一方失信后损失自己的利益。

电子商务能够促进交易的发生，降低交易的成本。但在电子支付阶段如果没有足够的诚信体系做保证，交易成本反而会提升。尽快建立起一个健全的社会信用评价体系是解决我国电子支付信用问题的当务之急。

2. 安全电子支付的途径

（1）技术保障。技术保障是指实现电子商务所需的设备、技术等能够稳定、安全地提供所需的功能，其中主要包括实体的安全和网络技术的安全。通过提高设备和网络技术的安全性能，保证电子支付信息传递的完整性和可靠性。利用加密技术保证电子支付的机密性，通过验证技术保证电子支付的真实性和完整性，通过防火墙、杀毒软件等，保证计算机系统不受侵害，提高安全协议、认证技术，保证电子支付的安全性。

（2）加强宏观管理。加强对企业和个人的安全防范教育，企业要建立保密制度、病毒防范制度，加强人员管理，有安全预案。个人要保护好密码账号等信息，保持良好的上网习惯。建立全社会的信用评价体系，对于失信者给予惩罚，保证电子支付安全的顺利进行。

（3）建立健全法律法规。尽快完善电子商务、电子交易和电子支付方面的法律法规，通过法律条文的形式来保护电子商务信息的安全，惩罚网络犯罪，建立一个良好的电子商务法制环境来约束人们的支付行为。

具体内容将在模块 5～9 进行详细学习。

3. 安全电子支付的意义

电子支付的广泛应用，基本满足了社会经济多样化的支付服务需求，对减少现金流通，降低交易成本，提高支付效率，培育社会信用，促进金融创新、塑造新型支付文化和促进电子商务的发展发挥了重要的作用。包括中国在内的许多国家开始重视网络支付与结算方式，这也是学习、研发、推广应用网络支付与结算方式的必要性所在。

电子支付作为新型的支付方式，已经对电子商务和金融发展产生重大影响。这些影响主要表现在以下几方面。

（1）安全的电子支付发展能够提高电子商务和金融运行效率，节约交易成本，促进经济发展。

（2）安全的电子支付为电子商务的发展提供了广阔的前景，有利于缓解并最终解决电子商务中的支付瓶颈问题。

（3）安全的电子支付突破时空的限制，丰富了支付手段，促进金融创新改革和发展。

（4）安全的电子支付方便了日常生活支付需要，有利于培养健康文明的支付习惯。

（5）安全的电子支付将对货币政策，主要是对货币的基本定义、货币发行方式、货币流通速度和货币乘数等方面产生一定影响。

（6）安全的电子支付工具特别是信用卡的使用将促进消费信贷发展，培育社会信用体系建设。

 **相关链接**

24 秒就被转走 10 多万元

安徽省的陈女士，在 2013 年进行网购时，被骗子诱导进行了"超级网银"授权支付操作，短短 5 分钟内，账户中 10 多万元就被洗劫一空。

陈女士在一家购物网站看中一件 200 元的衣服，店家表示需要向厂家订货，再由陈女士来进行支付，并向陈女士提供了一个"代付链接"。（代付操作是一种网购服务，即甲购买商品，但由乙来付款。）

陈女士在代付链接上进行了支付，却无法查到交易记录，于是向店家咨询。店家表示："由于系统异常，无法正常显示交易订单，请联系客服解冻订单"，并发给陈女士一个 QQ 号。

陈女士没有多想，便与店家提供的客服 QQ 进行了联系。客服 QQ 表示：要解冻订单，需要进行"签约授权"操作，并提供了一个链接。

陈女士点开了上述链接，按照客服 QQ 的提示进行了逐步操作，但随后便发现网银账户的资金出现异常。在之后约 5 分钟时间内，骗子先后分 6 次，从陈女士账户中转走了 108 800 元，其中，前两笔金额各为 5 万元的转账，时间间隔仅为 24 秒。

上述案例是一起典型的钓鱼欺诈。其实是不法分子在正规网站进行低价诱骗顾客下单购买商品，以木马、假链接的形式进行诈骗。

 实践训练

1. 课堂讨论

（1）电子支付面临哪些安全威胁？

（2）安全支付的作用有哪些？

2. 案例分析

一项网上调查显示，人们不愿意采用电子支付方式的前两大影响因素分别是信用和安全。调查显示，91.1%的消费者把安全因素作为是否使用网上支付的第一要素，而有 61.2%的网民不使用网上支付也是由于安全的问题。而这两大问题，也成为了横亘于电子商务和消费者之间的最大障碍，阻碍了网上支付这一新兴的支付服务的发展。

讨论与分析

（1）"魔高一尺，道高一丈"，对于提高支付工具的技术水平来保障交易安全，你有哪些更好的建议？

（2）法律制度的健全是促进支付良性发展的主要保障，你认为应该建立哪些相关的电子交易法规制度？

3. 实务训练

对电子商务支付与安全认知进行实训。

实训说明

（1）本部分实训既可在课堂上进行，也可在授课后集中完成实训。

（2）比尔·盖茨说："传统银行将成为 21 世纪即将灭绝的恐龙"，请谈谈你的理解。

（3）上网查询银行卡和网银的支付流程。

（4）上机了解网络安全防范手段。

（5）从支付和安全两方面分析：电子商务既然有这么多优点，为什么网上交易还不普及？

4．课后拓展

上网搜集移动支付的资料，结合课程学习内容，写一篇关于移动支付现状、前景和安全问题的小论文，题目可以自拟。

知识小结

电子商务是计算机网络的又一次革命，是通过电子手段建立一种新的经济秩序，它不仅涉及电子技术和商业交易本身，而又涉及诸如金融服务、诚信和安全其他层面。信息化、Internet 和电子支付是实现电子商务的基础条件。

电子支付是指进行电子商务交易的当事人（包括消费者、厂商和金融机构）使用安全手段和密码技术通过电子信息化手段进行的货币支付和资金流转。用 Internet 作为运行平台的网络支付极大地促进了电子商务的发展。

网络支付平台主要由 Internet、支付网关和银行内部专用业务网络三部分组成。电子支付工作程序主要包括七个步骤。

病毒的侵袭、黑客非法侵入、线路窃听等很容易使重要数据在传递过程中泄露，威胁电子商务交易的安全。实现一个安全电子商务系统所要求做到的各个方面，主要包括机密性、完整性、认证性和不可抵赖性等。可以通过密码技术、网络安全技术和法律规范电子商务和支付行为。

资金流处理的支付与结算问题已经成为电子商务发展的瓶颈，电子支付的安全对于电子商务的开展起着非常重要的作用，任何在互联网上进行商务活动的企业和消费者都要积极采取相应的安全措施，以确保自身交易的安全，避免遭受利益损失。

练习测试

1．名词解释

电子交易　电子支付　计算机病毒　黑客攻击　网络安全漏洞

2．选择题

（1）下面哪个不是电子支付的"全能化"的"3A 服务"？（　　　）

　　A．Anytime　　　　B．Anywhere　　　　C．Anyhow　　　　D．Anyone

（2）（　　）是公钥基础设施的简称。

    A．SET   B．PKI   C．EDI   D．Intranet

（3）电子支付的特征不包括哪些？（　　　）

    A．通过现金的方式进行款项支付

    B．工作环境是基于互联网开放的系统平台

    C．使用的是最先进的通信手段，对软件、硬件设施的要求很高

    D．具有方便、快捷、高效、经济的优势

（4）以下哪些问题会涉及资金的安全？（　　　）

    A．黑客入侵   B．内部作案   C．密码泄露   D．以上都是

（5）电子商务系统必须保证具有十分可靠的安全保密技术，必须保证网络安全（　　　）。

    A．不可修改性   B．信息的稳定性

    C．交易者身份的确定性   D．数据的可靠性

（6）信息的完整性是指（　　　）。

    A．信息不被他人所接收   B．信息内容不被指定以外的人所知悉

    C．信息不被篡改   D．信息在传递过程中未经任何改动

3．简答题

（1）与传统交易相比，电子交易有哪些优势？

（2）与传统的支付方式相比，电子支付具有哪些优势？

（3）电子支付的流程包括哪些内容？

（4）电子商务面临的威胁有哪些？

（5）密码技术具体包括哪些？

（6）电子支付面临哪些安全威胁？

4．论述题

试论述电子支付安全的重要作用。

模块2

电子支付系统

学习目标

知识目标

了解电子支付系统的结构和功能

了解不同电子支付系统的性能

掌握常用电子支付系统操作规范和要求

能力目标

掌握在ATM、POS和网上支付系统的操作方法

能准确掌握第三方支付系统的操作流程

素质目标

养成严谨的职业道德素养

养成严谨、规范的支付工作习惯

第1单元　电子商务支付系统概述

情景案例

在暑运和春运期间，同学们大都要往返于学校和家庭之间，由于火车票价格较低，大多数同学都选择火车出行，同学们都感到火车票一票难求。"火车票 12306 网上订火车票"（http://www.12306.cn 铁路客户服务中心）由于售票时间比车站和电话购票提前，因此是许多人的购票首选。

2013 年寒假前，鹤乡职业技术学院电子商务专业的张丽艳同学在 12306.cn 网站订购了一张从学校到家乡的火车票，订单提交成功后，系统提示进行"网上支付"，进入后系统出现如图 2-1 所示的页面。

图 2-1　12306 购票支付网上银行选择

任务思考

张丽艳只有学校代发的中国邮政储蓄银行卡，那么她是否可以完成网上支付，购买到火车票呢？

你是否也遇到过类似的问题？你是怎么解决的？你在淘宝等其他购物网站都是如何支付的？

任务分析

如果我们到火车站的售票大厅购买火车票，直接付现金就可以买票，是传统的一手交钱一手交货的交易模式。随着互联网的普及和电子商务在中国的迅速发展，网络支付应运而生。不同电子商务网站的支付方式、支付工具也不尽相同。

张丽艳同学在支付的时候遇到了一个小小的问题，现在张丽艳是网上购票，不能直接支付现金，她只能进行网上支付。如果张丽艳有中国工商银行、中国农业银行、中国银行、招商银行的银行卡，就可以直接单击相应银行的图片按钮进行付款。如果我们和张丽艳一样，没有这几家的银行卡，而是有其他银行的银联卡，可以单击"中国银联"图片按钮，也可以完成网上支付。

她看到购票支付选择银行的图片下面有系统提示：请您选择支付银行。建议使用中国工商

银行、中国农业银行、中国银行、招商银行的银行卡，支付请直接单击相应银行的按钮；如果您使用其他银行的银行卡，请单击"中国银联"图片按钮。

最后张丽艳同学单击了"中国银联"按钮，利用中国邮政储蓄银行的银联卡按照系统的提示顺利地完成了网上支付，支付了 103.5 元的车票款。

12306.cn 网站可以支持 180 多家银行卡支付业务，其中，中国工商银行等全国性银行 21 家，花旗银行等外资银行 7 家，北京农商银行等区域性银行 166 家。如图 2-2 所示，12306 购票支付系统除了支持银行卡支付外，还支持网银支付，银联迷你付（Minipay）。

项目任务的核心就是如何完成网上支付的问题，网上购票支付系统涉及哪些支付工具，有哪些要求，等等。

图 2-2　12306 购票支付系统

很多同学除了在网上购买火车票外，还在淘宝、亚马逊等其他电子商务网站进行过购物，网络支付是完成电子商务交易的最重要环节，其安全性和便利性越来越受到消费者的重视。

 相关知识

传统的支付结算系统是以手工操作为主，以银行的金融专用网络为核心，通过传统的通信方式（邮政、电报、传真等）来进行凭证的传递，从而实现货币的支付结算。其中，使用的支付工具不论是现金，还是支票、传单都是有形的，在安全性、认证性、完整性和不可否认性上有较高的保障，但存在效率低下、成本高等问题。

电子商务的发展要求信息流、资金流和物流三流畅通，以保证交易的速度。在电子商务的交易中，如果依赖传统的支付方法，如现金、支票等就不可能完成在线的实时支付。所谓"实时"，就意味着当消费者单击浏览器上的"付款"按钮时，整个交易就已经被执行并完成，传统支付方式则通常要求消费者离开在线平台，以电话或邮寄的方式付款。银行转账也存在一定的处理时延，而且容易产生诈骗行为，因为消费者无法知道网上商店是真正存在的还是骗财的虚构公司。由此可见，没有适当的支付手段相配合，电子商务的发展只能是纸上谈兵，无从体现电子商务方便、快捷、低成本的优越性。在这种情况下，在线电子支付支付系统是电子商务得以顺利发展的基础条件。

1. 电子支付系统的构成

电子商务是一种全新的商务模式，对传统支付结算方式的冲击很大。在网上支付领域比较

多的是网上购物、网上银行和网上证券等金融业务，其中网上购物交易在网上支付中具有比较普遍的意义。

在网上购物过程中，网上交易依托网上支付，使消费者、商户和金融机构之间用安全的支付工具来交换商品和服务，即把电子现金、银行卡、网上银行等支付信息通过网络安全传送到银行而实现支付。电子商务带来的网络化让有形的支付工具无形化了，在网上支付系统中，不论是将现有的支付模式转化为电子形式，还是创造出网络环境下新的支付工具，它们多多少少都具有无形化的特征，货币可以是智能卡芯片中的一组数据、硬盘中的一个文件或网络中的一组二进制流，在一次支付中，甚至可能不会产生任何实体的东西，而只是生成了若干文件而已。

用户系统、商务系统和银行支付系统构成了网上电子商务购物交易系统的必备实体。

在日常的电子商务交易中，除了像张丽艳同学这种网络银行在线支付形式外，还有在自动存取款机上进行存取款、转账和支付，使用银行卡在超市的销售点处的电子转账系统（POS）进行电子资金转账，买卖还可以双方通过"支付宝"等第三方转账支付等其他支付形式，电子商务支付系统是一个涉及多方的复杂系统。

电子商务支付系统是电子商务系统的重要组成部分，它指的是消费者、商家和金融机构之间使用安全电子手段交换商品或服务，即把新型支付手段包括电子现金（E-cash）、信用卡、借记卡、智能卡等的支付信息，通过网络安全传送到银行或相应的处理机构来实现电子支付；是融购物流程、支付工具、安全技术、认证体系、信用体系及现在的金融体系为一体的综合大系统。

电子商务支付系统的基本构成如图 2-3 所示。其中，客户是指与某商家有交易关系并存在未清偿的债权债务关系（一般是债务）的一方。客户用自己拥有的支付工具（如信用卡、电子钱包等）来发起支付，是支付体系运作的原因和起点。

商家则是拥有债权的商品交易的另一方，他可以根据客户发起的支付指令向金融体系请求获取货币给付。商家一般准备了优良的服务器来处理这一过程，包括认证及不同支付工具的处理。

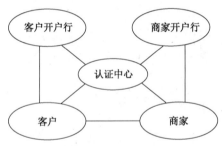

图 2-3　电子支付系统基本构成

客户的开户行是指客户在其中拥有账户的银行，客户所拥有的支付工具就是由开户行提供的，客户开户行在提供支付工具的同时也提供了一种银行信用，即保证支付工具的兑付。在卡基支付体系中，客户开户行又被称为发卡行。

商家开户行是商家在其中开设账户的银行，其账户是整个支付过程中资金流向的地方。商家将客户的支付指令提交给其开户行后，就由开户行进行支付授权的请求，以及行与行间的清算等工作。商家的开户行是依据商家提供的合法账单（客户的支付指令）来工作的，因此又称为收单行。

支付网关是公用网和金融专用网之间的接口，支付信息必须通过支付网关才能进入银行支付系统，进而完成支付的授权和获取。支付网关的建设关系着支付结算的安全及银行自身的安全，关系着电子商务支付结算的安排及金融系统的风险，必须十分谨慎。因为电子商务交易中同时传输了两种信息：交易信息与支付信息，必须保证这两种信息在传输过程中不能被无关的第三者阅读，包括商家不能看到其中的支付信息（如信息卡号、授权密码等），银行不能看到其中的交易信息（如商品种类、商品总价等）。这就要求支付网关一方面必须由商家以外的银行或其委托的卡组织来建设。另一方面网点不能分析交易信息，对支付信息也只是起保护与传输的作用，即这些保密数据对网关而言是透明的。

金融专用网则是银行内部及银行间进行通信的网络，具有较高的安全性，包括中国国家现代化支付系统、人民银行电子联行系统、工商银行电子汇兑系统、银行卡授权系统等。

我国银行的金融专用网发展很迅速，为逐步开展电子商务提供了必要的条件。

认证机构则负责为参与商务活动的各方（包括客户、商家与支付网关）发放数字证书，以确认各方的身份，保证电子商务支付的安全性。认证机构必须确认参与者的资信状况（如通过在银行的账户状况，与银行交往的信用历史记录等），因此认证过程也离不开银行的参与。

除以上参与各方外，电子商务支付系统的构成还包括支付中使用的支付工具及遵循的支付协议，是参与各方与支付工具、支付协议的结合。其中目前经常被提及的电子支付工具有银行卡、电子现金、电子支票等。银行卡的发展已有一段时间，但多数只用在专用网络中，公用网络上的银行卡支付还有待发展。电子现金常被称为全新的网上支付工具，能离线操作，但其实际上是对传统现金交易的模拟。电子支票也是对传统纸基支票支付的全部处理过程的电子化，目前在专用网上的应用已较为成熟。

除此之外，还常将网上银行看作一种电子商务支付方式，网上银行可以模拟资金转账、汇兑委托收款等业务，还可以有不断的金融创新，是十分有潜力的一个领域。网上银行又称网络银行、在线银行，是指银行利用电子数据交换（Electronic Data Interchange，EDI）技术，通过在 Internet 上建立网站，向客户提供金融服务。

在网上交易中，消费者发出的支付指令，在由商户送到支付网关之前，是在公用网上传送的。考虑公用网上支付信息的流动规则及其安全保护，就是支付协议的责任。目前已经出现了一些比较成熟的支付协议（如 SET 协议、SSL 协议等）。一般一种协议针对某种支付工具，对交易中的购物流程、支付步骤、支付信息的加密、认证等方面做出规定，以保证在复杂的公用网中的交易双方能快速、有效、安全地实现支付与结算。

2．电子支付系统的功能

虽然货币的不同形式会导致不同的支付方式，但安全、有效、便捷是各种支付方式追求的共同目标。对于一个支付系统而言（可能专门针对一种支付方式，也可能兼容几种支付方式），它应有以下的功能。

（1）使用数字签名和数字证书实现对各方的认证。为实现交易的安全性，对参与交易的各方身份的有效性进行认证，通过认证机构或注册机构向参与各方发放数字证书，以证实其身份的合法性。

（2）使用加密技术对业务进行加密。可以采用单钥体制或双钥体制来进行消息加密，并采用数字信封、数字签字等技术来加强数据传输的保密性，以防止未被授权的第三者获取消息的真正含义。

（3）使用消息摘要算法以确认业务的完整性。为保护数据不被未授权者建立、嵌入、删除、篡改、重放，而是完整无缺地到达接收者一方，可以采用数据杂凑技术；通过对原文的杂凑生成消息摘要一并传送给接收者，接收者就可以通过摘要来判断所接受的消息是否完整。若发现接收的消息不完整，要求发送端重发以保证其完整性。

（4）当交易双方出现纠纷时，保证对业务的不可否认性。这用于保护通信用户对付来自其他合法用户的威胁，例如，发送用户否认他所发的消息，接收者否认他已接收的消息，等等。支付系统必须在交易的过程中生成或提供足够充分的证据来迅速辨别纠纷中的是非，可以用仲裁签名、不可否认签名等技术来实现。

（5）能够处理贸易业务的多边支付问题。由于网上贸易的支付要牵涉到客户、商家和银行等多方，其中传送的购货信息与支付指令必须连接在一起，因为商家只有确认了支付指令后才会继续交易，银行也只有确认了支付指令后才会提供支付。但同时，商家不能读取客户的支付指令，银行不能读取商家的购货信息，这种多边支付的关系就可以通过双重签名等技术来实现。

3. 电子支付系统的安全要求

电子商务是在开放的互联网络环境下进行的，基于 Internet 的电子商务安全问题既包括通信安全又包括交易安全。通信安全是指在信息传输过程中引发的信息安全问题。通信安全内容包括：网络设备安全、网络系统安全、计算机系统安全、数据库安全等，其特征是针对计算机网络及系统本身可能存在的安全隐患，通过实施增强的网络安全解决方案，保证计算机网络系统运行的安全。商务交易安全则是指在互联网络环境下，开展电子交易活动时引发的各种安全问题。在通信安全得到保证的基础上，保障电子商务交易过程的安全显得尤为重要，交易过程的安全问题包括交易数据的保密、交易信息和交易者身份确认、电子单据的有效使用等。

电子商务安全问题的全面解决，必须从法律、技术和管理等几方面全盘考虑综合治理。法律法规是保障电子商务安全的前提条件，在法律体系，要建立一套完整的电子商务法律框架，制定和完善各项具体的法律法规；管理制度是电子商务系统运行安全的必要保证，通过制定严密的管理制度，规范电子商务交易活动中的各种行为，使电子商务交易标准化、制度化和规范化；技术方法是电子商务各种安全问题得以解决的重要手段，需要建立一套有效的计算机网络安全体系与保密体系，包括硬件系统和软件系统的全面防范措施。技术、管理和法律三者相辅相成、缺一不可，共同保证电子商务的可靠安全运行。

以网上支付为例，网上电子金融活动主要涉及电子货币的支付问题，包括诸如电子支票系统、电子现金及银行卡系统等。由于互联网的开放性，使得网上电子金融交易面临种种危险。因此，其安全交易体系必须保障上述过程的安全性。

通常，电子金融活动的信息安全体系包括基本加密技术、安全认证技术及安全应用标准与协议三大层次，在此安全体系之上便可以建立电子金融与商务活动的支付体系和各种业务应用系统。概述而言，电子金融与商务活动的安全体系包括网络信息传输安全、信息加密技术及交易的安全，涉及诸如基本加密算法，数字信封、数字签名等安全认证技术及各种安全协议等，具体内容将在后续章节讲述。

 相关链接

电子支付安全的隐忧

网上钱财被骗已经不是什么新闻了，多数都是不法分子盗取了消费者的银行卡的号码、密码等信息而实施诈骗的。

2006 年 4 月 21 日，许霆与郭安山利用 ATM 机故障恶意取款，许霆取出 17.5 万元，郭安山取出 1.8 万元。许霆潜逃一年后落网，2007 年 12 月一审被判处无期徒刑，引发了社会的巨大反响。二审许霆被判处 5 年有期徒刑。

2012 年 10 月 31 日，据不少新浪微博网友爆料，京东商场充值平台 30 日晚 22：30 左右

出现漏洞，京东推出的积分充值活动在上述期间内，无论充话费还是充 Q 币都不会扣除积分，意味着用户可以免费无限次充值。

由于京东该平台宣称"1~10 分钟到账"，在 30 日晚间甚至达到 10 秒钟就能充值完成，不少发现此漏洞的网友在 QQ 群里传播该漏洞信息，微博上消息称有网友最多利用该漏洞充值了 36 万元的话费，京东损失将达到 2 亿元。

据腾讯发布的相关数据，手机病毒数从 2011 年的 2.5 万个增长到 2013 年的 79.3 万个，增速 3 年达到 32 倍。百度手机卫士与易观智库联合发布《中国手机安全市场现状研究报告》显示，2014 年一季度跟移动金融相关的手机病毒样本量就达到了 12 万个，给用户造成经济损失高达 7500 万元。

4．电子支付手段

随着计算机技术的发展，电子支付的工具越来越多。这些支付工具可以分为三大类。

（1）电子信用卡类，包括智能卡、信用卡、借记卡、电话卡等；

（2）电子货币类，如电子现金、电子钱包等；

（3）电子支票类，如电子支票、电子汇款（EFT）、电子划款等。

信用卡：信用卡是主要的网上支付工具，是全世界最早使用的电子货币。信用卡起源于美国，已经有 80 多年的历史。信用卡是按用户的信用限制事先确定一个消费限度，用户可花完卡中的余额，并支付一个最低费用，信用卡发卡银行将对未结清的赊账收取一定的利息。

智能卡：智能卡是在一张信用卡大小的塑料卡片上安装嵌入式存储器芯片的 IC 存储卡。IC 卡与 ATM 卡的区别在于两者分别是通过嵌入式芯片和磁条来储存信息的。但由于智能卡存储信息量较大，存储信息的范围较广，安全性也较好，因而逐渐引起人们的重视。

电子现金：电子现金（E-cash）是一种以数据形式流通的货币。它把现金数值转换成为一系列的加密序列数，通过这些序列数来表示现实中各种金额的市值，用户在开展电子现金业务的银行开设账户并在账户内存钱后，就可以在接受电子现金的商店购物了。

电子钱包：电子钱包是电子商务活动中网上购物顾客常用的一种支付工具，是在小额购物或购买小商品时常用的新式钱包。

使用电子钱包购物，通常需要在电子钱包服务系统中进行。电子商务活动中的电子钱包的软件通常都是免费提供的，可以直接使用与自己银行账户相连接的电子商务系统服务器上的电子钱包软件，也可以从因特网上直接调出来使用，采用各种保密方式利用因特网上的电子钱包软件。目前世界上有 VISA cash 和 Mondex 两大电子钱包服务系统，其他电子钱包服务系统还有 HP 公司的电子支付应用软件（VWallet）、微软公司的电子钱包 MS Wallet、IBM 公司的 Commerce POINT Wallet 软件、Master Card Cash、Euro Pay 的 Clip 和比利时的 Proton 等。

电子支票：电子支票（Electronic Check，E-check 或 E-cheque）是以一种纸质支票的电子替代品而存在的，利用电子传递将钱款从一个账户转移到另一个账户的电子付款形式。

电子支付工具的详细内容将在模块 3 进行阐述。

 ## 实践训练

1．课堂讨论

（1）什么是电子商务支付系统？

（2）电子商务支付系统有哪些功能？

（3）常用的电子支付手段有哪些？你使用最多的是那几种？

2. 案例分析

津沪等 35 城市一卡通互联

住房和城乡建设部 IC 卡应用服务中心介绍，"全国城市一卡通互联互通大平台"自 2008 年开始筹备，2012 年 7 月，上海等首批 8 个城市加入，2013 年 10 月底，天津、沈阳、福州等 18 个城市将加入全国城市一卡通互联互通平台，联网城市市民可持本地公交 IC 卡在其他联网城市刷卡乘坐公共交通及进行其他消费，并享受当地刷卡的优惠政策。加上之前加入的 17 个城市，全国将共有 35 个城市一卡通实现互联，其中不包括北京。

目前互联互通的一卡通还是本地充值、异地消费，但随着人们跨省市流动出行的增加，未来将有一种技术实现方式可以满足人们进行异地充值的需求，比如通过网络平台的在线充值，达到无障碍充值的目的。

讨论与分析

"全国城市一卡通互联互通大平台"运行的保障是什么？实现异地充值的基础是什么？

3. 实务训练

试着在淘宝网、京东商城等电子商务网站拍下一本《电子商务支付与安全》课程的参考书，提交订单后，记录相应网站支持的支付平台。

如果确实需要该参考书，可进行网上支付，体会网上支付的操作流程。

实训说明

（1）本实训教师可在课堂上进行演示，也可在授课后集中完成实训。

（2）比较一下各种电子商务支付平台的优缺点，谈谈电子商务支付发展需要注意哪些问题。

4. 课后拓展

（1）上网查找电子支付工具，比较各种电子工具的优缺点。

（2）到你持有的银行卡的银行官方网站，自助开通网上银行。

（3）到淘宝网开通第三方支付平台支付宝。

第 2 单元　电子支付系统应用

 情景案例

2013 年 9 月新学期开始了，张丽艳同学和其他同学都回到了学校。由于有学校代发的中国邮政储蓄银行卡，学校收取学费也是通过刷卡收取的，张丽艳同学到自动取款机（Automated Teller Machine，ATM）上进行了查询，发现余额只有 100 多元，不但学费交不了，而且购买生活用品的钱也不够。

明天就要开学了，下午有体育课。张丽艳还没有运动鞋，她相中了商场里的一双 300 元左右的运动鞋，她发现在卡里的钱和现金加起来也不够。

张丽艳同学马上给其父母打了电话，让爸爸马上到邮政储蓄银行给她的卡里存钱，巧的是爸爸正在中国建设银行办理业务，爸爸马上通过 ATM 机给张丽艳的银行卡里转存了学费，不巧的是爸爸的银行卡里的钱正好只够交学费的，爸爸答应明天再给张丽艳存生活费。

任务思考

张丽艳交纳学费涉及哪些支付系统的知识？她如何解决购买运动鞋的问题呢？你有什么方法吗？

任务分析

这个过程中，出现了资金的跨银行（或者同银行）之间的转账汇款，张丽艳同学通过银行卡实现学费支付，以及在资金不足的情况下，如何实现购买运动鞋的消费支付的问题。

张丽艳同学的爸爸给她汇款进行交纳学费的过程中，涉及 ATM 的查询功能，转账即 ATM 支付系统的功能，还涉及建设银行和邮政储蓄银行之间的电子汇兑系统的功能。

郑丽媛是张丽艳的同班同学兼好友，她有一张建设银行的信用卡，知道张丽艳购买运动鞋缺钱后，两个好朋友一起到商场通过刷郑丽媛的建设银行信用卡，帮助张丽艳垫付了鞋款，这个过程涉及 POS 机支付系统。

支付系统（Payment System）是由提供支付清算服务的中介机构和实现支付指令传送及资金清算的专业技术手段共同组成的，用以实现债权债务清偿及资金转移的一种金融安排，有时也称为清算系统（Clear System）。支付系统是重要的社会基础设施之一，是社会经济良好运行的基础和催化剂，支付系统现代化建设受到了市场参与者，货币当局、特别是中央银行的高度重视。

电子支付系统是实现网上支付的基础，电子支付系统的发展方向是兼容多种支付工具，但目前的各种支付工具之间存在较大差异，分别有自己的特点和运作模式，适用于不同的交易过程。因此，当前的多种电子支付系统通常只是针对某一种支付工具而设计的。Mondex 系统、First Virtual 系统和 FSTC 系统是目前使用的几种主要的电子支付系统。

本单元涉及的任务主要包括 ATM 支付系统、POS 机支付系统、电子汇兑系统和网上支付系统。

相关知识

美国于 20 世纪 60 年代组建了电子资金转账系统（EFT），随后英国和德国也相继研制了自己的电子资金传输系统。到 1985 年，世界上出现了电子数据交换（EDI）技术并在电子支付中得到了广泛应用，随着各种 EFT 系统的广泛应用，产生了各种各样的电子支付系统。电子支付在中国的发展开始于 1998 年招商银行推出网上银行业务，随后各大银行的网上缴费、移动银行业务和网上交易等逐渐发展起来。

在零售服务方面，有银行卡授权支付体系和自动清算所，以及新近发展起来的网上支付体系等小额支付系统；在批发业务方面，企业银行系统与金融机构之间的电子汇兑系统等大额支付系统也迅速发展。

1. ATM 系统

自动柜员机系统，即 CD / ATM 系统（简称 ATM 系统），是利用银行发行的银行卡，在自动取款机 CD（Cash Dispenser）或自动柜员机 ATM（Automated Teller Machine）上，执行存取款和转账等功能的一种自助银行系统。该系统深受客户的欢迎，有效地提高了银行的效率，降低了银行的运行成本，是最早获得成功的电子资金转账系统。

ATM 系统中的 ATM 是无人管理的自动、自助的出纳装置，客户可直接在 CD 或 ATM 上，以联机或脱机方式，自行完成存取款和转账等金融交易。CD 和 ATM 既可安装于银行内，也可安装于远离银行的购物中心、机场、工厂和其他公共场所，通过 ATM 系统，银行可把自己对客户的服务扩大到银行柜台以外的地方，因此 ATM 系统是银行柜台存取款系统的延伸。由于 ATM 系统可在广泛的场所为客户提供全天候（每天 24 小时）的日常的银行业务服务，系统一经推出，就受广大客户的普遍欢迎和喜爱，迅速得到推广应用。

1）ATM 系统主要功能

ATM 系统中，只能作现金配出器使用的终端机，称作 CD（现金配出器）；不仅可用于取现，还可接收存款，可在不同账户之间进行转账的终端机，称为 ATM（自动柜员机）。ATM 上的功能键，规定了它所能提供的服务类型、品种和数量。一台典型的 ATM，可提供下述一部分或全部功能。

（1）取现功能：从一个支票账户提取；从一个存款账户提取；从一个信用卡账户提取。

（2）存款功能：到一个支票账户；到一个存款账户；到另一个账户。

（3）转账功能：从支票账户到存款账户；从存款账户到支票账户；从信用卡账户到支票账户。张丽艳的爸爸就是通过 ATM 的转账功能，实现了学费的即时汇款。

（4）支付功能：从支票账户扣除；从存款账户扣除；函内支付。张丽艳在学校交纳学费就是利用了这个功能。

（5）账户余额查询功能：当顾客提出查询请求时，系统就检索该特定账户的余额，并将结果显示于屏幕上，或打印出来。

（6）非现金交易功能：例如，修改个人密码（PIN）、支票确认、支票保证、电子邮递、验证现钞，缴付电话费及各种公共事业账单等。

（7）管理性处理功能：除了交易和非交易功能外，ATM 还能提供各种管理性处理功能。例如，查询终端机现金余额；终端机子项统计；支票确认结果汇总；查询营业过程中现金耗用、填补及调整后的数据；安全保护功能等。

当今的 ATM 系统，正向多功能化发展。ATM 不仅可用于存取款作业，还可当作自助银行的一台自助银行终端机使用。

2）ATM 上的操作流程

持卡人在 ATM 上的操作顺序如图 2-4 所示。

一次典型的 ATM 交易，起始于顾客将其银行卡插入卡片输入口，然后机器通知顾客在数字键盘上输入其 PIN（个人标识码，也称个人密码）。完成这一步骤，通常允许试三次，并需在规定的时间（例如，每次信息输入时间不许超过 30 秒）内完成。若顾客连续三次输入错误的 PIN，则该 ATM 就将该银行卡扣留起来，并给顾客打印吞卡收条，合法的持卡人可凭此收条，到管理该 ATM 的银行领回自己的银行卡；如果顾客不

图 2-4　客户在 ATM 上的操作流程

能在规定的时间内完成此项操作，ATM 则拒绝受理此项交易，并退卡。

客户键入 PIN 后，就通知顾客在功能键盘上选择所需的交易类型，并进一步通知顾客用数字键输入交易额。这一步骤通常要在 30 秒内完成。在这段时间内，在按 Enter（输入）键之前，允许顾客改变其所选择的交易类型和交易额。

顾客按 Enter 键后，系统检验持卡人的身份和是否有权做相应的交易，若检验通过，且顾客选择的是取款功能或支付功能，系统就会通知顾客插入其活期存款折（很多国内的 ATM 没有这个功能）。接着，打印出收据并退出银行卡。于是，客户就可从卡片输入口取出银行卡，并可直接取到适当的现金和收据。

一笔典型的交易所用的总时间大约在 30～60 秒之间。由于机器所用软件是事先编程的，一笔交易的总时间一般不得超过 2.5 分钟。一旦超过规定的这个时限，机器就退出银行卡，拒绝受理此笔交易，并返回到初始（Reset）状态，等待下一个顾客使用。

顾客选择存款功能时，ATM 要求顾客输入存款金额，要求存款顾客将欲存现金（一般是面值 100 元或者 50 元的纸币）放入 ATM 的货币输入口内。

客户的存款，需经管理员事后开机取出存款信封核实无误后，才能过账到客户的账户上。现代的自动存款机具有纸币识别功能，能识别纸币的真伪和面额，客户存款时可直接将现金插入现金输入口，自动存款机检验无误后，系统即将存款金额过账到客户的账户内。

为配发现金，ATM 一般有几个存放不同面值的现金箱，以支付不同数额的现金。顾客要求的取款额，必须是现金箱中最小面额的整数倍。通常，借记卡和复合卡都可在 ATM 上取现，有的银行也允许信用卡在 ATM 上预支现金。

3）ATM 系统优势

随着银行卡的推广和普及、ATM 系统的完善和发展，ATM 的功能将不断增强，ATM 的覆盖面将日益扩大，ATM 服务会给持卡人带来更多的好处。

ATM 服务给持卡人带来的好处主要有以下几方面。

（1）快捷。一笔 ATM 交易，一般在 30～60 秒内就可完成，比柜台人工操作快得多。

（2）方便。ATM 可安装在银行内外、商场、饭店、机场和一切公共场所，持卡人可在任何有 ATM 的地方，方便、快捷地取到所需的现金。

（3）全天候服务。ATM 可每天提供 24 小时服务，不受节假日和时间的限制。

（4）安全。带银行卡比带现金安全得多。

 相关链接

ATM 风险及其防范

（1）套信息。不法分子利用持卡人刷卡进门时，套持卡人信息。即在自助银行门口安装读卡装置，持卡人入门刷卡时便偷偷留下客户的账号、密码等信息。

（2）装设备。不法分子在 ATM 的左上方安装小方盒子，里面装有内置摄像头，摄像头正对着 ATM 密码键盘，键盘的键位清晰可见。可以记录储户输密码全过程，同时还可以清晰地看到客户将钱从 ATM 中取出的过程。更有甚者还在插卡口处安装外接吞卡装置，不法分子会在客户取款失败离开后，取出信用卡，用探头获得的密码取款。

（3）做伪装。盗款不法分子把 ATM 的出钞口封住，客户取款时不见钞票吐出常会无奈离

去，这时他们便除去封口的东西，用工具钩出现金。或者不法分子在 ATM 出钞口安装自制黑色塑料挡板，并张贴紧急通知或者公告 "此机暂停服务" 等，而旁边还预留有不法分子的电话号码，当打电话时要求储户将钱转到指定的账户或者要求告诉其密码，来诱骗市民上当。

在办理业务时不要轻信 ATM 屏幕以外的任何操作提示、通知或告示，不要用生日、电话号码、手机号码、车牌号码等易于破译的号码做密码，特别是 ATM 的回单不可随意乱丢，身份证与信用卡要分开存放。

2．POS 系统

从 20 世纪 60 年代末开始，发达国家的金融机构为了扩大银行卡的功能和使用范围，在零售商店、酒吧等销售点处开办了销售点处的电子转账系统（Point of Sales），简称 POS 系统。持卡人在消费点消费后，可通过 POS 系统直接进行电子资金转账工作。

POS 系统经历了几个发展时期：第一代是使用借记卡的专有系统；第二代是共享的，即联机的 POS 系统，这种系统既可用借记卡，也可用信用卡进行购物消费；第三阶段，近几年，随着电子商务的快速兴起，出现了能完成网上购物、网上支付和电子转账的 POS 系统。

1）POS 系统主要功能

目前，广泛采用的共享 POS 系统可提供下列多种服务。

（1）自动转账支付：自动完成顾客的转账结算，即依据交易信息将客户在银行开立的信用卡账户上的部分资金自动划转到商家在银行开立的账户上。具体指 POS 系统能完成消费付款处理、退货收款处理、账户间转账处理、修改交易处理、查询交易处理、查询余额处理、核查密码处理并打印输出的账单等功能。

郑丽媛同学就是利用了她的建设银行信用卡，在市场的 POS 机上帮助张丽艳实现了转账支付。

（2）自动授权：具有信用卡的自动授权功能，例如，自动查询信用卡、止付黑名单，自动检测信用卡是否为无效卡、过期卡，自动检查信息卡余额、透支额度，等等，使商家在安全可靠的前提下迅速为客户办理信用卡交易。

（3）信息管理：在 POS 系统上完成一笔交易后，POS 系统还具有自动更新客户和商家在银行的档案功能，以便今后查询；同时，也可更新商家的存货资料及相关数据库文件，以提供进一步的库存、进货、信息，帮助决策管理。

一些发达国家的零售商还利用 POS 系统，通过综合信息管理，产生了一种称为微观市场的销售观念。这种微观市场以存货单位计算利润的基础，比传统的按部门计算利润的方法更精细。具体而言，它将 POS 机采集来的交易数据，通过数据仓库技术和数据挖掘分析方法，了解各种货品的销售利润、销售特点，各货品之间的微妙的互动销售关系，从而策划适当的订货、货架空间管理、促销方法等，实施有效的存货管理和促销策略。

2）POS 系统业务处理流程

POS 系统组成如图 2-5 所示。完成消费的自动转账，银行必须预先同特约店签约并安装 POS 终端系统，通过通信网络连接银行主机系统。同时，客户必须向银行申请信用卡账户，经审核批准后发给信用卡，并提供相应密码，银行随后也将客户资料输入主机系统，客户完成消费活动后，在特约商户的 POS 机上利用信用卡就能完成转账结算。POS 系统业务处理流程主要分为以下 3 个步骤。

（1）申请授权。当顾客递交银行卡、输入密码、营业员刷卡读入卡信息并输入交易数据后，通过通信网络将这些数据传输到银行主机系统。首先检查银行卡的合法性，如果不合法，则返回 POS 终端提示信息要求做压卡处理。其次要检查用户密码的准确性，将用户输入的密码同主机系统中数据库中的密码进行核对，如果出错且累计出错 3 次以上，则通过 POS 系统终端做压卡处理；如果密码有误，但累计不到 3 次，则返回信息要求客户重新输入密码；如果密码正确，就进入下一步账务处理。

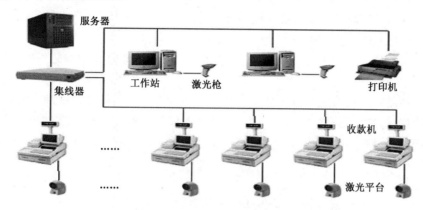

图 2-5　POS 系统组成

（2）账务处理。完成合法性检查后，银行主机系统自动进行账务处理。记流水账、记持卡人账、记特约商户账、记银行收益账等，交返回 POS 系统终端提示交易成功信息。

（3）完成交易。POS 系统终端接收到交易成功信息后自动打印客户凭单，将银行卡返还客户，整个 POS 系统交易完成。通常，上述过程几秒内就可全部完成。而电子转账工作可在商品成交后立即进行，也可经协议期（如 1～2 天）后进行。这样，POS 系统交易既完成了商品交易，也完成了相关的电子转账工作。这种 POS 系统服务既给顾客带来方便，也给商店带来许多好处，不仅提高了顾客购物时的结账效率，还可改善商店的经营管理。

3）POS 系统的优越性

POS 系统的推广使用，使银行、商场、客户三方的交易都能在短时间内迅速完成，给三方都带来了较大的经济效益和较好的社会效益，其主要表现在以下几方面。

（1）减少现金流通。使用 POS 系统后，客户只需随身携带一张银行卡，就能方便地进行消费结算，甚至在必要时还可提取少量现金以供急需。在 POS 系统中，现金已被电子货币所代替，从而减少了货币的印刷、运送、清点和保管，提高了整个社会的经济效益。

（2）加速资金周转。POS 系统的使用，使客户在数秒钟内就能完成与商户资金的转账结算，保证商户资金及时到账，明显提高了资金周转率。

（3）确保资金安全。随身携带现金或支票进行消费往往不安全，尤其进行大额交易时会带来诸多的不便。使用 POS 系统就能防止此类现象的发生，即使丢了信用卡，通过挂失仍能保证资金安全。传统的支付方式使商户手中留有过多现金，也给其安全带来一定的威胁，使用POS 系统后，商户就不会因为手头存有过多现金而烦恼。

（4）提供有用信息。一方面能为商户提供各种实时的商品交易信息；同时各种金融交易信息在银行主机系统中归类、汇总、分析后，可以帮助银行分析形势，确定适应形势发展的目标。

3. 电子汇兑系统

1）电子汇兑系统主要功能

电子汇兑系统泛指行际间各种资金调拨作业系统，包括一般的资金调拨业务系统和清算作业系统，它包括一般的资金调拨业务系统和清算作业系统。一般的资金调拨业务系统，如托收系统用于行际之间的资金调拨；清算作业系统用于行际间的资金清算。电子汇兑系统是银行之间的资金转账系统，它的转账资金额度很大，是电子银行系统中最重要的系统。

通常，一笔汇兑交易，由汇出行发出，至汇入行收到为止。一般将汇兑作业分成两类：联行往来汇兑业务和通汇业务。联行往来汇兑业务，是指汇出行与汇入行隶属同一个银行的汇兑业务；通汇业务的资金调拨作业需要经过不同银行间多重转手处理才能顺利完成，因此通汇业务实际是一种行际间的资金调拨业务。

张丽艳的爸爸建行卡账户的资金就是通过建设银行和邮政储蓄银行之间的通汇业务实现资金转移的。

电子汇兑系统中，一个银行既可作汇出行，也可作汇入行；而且通常涉及的是通汇业务。其间的数据通信转接过程的繁简虽然不同，但是基本作业流程及账务处理逻辑是相似的，即汇出行与汇入行都要经过：数据输入、电文接收、电文数据控制、处理与传送、数据输出等基本作业处理流程。

2）电子汇兑系统类型

为适应国际贸易和国际金融交易快速发展的需要，国际上建立了许多著名的电子汇兑系统。这些系统所提供的功能不尽相同，依其作业性质，可以分成三大类：通信系统、资金调拨系统和清算系统。

（1）通信系统。这类系统主要提供通信服务，专为其成员金融机构传送同汇兑有关的各种信息。成员行接收到这种信息后，若同意处理，则将其转送到相应的资金调拨系统或清算系统内，再由后者进行各种必要的资金转账处理。

这种系统的典型实例，就是国际环球同业财务电信系统 SWIFT。通过该系统，可把原本互不往来的金融机构全部串联起来。

（2）资金调拨系统。这类系统是典型的汇兑作业系统，它们的功能较齐全。这类系统有的只提供资金调拨处理，有的还具有清算功能。

在这类系统中，有代表性的系统如在美国的 CHIPS、FedWire 和日本的全银系统。我国各商业银行的电子汇兑系统、中国人民银行的全国电子联行系统也部属于这类系统。

（3）清算系统。这类系统主要提供清算处理。当汇入行接受汇出行委托，执行资金调拨处理，导致行际间发生借差或贷差时，若汇入行与汇出行之间又无直接清算能力，则需委托另一个适当的清算系统进行处理。

以美国为例，CHIPS 除可作资金调拨外，还可兼做清算，但对象仅限纽约地区的银行。纽约以外的银行清算则要交由具有清算能力的 FedWire 进行处理。我国的异地跨行转汇，必须经过中国人民银行的全国电子联行系统，才能最终得以清算。

其他如英国的 CHAPS、新加坡的 CHITS 和日本的日银系统，都是纯粹的清算系统，负责行际间的所有账务清算工作。

4. 网上支付系统

20 世纪 90 年代以来，电子商务活动蓬勃发展，各种形式的网上支付成为在 Internet 上开展电子商务活动和商品交换的中间手段和重要工具。许多国家在推广使用基于传统金融网的电子支付的同时，开始建设网络货币支付系统。按照所依赖的支付工具的不同，即根据不同的网络货币类型，可以把这些网上支付系统划分成 3 种基本类型：基于信用卡的网上支付系统、电子现金支付系统和电子支票网上支付系统。

1）基于信用卡的网上支付系统

信用卡支付是美国等发达国家进行日常消费的一种常用支付工具，信用卡支付系统与其他形式的支付相比，其优点是：信用卡使用简单方便，而且被全世界所广泛发行和接受，占有很大的市场份额。如今在 Internet 上，信用卡支付同样是最普通和首选的支付方式。

先后在网上出现的信用卡支付系统有几种支付模式：无安全措施的信用卡支付、通过第三方代理人的信用卡支付、简单加密信用卡支付和基于 SET 的信用卡支付等。由于无安全措施的信用卡支付方式对信用卡信息未做加密处理，对消费者来说，其信用卡信息的安全根本得不到保证；对商家来说消费者的身份也得不到验证，因而这种无完全保障的支付方式早已被淘汰。

2）电子现金网上支付系统

按其载体来划分，目前电子现金主要包括两类：一类是币值存储在 IC 卡上的电子钱包卡形式；另一类则是以数据文件的形式存储在计算机的硬盘上。由此，电子现金网上支付系统包括电子钱包卡模式与纯数字现金模式两种。

3）电子支票网上支付系统

在线的电子支票可在收到支票时即验证出票者的签名、资金状况，避免了传统支票常发生的无效或空头支票的现象。另外，电子支票遗失可办理挂失止付。因此，电子支票既可满足 B to B 交易方式的支付需要，同时也可用于 B to C 交易方式的结算，而且成本低，支付速度快，安全性高，不易伪造。

网上电子支票主要通过互联网和金融专线网络，用发送 E-mail 的方式传输，并用数字签名加密，进行资金的划拨和结算，它是网络银行常用的一种电子支付工具。通常情况下，电子支票的收发双方都需要在银行开设账户，让支票交换后的票款能直接在账户间转移，而电子支票支付系统则通过身份认证、数字签名等手段，以弥补无法面对面地进行交易所带来的缺陷。

一般地，网络银行和大多数银行金融机构通过建立电子支票支付系统，在各个银行之间可以发出并接收电子支票，就可以向广大顾客提供使用电子支票的电子支付服务。

电子支票交易的过程可分以下几个步骤。

（1）消费者和商家达成购销协议并选择使用电子支票支付。

（2）消费者通过网络向商家发出电子支票，同时向银行发出付款通知单。

（3）商家通过验证中心对消费者提供的电子支票进行验证，验证无误后将电子支票送交银行索付。

（4）商家索付时，通过验证中心对消费者提供的电子支票进行验证，验证无误后即向商家兑付或转账。

电子支票交易流程如图 2-6 所示。

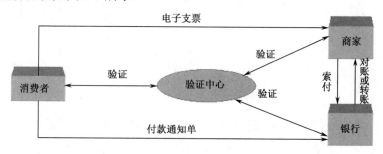

图 2-6　电子支票交易流程

实践训练

1. 课堂讨论

（1）ATM系统主要功能有哪些？其风险如何防范？

（2）POS系统的优越性是什么？

（3）网上支付系统可以划分为几种基本类型？

2. 案例分析

张丽艳同学看到郑丽媛的信用卡可以先消费后还款，感到很方便，于是也办理了一张信用卡用于消费。张丽艳同学对于自己所办信用卡的分期付款功能十分好奇，觉得自己可以尝试购买一些高额用品，在好奇心驱使下，她一次性刷卡消费近2000元，还以为可以分几个月来还，直到收到银行方面催款通知，才知道自己必须在次月就还清欠债。她不敢告诉父母，只能四处借钱才还清。

讨论与分析

信用卡支付给消费带来了便利，信用卡和张丽艳原来的那张借记卡在消费支付方面有什么不同？需要注意哪些事项？

3. 实务训练

（1）到ATM上进行银行卡的余额查询，查看你的银行卡是否可以缴纳电话费。

（2）登录银行官方网站查询利用ATM转账、提现是否收取手续费。

（3）上网查询信用卡的使用注意事项。

（4）请用你的银行卡到超市去实施一次刷卡消费，观察和记录操作流程。如果是信用卡，别忘记在规定的时间还款！

实训说明

（1）本部分要求学生课后完成。

（2）课堂讨论信用卡使用"陷阱"。

4. 课后拓展

上网搜索传统支票和电子支票的图片，比较两者的区别。

第3单元　第三方电子支付系统与移动支付

 情景案例

2013年国庆节后，《电子商务支付与安全》课程的实践训练要求同学们进行网上支付实践，张丽艳同学正好要购买棉服，她在淘宝网上拍到了一件心仪的羽绒服。

张丽艳购买火车票的时候，使用银联卡完成了支付，12306.cn是中国铁路客户服务中心的官方网站，她不担心付款后买不到车票的问题。张丽艳是第一次在淘宝购物，何况购买羽绒服的淘宝店铺她又不认识，而且只知道是在浙江的宁波，她担心通过银行卡把货款直接付给卖家，如果卖家不按承诺发货或者质量有问题，那该怎么办？如果自己不付款，卖家也不能先把羽绒服邮寄到学校。如何才能实现买到满意的羽绒服，又保证货款安全呢？

任务思考

张丽艳同学这次又遇到了新的支付问题，在买卖双方互不见面的电子商务交易中，如何才能实现安全支付呢？

你能给张丽艳同学提供什么好建议吗？

任务分析

传统的支付方式往往是简单的即时性直接付转，一步支付。其中钞票结算和票据结算适配当面现货交易，可实现同步交换。

电子商务交易是"隔山打牛"，在虚拟的电子商务无形市场，交易双方互不认识，不知根底，因此，支付问题曾经成为电子商务发展的瓶颈之一，卖家不愿先发货，怕货发出后不能收回货款；买家不愿先支付，担心支付后拿不到商品或商品质量得不到保证。博弈的结果是双方都不愿意先冒险，网上购物无法进行。

那么，张丽艳同学在淘宝网购买羽绒服能否和传统商场购买一样，实现同步交换，以确保买卖双方的权益呢？

为迎合同步交换的市场需求，第三方支付平台应运而生。张丽艳通过第三方支付平台，就可以确保买卖双方交易的安全。

相关知识

第三方是买卖双方在缺乏信用保障或法律支持的情况下的资金支付"中间平台"，买方将货款付给买卖双方之外的第三方，第三方提供安全交易服务，其运作实质是在收付款人之间设立中间过渡账户，使汇转款项实现可控性停顿，只有双方意见达成一致才能决定资金去向。第三方担当中介保管及监督的职能，并不承担什么风险，所以确切地说，这是一种支付托管行为，通过支付托管实现支付保证。

第三方支付平台主要分为两大类：一类是以支付宝、财付通、盛付通为首的互联网型支付企业，它们以在线支付为主，捆绑大型电子商务网站；另一类是以银联电子支付、快钱、汇付天下为首的金融型支付企业，侧重行业需求和开拓行业应用。

第三方支付平台的功能大致可归纳为三项：第一，接收、处理、并向开户银行传递网上客户的支付指令；第二，进行跨行之间的资金清算（清分）；第三，代替银行，开展金融增值服务，比如提供开发信贷及供应链融资增值服务等。

第三方机构与各个主要银行之间签订有关协议，使得第三方机构与银行可以进行某种形式的数据交换和相关信息确认。这样第三方机构就能实现在持卡人或消费者与各个银行，以及最终的收款人或商家之间建立一个支付的流程。

以下介绍几种常见的第三方支付平台和新兴的移动支付。

1．银联电子支付平台

"银联在线支付"（http://www.chinapay.com/）是中国银联联合商业银行共同推出的集成化、综合性线上支付平台，全面支持各类型银行卡，涵盖认证、快捷、小额、储值卡和网银支付等多种支付方式，其中认证、快捷和小额支付无须开通网银，即可为银联在线商城的会员提供"安全、快捷、多选择、全球化"的支付服务。

"银联在线支付"具有发卡银行接入方式的灵活性、受理银行数量的广泛性、支付模式的多样性、支付功能的丰富性、适用卡种的全面性和业务模式的多方共赢性六项优势；同时，具有方便快捷、安全可靠、全球通用、金融级担保交易、综合性商户服务和无门槛网上支付六大显著特点。

（1）认证支付：该支付方式是中国银联为方便持卡人进行网上支付而设计的增加验证要素的支付服务。目前银行卡支付支持手机验证，即持卡人无须开通网银，在银联在线支付的支付页面输入银行卡信息（即卡号、密码、CVN2 等）和手机号码，由发卡银行验证信息并完成支付交易的支付方式。

（2）快捷支付：在认证支付的基础上，银联支持持卡人在银联在线支付的网站完成用户注册并关联银行卡后，通过注册用户信息替代银行卡信息进行支付，同样无须开通网银。如果您需要购买大件商品如汽车时必须使用大额支付，目前快捷支付仅支持工行借记卡（无限额）、光大借记卡（限额 50 万）、认证支付仅支持建行借记卡（限额 50 万）。

注：快捷支付及认证支付各银行规定额度及银联在线支付 5 000 元/单、10 000 元/日孰低为准。

（3）小额支付：无须开通网银，若持有借记卡，输入卡号及密码；若持有信用卡，输入卡号、有效期及 CVN2 即可完成支付。目前小额支付各银行单笔限额及每日限额为 100 元。

（4）网银支付：在支付过程中，通过银联在线支付系统转接，在银行网银页面按网银要求输入支付信息并完成支付。选择该支付方式前，必须已经是银行的网银用户。

银联在线支付流程如图 2-7 所示。

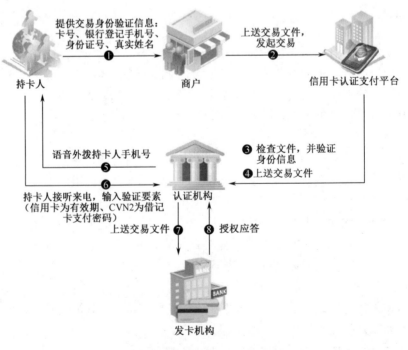

图 2-7　银联在线支付流程图

2. 支付宝

1）支付宝简介

支付宝（Alipay）是国内领先的第三方支付平台，由阿里巴巴集团 CEO 马云创立。马云进入 C2C 领域后，发现支付是 C2C 中需要解决的核心问题，因此就想出了支付宝这个工具，支付宝最初仅作为淘宝网公司为了解决网络交易安全所设的一个功能，该功能为首先使用的

"第三方担保交易模式"，由买家将货款打到支付宝账户，由支付宝向卖家通知发货，买家收到商品确认后发指令至支付宝，将货款放于卖家，至此完成一笔网络交易。2004 年 12 月支付宝独立为浙江支付宝网络技术有限公司。在 2005 年瑞士达沃斯世界经济论坛上马云首先提出第三方支付平台概念。

支付宝公司从 2004 年建立开始，已经成为中国互联网商家首选的网上支付方案之一，为电子商务各个领域的用户创造了丰富的价值。截至 2012 年 12 月，支付宝日交易额峰值超过 200 亿元人民币，日交易笔数峰值达到 1 亿零 580 万笔。

目前除淘宝和阿里巴巴外，有超过 46 万的商家和合作伙伴支持支付宝的在线支付和无线支付服务，范围涵盖了 B2C 购物、航旅机票、生活服务、理财、公益等众多方面。这些商家在享受支付宝服务的同时，也同时拥有了一个极具潜力的消费市场。

支付宝已经跟国内外 180 多家银行及 VISA、MasterCard 国际组织等机构建立了深入的战略合作关系，成为金融机构在电子支付领域最为信任的合作伙伴。

支付宝官方网址：https://www.alipay.com/。

2）支付宝网上使用流程

（1）注册。登录支付宝官方网站，用手机号码或 E-mail 账户注册支付宝账户。

（2）充值。用网上银行，银行卡（信用卡）或到邮局将钱充值到支付宝账户中，购物时便可以使用账户中的余额进行付款。

（3）挑选商品。在淘宝网上或支付宝的合作网站上挑选喜欢的商品。

（4）付款。买家先付款到支付宝公司，支付宝通知卖家发货。

（5）收到货。买家收到货并确认收货，通知支付宝公司划款给卖家，如果买家没有收到货，则可以申请卖家退款。

3）淘宝网购物流程

（1）挑选商品，单击"立刻购买"按钮，进入如图 2-8 所示的界面。

（2）确认购买信息，单击"确认无误，购买"按钮，进入如图 2-9 所示的界面。

（3）如果有银行卡，没有网银，可以选择快捷支付方式。例如，张丽艳没有工商银行卡，可以选择使用她的邮政储蓄卡单击进入。在课后实训可以到支付宝网站查看其他的找人支付和选择网银支付流程。以工商银行卡为例，单击"下一步"按钮进入支付流程，如图 2-10 所示。

（4）输入银行卡信息、支付密码等，确认付款，系统提示付款成功，如图 2-11 所示。

（5）付款成功后，买家就等待卖家发货，收到货物没有异议后，登录淘宝网去找到购买的商品，以便确认收货，如图 2-12 所示。

（6）单击"确认收货"按钮，如图 2-13 所示。

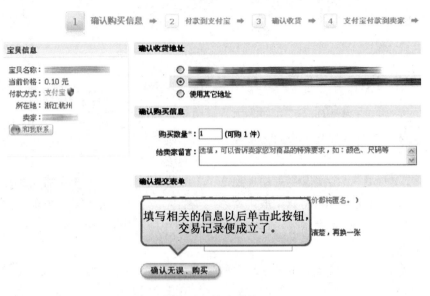

图 2-8　挑选商品

图 2-9　确认购买

图 2-10　银行卡付款

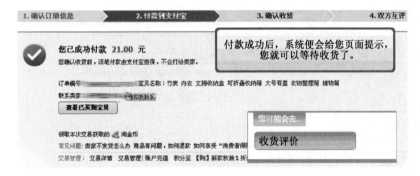

图 2-11　确认付款

图 2-12　查找已购买的商品

图 2-13　确认收货

（7）输入支付密码，单击"同意付款"按钮，在如图 2-14 所示的对话框中输入密码。

图 2-14 同意付款

（8）单击"确定"按钮，支付宝将货款付给卖家，完成支付，如图 2-15 所示。

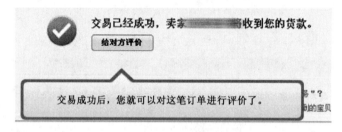

图 2-15 付款成功

3. 首信易支付

首信易支付官方网站：http://www.beijing.com.cn/。

1998 年 11 月 12 日，由北京市政府与中国人民银行、信息产业部、国家内贸局等中央部委共同发起的首都电子商务工程正式启动，确定首都电子商城（首信易支付的前身）为网上交易与支付中介的示范平台。首信易支付自 1999 年 3 月开始运行，是中国首家实现跨银行跨地域提供多种银行卡在线交易的网上支付服务平台，现支持全国范围 23 家银行及全球范围 4 种国际信用卡在线支付，拥有千余家大中型企事业单位、政府机关、社会团体组成的庞大客户群。

首信易支付业务平台包含 B2C、B2B、G2C 等多种在线支付服务，支持银行卡及电子充值计费系统在社区、互联网、银行柜台、信息亭、手机、电话等多种终端进行支付，并可广泛应用于电子商务和电子政务领域的交易、支付、计费、清算、会员管理等应用系统。

4. 网银在线

网银在线（北京）科技有限公司为京东集团全资子公司，是国内领先的电子支付解决方案提供商，专注于为各行业提供安全、便捷的综合电子支付服务。

网银在线与包括五大国有银行、银联在内的国内主要金融机构建立了长期的战略合作关系，支持互联网、POS、手机、电话等多种线上线下的终端支付形式，以及银行卡、外卡、电信卡等各种支付工具，形成了银行卡网银支付、银行卡快捷支付、信用卡无卡支付、手机充值卡支付、电话支付、银行卡 POS 收单、预付费卡发卡及受理等业内领先产品。

网银在线已拥有逾 5 万商业合作伙伴，其中既包括中国联通、中国科学院、香港航空、澳门航空、深圳航空等传统大型企事业单位，也覆盖到好利来、7 天酒店、格林豪泰等大型民营连锁企业，以及去哪网、窝窝团等知名电商平台。

网银在线官方网站：http://www.chinabank.com.cn/。

5. 贝宝

贝宝（https://www.paypal.com/cn/）是由上海网付易信息技术有限公司与世界领先的网络支付公司——贝宝公司通力合作为中国市场度身定做的网络支付服务。贝宝利用贝宝公司在电子商务支付领域先进的技术、风险管理与控制及客户服务等方面的能力，通过开发适合中国电子商务市场与环境的产品，为电子商务的交易平台和交易者提供安全、便捷和快速的交易支付支持。

上海网付易信息技术有限公司成立于 2004 年 8 月，注册于张江高科技园区的浦东软件园。公司已同国内多家主要银行及中国银联支付服务公司（Chinapay）等结成战略合作伙伴，为网上交易的个人与企业提供支付服务。

贝宝公司成立于 1998 年 12 月，是美国易趣公司的全资子公司。贝宝利用现有的银行系统和信用卡系统，通过先进的网络技术和网络安全防范技术，在全球 193 个国家为超过 2.3 亿人，以及网上商户提供安全便利的网上支付服务。

截止 2013 年 7 月，中国人民银行公布第六批获得非金融机构《支付业务许可证》中没有贝宝，贝宝仍未获得第三方支付牌照。

6. 快钱

快钱（https://www.99bill.com/）公司总部位于上海，在北京、广州、深圳等地设有分公司，在天津设有金融服务公司，并在南京设立了全国首家创新型金融服务研发中心。快钱商业合作伙伴超过 180 万家，快钱的流动资金解决方案不仅广泛应用于商旅、保险、电子商务、物流等现代化服务产业之中，也渗透到制造、医药、服装等传统领域；合作伙伴覆盖东方航空、南方航空、平安集团、中国人寿、京东商城、当当网、宅急送、百度、新浪、李宁、联想、戴尔、神州数码等各行业内领军企业。

快钱针对企业现结、赊销、预付三种业务经营模式，向企业提供电子收付款、企业电子采购账户等创新产品组合，形成了一整套专业高效的流动资金管理解决方案，实现了资金流与信息流的无缝整合，帮助企业提升资金流转效率。

7. 财付通

财付通（http://help.tenpay.com/）是腾讯公司创办的中国领先的在线支付平台，致力于为互联网用户和企业提供安全、便捷、专业的在线支付服务。

个人用户注册财付通后，即可在拍拍网及 40 多万家购物网站进行购物支付。财付通支持全国各大银行的网银支付，用户也可以先充值到财付通，享受更加便捷的财付通余额支付。财付通的提现、收款、付款等配套账户功能，让资金使用更灵活。财付通还为广大用户提供了手机充值、游戏充值、信用卡还款、机票专区等特色便民服务，让生活更方便。

　　针对企业用户，财付通构建全新的综合支付平台，业务覆盖 B2B、B2C 和 C2C 各领域，提供卓越的网上支付及清算服务，还提供了安全可靠的支付清算服务和极富特色的 QQ 营销资源支持，与广大商户共享超过 3 亿的腾讯用户资源。

8．易宝支付

　　易宝支付（YeePay）是中国领先的独立第三方支付公司，2003年 8 月由北京通融通信息技术有限公司创建。总部位于北京，并在广州、深圳、上海、成都、南京、杭州、济南等地设有分支机构。2011年 5 月，易宝支付获得了央行颁发的首批支付牌照。

　　易宝支付签约的大中型商家超过 30 万家，其中包括百度、搜狐、易趣、慧聪、九城、盛大、完美时空、迅雷、国航、南方航空、海南航空、深圳航空、四川航空、中国航信、中国联通、中国电信等知名企业，年交易额超过千亿元。

　　在立足网上支付的同时，易宝支付不断创新，首家推出电话支付，将互联网、手机、固定电话整合在一个平台上，使电子支付实现了"网上线下"全覆盖。以随需应变，量身定制为原则，易宝支付陆续推出了航旅、数字娱乐与游戏、网上购物、教育考试、电信缴费、保险基金、物流等行业的专业电子支付解决方案。

9．PayPal

　　PayPal（https://www.paypal.com/），就是"PayPal 贝宝国际"，针对具有国际收付款需求用户设计，其账户类型是面向具有国际收支需要的账户类型，它是目前全球使用最为广泛的网上交易工具。它能提供便捷的外贸收款，提现与交易跟踪服务；从事安全的国际采购与消费；快捷支付并接收包括美元、加元、欧元、英镑、澳元和日元等 25 种国际主要流通货币。

　　PayPal 是倍受全球亿万用户追捧的国际贸易支付工具，即时支付，即时到账，全中文操作界面，能通过中国的本地银行轻松提现，为客户解决外贸收款难题，助商户开展海外业务，决胜全球。

10．移动支付

　　移动支付是指交易双方通过移动设备，采用无线上网方式所进行的银行转账、缴费和购物等商业交易进行账务支付的一种服务方式。移动支付所使用的移动终端通常是手机、掌上电脑、个人商务助理（PDA）和笔记本电脑。我们所指的移动支付主要是手机支付。

　　单位或个人通过移动设备、互联网或者近距离传感直接或间接向银行金融机构发送支付指令产生货币支付与资金转移行为，从而实现移动支付功能。移动支付将终端设备、互联网、应用提供商及金融机构相融合，为用户提供货币支付、缴费等金融业务。

　　移动支付主要分为近场支付和远程支付两种。所谓近场支付，就是用手机刷卡的方式坐车、买东西等，很便利。远程支付是指通过发送支付指令（如网银、电话银行、手机支付等）或借助支付工具（如通过邮寄、汇款）进行的支付方式。例如，掌中付推出的掌中电商、掌中充值、掌中视频等都属于远程支付。

　　移动支付业务是由移动运营商、移动应用服务提供商（MASP）和金融机构共同推出的、构建在移动运营支撑系统上的一个移动数据增值业务应用。移动支付系统将为每个移动用户建立一个与其手机号码关联的支付账户，其功能相当于电子钱包，为移动用户提供了一个通过手机进行交易支付和身份认证的途径。用户通过拨打电话、发送短信或者使用 WAP 功能接入移动支付系统，移动支付系统将此次交易的要求传送给 MASP，由 MASP 确定此次交易的金额，并通过移动支付系统通知用户，在用户确认后，付费方式可通过多种途径实现，如直接转入银行、用户电话账单或者实时在专用预付账户上借记，这些都将由移动支付系统（或与用户和MASP 开户银行的主机系统协作）来完成。

 相关链接

移付通

　　移付通（http://www.cnyft.com/）是银联商务有限公司、深圳证通集团、浙江移付通三巨头共同推出的一款专门面向全国小微商户的专属、智能、多用途 POS 机支付终端。

　　移付通具有除存取现金外的银行 ATM 的所有功能，涵盖了便民支付应用，不受时间、空间限制，随时随地，随心支付；具有信用卡还款、手机充值、网购付款、酒店预订、机票预订等"移付通"专有的便利支付业务，实现收款、付款、缴费、充值、通话 5 合 1。

 实践训练

1．课堂讨论

　　（1）第三方支付平台的主要优势是什么？

　　（2）你了解和使用过哪些第三方支付平台？

　　（3）移动支付的发展前景如何？

2．案例分析

　　不知不觉中，第三方支付就渗透到了我们的生活之中，支付宝、易宝支付、快钱，这一串熟悉的名字，既让人们感受到了消费和支付的便利，又折射出第三方支付已成互联网金融模式创新中的重要一极。

　　自 2011 年人民银行开始为支付企业颁发牌照以来，迄今已有 200 多家企业获得了第三方支付业务许可证。随着支付行业参与者不断增多，在银行渠道、网关产品及市场服务等方面的差异性越来越小，产品会趋于同质化，如何拥有自己独特竞争力及特色渠道资源成为众多第三方支付企业生存及竞争的筹码。因此，支付企业各自的角色定位对其未来发展十分重要。例如，支付宝在个人用户线上支付领域遥遥领先；而快钱则在企业用户线上支付方面拔得头筹；易宝支付在航空票务等行业精工细作，走出了自己的特色；拉卡拉则重视渠道建设和终端投入，在线下刷卡支付等业务领域占据了一席之地。但是还有更多的新入行的第三方支付中小企业则面临着竞争激烈、营利困难的处境。

然而与此同时，由于木马、钓鱼网站和账户、密码被盗等引发的用户资金被恶意划走事件时有发生，也给第三方支付这一"朝阳产业"敲响了安全警钟。

讨论与分析

第三方支付存在哪些不足？需要做哪些改进？

3．实务训练

（1）注册开通支付宝或者其他第三方支付平台账户。

（2）到支付宝网站查看"找人支付"和"选择网银支付"的流程。如果有购买需要，试着在淘宝网上通过支付宝完成支付，并记录支付流程。

（3）上网查询移动支付的流程。

实训说明

（1）本部分实训在课后进行。

（2）把注册开通支付宝及支付流程进行截图。

4．课后拓展

登录移付通（http://www.cnyft.com/）网站，了解移动支付的开通方法及其功能。若有需要，开通你的移动支付账户，使用移付通进行购物支付。

知识小结

电子支付是电子商务得以实现的重要条件，是消费者、商家和金融机构之间使用安全电子手段交换商品或服务，实现支付的综合系统，是融购物流程、支付工具、安全技术、认证体系、信用体系及现在的金融体系为一体的综合大系统。

电子支付的一个重要条件就是必须允许将电子货币从一个系统转移到另一个系统，支付系统具有：使用数字签名和数字证书实现对各方的认证、使用加密技术对业务进行加密、使用消息摘要算法以确认业务的完整性、当交易双方出现纠纷时，保证对业务的不可否认性的功能。

电子支付工具大致可以分为三大类：电子信用卡类，包括智能卡、信用卡、借记卡、电话卡等；电子货币类，如电子现金、电子钱包等；电子支票类，如电子支票、电子汇款（EFT）、电子划款等。

ATM系统、POS系统、电子汇兑系统、网上支付系统是电子支付系统的具体应用。

第三方支付平台是指与银行（通常是多家银行）签约，并具备一定实力和信誉保障的第三方独立机构提供的交易支持平台。

第三方支付平台的功能大致可归纳为三项：第一，接收、处理、并向开户银行传递网上客户的支付指令；第二，进行跨行之间的资金清算（清分）；第三，代替银行，开展金融增值服务。

第三方支付使商家看不到客户的信用卡信息，同时又避免了信用卡信息在网络多次公开传输而导致的信用卡被窃事件。相对于其他的资金支付结算方式，第三方支付可以比较有效地保障货物质量、交易诚信、退换要求等环节。

移动支付是目前发展最快的一种支付系统，具有除存取现金外的银行ATM的所有功能。

练习测试

1. 名词解释

电子支付　电子支付系统　ATM 系统　POS 系统　电子汇兑系统
网上支付系统　第三方支付平台移动支付

2. 选择题

（1）ATM 的主要功能一般不包括（　　）。

　　A. 取款　　　　　　　B. 转账　　　　　C. 支付　　　　　　D. 存小面额硬币

（2）网络银行又称为网上银行、在线银行，是指银行利用（　　）技术，通过在 Internet 上建立网站，向客户提供金融服务。

　　A. Internet　　　　　B. EDI　　　　　C. SWIFT　　　　　D. Intranet

（3）（　　）是比较成熟的支付协议。

　　A. SET　　　　　　B. SWIFT　　　　　C. EDI　　　　　D. Intranet

（4）目前国内第三方支付公司中，下述（　　）的用户规模最大。

　　A. 移支付　　　　　B. 支付宝　　　　　C. 首信易　　　　　D. 易宝

（5）以下关于信用卡的说法，正确的是（　　）。

　　A. 先消费，后还款　　　　　　　　　B. 不收年费

　　C. 可以直接办理，不需要申请　　　　D. 不能透支

3. 简答题

（1）电子支付系统由哪些内容构成？电子支付系统的功能有哪些？

（2）电子支付手段包括哪些？

（3）电子支付应用系统包括哪些？

（4）第三方支付平台的主要功能是什么？

（5）移动支付的主要功能有哪些？

4. 论述题

（1）试论述电子支付系统的安全性对电子商务发展的作用。

（2）说明第三方支付系统有哪些优势。

模块3

电子支付工具

学习目标

知 识 目 标

了解电子货币的产生历史及未来发展前景

了解电子货币的种类与作用

掌握常用电子货币的原理及使用方法

能 力 目 标

掌握使用银行卡的方法

掌握使用网络货币的方法

素 质 目 标

养成安全快捷使用银行卡付款的习惯

养成严谨、高效的网上工作素质

第 1 单元　电子货币

情景案例

在模块 2 第 1 单元 "电子支付系统" 概述列举的情景案例当中，张丽艳同学在 12306.cn 网站订购了一张从学校到家乡的火车票，订单提交成功后，在网上支付时，张丽艳同学用她的中国邮政储蓄卡付了车票款。这张储蓄卡，就是电子货币。

个人网上支付业务都要涉及银行卡 —— 电子货币。所以，你的储蓄卡或信用卡，都必须提前办理好。而在你把钱存入银行的储蓄卡上时，实际上，就是把传统的货币变成了电子货币。

请同学们登录一家银行网站，了解有关储蓄卡的相关解释，以及不同种类的银行卡，如信用卡。登录互联网，在搜索栏输入 "电子货币" 做一下搜索，了解一些在互联网上存在的无形的电子货币，例如，Q 币、U 币和比特币等，了解有关电子货币的相关解释。

任务思考

那么，什么是电子货币？电子货币是如何产生的？电子货币有哪些种类及作用？如何使用电子货币？如何保证其安全性？以上这些问题所涉及的知识，就是本单元所要讲解的内容。

任务分析

张丽艳同学利用中国邮政储蓄银行的银联卡顺利地完成了网上支付买到火车票后，她的中国邮政储蓄卡上的金钱余额即刻被扣掉相应的火车票款，即付出了相应的电子货币。

在电子商务网站进行购物时，网上支付的货币都属于电子货币，都是通过网上银行业务，利用电子货币实现收付结账。有关网上银行的知识，将在本教材的模块 4 进行学习。

电子货币在其携带使用方便的同时，其安全性需要引起同学们足够的重视。

相关知识

1. 电子货币概述

电子货币是适应人类网络经济时代的需要而产生的一种电子化货币。这种货币从形式上而言，已与纸币无关，是一种使用电子数据信息、通过计算机网络及通信网络进行金融交易的货币。电子货币是以互联网（Internet）为基础，以计算机技术和通信技术为手段，以电子数据形式存储在计算机系统中，并通过计算机网络系统传递，实现流通和支付功能的货币。所以，电子货币也叫网络货币。

1）电子货币的基本形态

电子货币的基本形态是指电子货币的应用方式，即用一定金额的现金或存款从电子货币发行者处兑换并获得代表相同金额的电子数据，通过使用某些电子化方法将该数据直接转移给支付对象，从而实现债务清偿。该电子数据本身即称作电子货币，如图 3-1 所示。

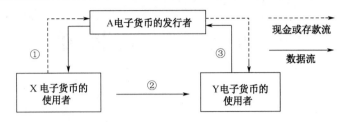

图 3-1　电子货币的基本形态

电子货币发行和运行的流程分为 3 个步骤，即发行、流通和回收。

步骤①：发行。电子货币的使用者 X 向电子货币的发行者 A（银行、信用卡公司等）提供一定金额的现金或存款并请求发行电子货币，A 接受了来自 X 的有关信息之后，将相当于一定金额电子货币的数据对 X 授信。

步骤②：流通。电子货币的使用者 X 接受了来自 A 的电子货币，为了清偿对电子货币的另一使用者 Y 的债务，将电子货币的数据对 Y 授信。

步骤③：回收。A 根据 Y 的支付请求，将电子货币兑换成现金支付给 Y，或者存入 Y 的存款账户。

2）电子货币体系

电子货币体系以上述基本形态为基础，尚有另一种较典型的体系，即在发行者与使用者之间有中介机构介入的体系。例如，在基本形态中的 AXY 三个当事者之外，AX 之间介入了银行 a，AY 之间介入了银行 b，如图 3-2 所示。

该电子货币体系的运行分 5 个步骤，涉及 5 个当事者。

步骤①：A 根据 a 银行的请求，发行电子货币与现金或存款交换。

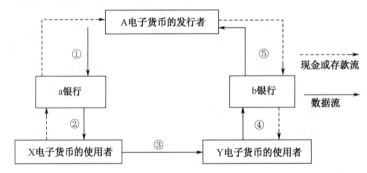

图 3-2　有中介机构介入的电子货币体系

步骤②：X 对 a 提供现金或存款，请求得到电子货币，a 将电子货币向 X 授信。

步骤③：X 将由 a 接受的电子货币用于清偿债务，授信给 Y。

步骤④：Y 的开户银行 b 根据 Y 的请求，将电子货币兑换成现金支付给 Y（或存入 Y 的存款账户）。

步骤⑤：A 根据从 Y 处接受了电子货币的银行 b 的请求，与电子货币兑换将现金支付给 b（或存入 b 的存款账户）。

3）电子货币的特点

（1）携带、储存方便。再多的现金，都能够存到一张小小的卡片上，便于携带。

（2）节约货币发行成本，提高货币流通速度。

（3）使用方便、快捷，利用计算机网络遍及全国各地、互联网遍及世界的优势，电子货币能够进行网上支付，不受地域限制，极大地提高了支付效率。

（4）适合电子商务环境，促进网络经济发展。

（5）监管难度增大。电子货币的虚拟性及流通快，增大了货币监管难度。

（6）较高安全风险。电子货币的安全性依赖于计算机网络的安全性。而计算机网络的安全性比较复杂，易受计算机故障、病毒及黑客攻击的影响，网络上还可能遭到假网站的欺诈，导致密码泄露，电子货币资金被盗。所以，电子货币比传统货币在安全性方面有了新的要求。需要在日常使用电子货币时，多加注意，一定要确保密码的安全，确保客户信息的安全。

2．电子货币分类

按支付方式分类，电子货币大致可分为以下几种。

（1）"储值卡型"电子货币：功能得到进一步提高的储值卡。储值卡的一般原理：使用者先在卡中存入一定数量的现金，将卡插入一个阅读器，金额便能以电子化的方式传递，并从卡上减去相应的金额。然后金额的接收者就能在将来的某一时间从它的付款人那里真正收到这个数目的资金。"储值卡型"电子货币也叫电子现金（E-cash）。

IC 储值卡型的电子货币，由于使用了 IC 芯片，因此难以伪造，而且，通过 ATM 可以增加卡内的余额，不必用完即丢弃，具有与普通储值卡不同的一些优点。

（2）"信用卡应用型"电子货币：实现了网上结算的信用卡，是最早实现在 Internet 网上支付的电子货币。

（3）"存款利用型"电子货币：用作支付手段在计算机网络上被传递的存款货币，如电子支票。

（4）"现金模拟型"电子货币：模仿当面支付方式的网上电子货币，如电子钱包。

3．电子货币的职能与作用

1）电子货币的职能

电子货币，是以电子信息代表一定数量的现金，通过支付双方互送电子信息完成结算。这种电子信息的价值仍然依赖于实体货币（现金或存款）。

货币的职能是作为一般等价物的货币本质的具体表现。一般等价物的两个基本的特征：第一，所有商品价值的具体体现，这是货币的价值尺度职能；第二，具有与一切商品直接交换的能力，这是货币的流通手段职能。货币除执行价值尺度、流通手段外，还有贮藏手段、支付手段和世界货币的职能。

大多数电子货币是以既有的实体货币（现金或存款）为基础而存在的。电子货币是以现金、存款等实体货币的既有价值为前提，所以，电子货币具有既有的实体货币的货币职能。

电子货币与传统货币并没有本质区别，电子货币作为货币，仍然是一般等价物的一种表现形式。电子货币是一种在网上发展起来的电子支付方式，通过相互交换电子信息而完成在线货币支付过程。

目前的电子货币，主要是把现金货币或存款货币这些既有的支付手段，用电子化的方法实现，是替代现金货币或存款货币的一种新的支付手段。随着电子支付的广泛普及和电子货币的广泛应用，电子货币将逐步用于所有的结算。那时，电子货币将成为真正意义的货币。

2）电子货币的作用

（1）提高资金运营的效率。传统的结算依靠的是银行与客户面对面的人工处理，借助于邮政、电信部门的委托传递来进行，因而存在在途资金占压大、资金周转慢等问题。通过电子货币，采用先进的数字签章等安全防护技术，使客户不必出门，无须开支票，便能经由网络迅速完成款项支付及资金调拨，简化了现行使用传统货币的复杂程序，并且其使用和结算不受时间、地点的限制。由此，电子货币有效地缩短了支付指令传递时间，减少在途资金占压，显著地提高了资金运营的效率。同时，电子货币还免除了货币印制、存储、运输、安全保卫、点钞等方面巨额的社会劳动和费用支出，而且具有可任意分割、无面额约束、不同币种之间的兑换较容易等诸多优越性。

（2）促进电子商务的发展。电子货币具有传递和转移上的优势。使用电子货币可在 Internet 上完成结算，对商家而言，瞬间即能低成本地收回资金，因而可放心地给顾客发送商品；对顾客而言，免除了烦琐的支付手续，可轻松购物，由此必将有效地拓展市场交易机会。事实上，电子货币的应用和发展使网络上现货、现金交易成为可能，特别是对于信息、软件等商品的销售来说，此类商品的销售商在收取电子货币的瞬间，通过微机终端直接授信，即可将信息、软件商品从 Internet 上传递给顾客。故用于商品流通过程的成本将大幅下降，为降低信息、软件等商品的价格创造了条件，进而必然促进社会需求的扩大。再者，电子货币在网络上的流通也将极大地延伸市场交易的时间和空间，拓展电子商务活动的交易边界。

（3）加快世界经济一体化的进程。电子货币以电子计算机技术为依托进行储存和流通，无须实体交换，所以这种货币形式的使用有效地突破了经济贸易的时空限制，资金流、信息流的传递变得十分迅速、高效，时空距离不再是现实世界的障碍。电子货币与网络技术的结合，使经济贸易活动在时间、空间概念上发生了根本的变化，使跨国交易变得非常简单。另一方面，电子货币及网络金融的发展，加速了资本的国际间流动与全球性资本的形成，促进了全球金融市场的发展。显然，电子货币的发展为经济行为的国际化提供了便利，增强了世界经济的联系，加快了经济市场的全球一体化进程。

4．电子货币的发展现状

我国的电子货币工程称作"金卡工程"。1993 年原电子工业部组织起草了"关于在我国实施金卡工程的设想"，同年，国务院下发了有关文件，正式启动金卡工程。其基本目标是在 10 年左右的时间内，在 3 亿城市人口中推广普及银行卡，完善支付结算手段，规范金融服务，控制现金流通量，减少偷漏税和堵塞非法金融活动，促进金融、商业和服务业的信息化。为此国务院成立了"金卡工程协调领导小组"。鉴于银行卡业务发展和联网联合是"金卡工程"建设的主要内容，1996 年初，"金卡工程协调领导小组"同意由中国人民银行牵头成立全国银行卡办公室，具体负责银行卡业务发展和联网联合工作。

金卡工程的实施，推动了金融电子化，银行卡业务快速增长，取得了可喜的成绩。我国第一张银行卡诞生于 1985 年，经过三十多年的发展，据中国人民银行发布的《2014 年第一季度支付体系运行总体情况》称，截至第一季度末，全国累计发行银行卡 43.91 亿张，人均持有银行卡 3.24 张。其中，借记卡累计发卡 39.77 亿张，环比增长 4.02%；信用卡累计发卡 4.14 亿张，环比增长 5.83%。全国人均持有银行卡 3.24 张，其中人均信用卡持有 0.30 张。

截至 2014 年第一季度，全国共办理非现金支付业务 135.52 亿笔，金额 435.96 万亿元，同比分别增长 20.98% 和 17.36%，笔数、金额增速较上年同期分别放缓 1.49 个百分点和 4.55 个百分点。银行卡跨行支付系统联网商户 877.01 万户，联网 POS 机具 1200.92 万台，ATM 54.28 万台，环比分别增加 113.54 万户、137.71 万台和 2.28 万台。

1997 年 10 月，在实现部分城市内业务联合的基础上，中国人民银行组织各商业银行成立了银行卡信息交换总中心，开展了全国异地跨行交换系统建设，组织各商业银行、各城市中心与总中心联网，以实现银行卡业务的异地跨行通用。目前，已有中国工商银行、中国农业银行、中国银行、中国建设银行、交通银行、上海浦东发展银行、招商银行、深圳发展银行、广东发展银行、中信实业银行等全国性商业银行和北京、上海、天津等城市中心实现了与总中心的联网，促进了异地跨行交易的增长。

近年来，中国人民银行与各商业银行一起研究拟定了银行卡的统一业务规范和技术标准，先后制定颁布了《中国集成电路（IC）规范》、《发卡银行标识代码及卡号》、《磁条信息格式》等标准，保证了银行卡业务的快速、健康发展。

目前，我国储值卡业务发展十分迅猛，小到中小商户，大到电信企业、大型商场、公交公司等，其产品形式则为电话卡、商场购物卡、公交卡等。我国网络货币发展较快。据估计，国内互联网已具备每年几百亿元的虚拟货币市场规模。概括起来，我国网络货币主要有两种形式，一是网络银行中的电子货币；二是各大网络服务提供商发行的电子货币，如 QQ 币。QQ 币是由腾讯公司推出的在腾讯网使用的一种网上虚拟货币。

 实践训练

1. 课堂讨论

（1）什么是电子货币？

（2）电子货币有哪些特点？

2. 案例分析

男子 165 元购比特币被嘲笑 4 年后暴涨至 527 万元

挪威奥斯陆男子克里斯多福（Christopher Koch），4 年前为了撰写数据加密的论文，花了 27 美元（人民币约 165 元）买下 5000 枚比特币（又称位币，Bitcoin），之后他就忘记了这件事情，直到今年年初，各大新闻网站报道比特币的讯息后，他才想起这件事，登入私钥加密的钱包一看，发现这些比特币已经升值，市价为 86.6 万美元（人民币约 527 万）。

当年，克里斯多福买下了 5000 枚比特币，还因此被女孩子嘲笑一番，没想到 4 年后，女孩子再也笑不出来了。克里斯多福现在只要用账户中五分之一的比特币，就能买到高级公寓，说他是有钱人一点也不为过。

比特币，是一种使用者自治，全球通用的虚拟加密电子货币，目前世界上有一些购物网站接受位币的消费。

讨论与分析

比特币是真正的电子货币吗？为什么？

3. 实务训练

登录中国建设银行网站（http://www.ccb.com），单击"银行卡安全用卡常识"按钮，了解以下事项：

（1）中国建设银行银行卡安全用卡常识；

（2）安全用卡十要十不要；

（3）安全用卡三注意，远离伪卡防风险；

（4）自助设备使用注意事项。

4. 课后拓展

（1）上网查询比特币的相关知识。

（2）如何才能获得比特币？

（3）你认为比特币的前景如何？

第2单元　银　行　卡

情景案例

张丽艳同学购买火车票，在12306.cn网站进行网上支付时，张丽艳同学用的中国邮政储蓄卡，就是银行卡。每家银行都有自身发行的银行卡，例如，中国工商银行发行的是牡丹卡；中国建设银行发行的是龙卡；中国农业银行发行的是金穗卡等。

张丽艳同学单击"中国银联"按钮，支付了103.5元的车票款。在这个过程中，实际上用到了中国银联的银行卡跨行信息交换系统。

任务思考

那么，什么是银行卡？银行卡是如何产生的？银行卡有哪些种类及作用？如何使用银行卡？什么是"中国银联"？在使用银行卡的过程中，如何保证银行卡里资金的安全，防止银行卡诈骗？以上这些问题所涉及的知识，就是本单元所要讲解的内容。

任务分析

张丽艳同学支付火车票款和交纳学费都使用了银行卡，银行卡减少了现金和支票的流通，而且使银行业务由于突破了时间和空间的限制而发生了根本性变化。银行卡自动结算系统的运用，使一个"无支票、无现金社会"成为现实。按照是否可以透支，一般情况下，银行卡分为信用卡和借记卡两种。按信息载体不同分为磁条卡和芯片卡，按发行主体是否在境内分为境内卡和境外卡，等等。

不同种类、银行发行的银行卡的使用功能也不尽相同，通过本单元学习，掌握银行卡的使用方法，了解中国银联对银行卡业务规范和技术标准有严格的规定，知道国外主要银行卡发卡组织的知识。

相关知识

1. 银行卡概述

银行卡是指银行或其他金融机构签发给那些资信状况良好人士的一种特制卡片，是一种特殊的信用凭证。持卡人可凭卡在发卡机构指定的商户购物和消费，也可在指定的银行机构存取现金。银行卡也称为信用卡。一般有广义和狭义之分。从广义上说，凡是能够为持卡人提供信用证明、持卡人可凭卡购物或享受特殊服务的特制卡片，均可称为信用卡。广义的信用卡，包括赊销卡（赊账卡）、借记卡、贷记卡、ATM 卡、支票卡等。从狭义上说，信用卡主要是指银行发行的贷记卡，即不需要先存款就可以透支消费的信用卡。一般的信用卡主要是指借记卡，即先存款后消费，特殊情况下才允许善意透支。

以中国农业银行的银行卡为例，如图 3-3 所示。

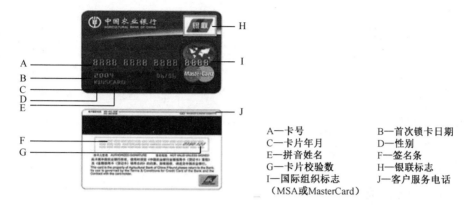

A—卡号　　　　　　　B—首次锁卡日期
C—卡片年月　　　　　D—性别
E—拼音姓名　　　　　F—签名条
G—卡片校验数　　　　H—银联标志
I—国际组织标志
　（MSA或MasterCard）　J—客户服务电话

图 3-3　银行卡示例

银行卡按性质共分三大类：借记卡、贷记卡、复合卡。

（1）借记卡，包括 IC 卡、专用卡、转账卡、国际借记卡、储蓄卡和储值卡等。

（2）贷记卡，包括商务卡和国际贷记卡。

（3）复合卡，兼有借记卡和贷记卡两者功能。

2．信用卡

1）信用卡的基本概念

信用卡 1915 年起源于美国，至今已有近 100 年的历史，在世界各地使用得非常广泛，已成为一种普遍使用的支付工具和信贷工具。它使人们的结算方式、消费模式和消费观念发生了根本性的改变。

信用卡（Credit Card）是市场经济与计算机通信技术相结合的产物，是一种特殊的金融商品和金融工具。"信用"一词来自英文 Credit，其含义包括：信用、信贷、信誉、赊销及分期付款等。信用卡是银行或专门的发行公司发给消费者使用的一种信用凭证，是一种把支付与信贷两项银行基本功能融为一体的业务。银行或发卡机构通过征信，规定一定的信用额度，发给资信情况较好的企业和有稳定收入的消费者。持卡人就可以凭卡到指定的银行机构存取现金，到指定的特约商户消费，受理信用卡的商户将持卡消费者签出的记账单送交银行或发卡机构，由银行或发卡机构向持卡人收账。信用卡这种结算方式对卖方（特约商户）具有加速商品推销及流通的优点；对买方（持卡人）则具有先消费后付款，避免携带大量现金的优点；而对信用卡发行机构则可收取手续费、发放贷款取得利息，扩大资金的周转。可以说信用卡具有惠及三方的优越性。

信用卡的最大特点是同时具备信贷与支付两种功能。持卡人可以不用现金，凭信用卡购买商品和享受服务，由于其支付款项是发卡银行垫付的，银行便对持卡人发生了贷款关系，而信用卡又不同于一般的消费信贷。一般的消费信贷，只涉及银行与客户两者之间的关系，信用卡除银行与客户之外，还与受理信用卡的商户发生关系。

信用卡是由附有信用证明和防伪标志的特殊塑料制成的卡片。国际统一标准是长85.72mm、宽53.975mm、厚0.762mm。信用卡正面印有发卡银行（或机构）的名称、图案、简要说明，打制的卡号、有效期、持卡人姓名、性别、发卡行名缩写；背面附有磁条和签名条；还可印上持卡人的彩色照片和证件号码等。

2）信用卡的种类

根据信用卡的不同性质与功能，可按以下几种分类方式，分为不同类型。

（1）按卡的信用性质与功能区分，可分为借记卡（Debit Card，属于广义信用卡）和贷记卡（Credit Card，属于狭义信用卡）。借记卡的特征是"先存款，后支用"，持卡人必须先在发卡机构存款，用款时以存款余额为限不允许透支。贷记卡的特征是"先消费，后还款"，持卡人无须先在发卡机构存款，就可享用一定信贷额度的使用权。目前我国发行的信用卡主要是两种功能结合又偏重于"借记"的信用卡。

（2）按发卡机构的性质区分，可分为金融卡和非金融卡。例如，万事达卡（Master Card）、维萨卡（Visa Card）、中国银行长城卡等属金融卡或银行卡；加油卡、乘车卡、电话卡、商业优惠卡等属非金融卡或非银行卡。

（3）按发卡对象区分，可分为主卡、附属卡、个人卡、公司卡等。

（4）按持卡人信誉或社会经济地位区分，可分为白金卡、金卡、银卡、普通卡等。

（5）按流通范围区分，可分为国际卡和地区卡。

3）信用卡的基本功能

信用卡有以下3项基本功能。

（1）ID功能，具有能够证明持卡人的身份、确认使用者是否为本人的功能。

（2）结算功能，可用于支付购买商品、享受服务的款项，具有非现金结算功能。

（3）信息记录功能，将持卡人的属性（身份、密码）、对卡的使用情况等各种数据记录在卡中。

4）信用卡的附加服务功能

在基本功能的基础上，为了使信用卡的功能更具优越性而增加的服务功能，称为附加服务功能，主要有以下几项。

（1）消费信用功能。可以使用信用卡代替现金到特约商店、酒店、宾馆直接购物、就餐、住宿或进行其他消费，款项后付。

（2）消费信贷功能。信用卡不仅仅是先存款后消费的信用工具，而且是消费信贷工具。例如，目前我国银行发行的信用卡，持卡人在自己的备用金账户存款余额不足以支付时，可以透支一定额度，即先消费后补款。在透支时要支付银行透支利息，且利率较高，因此消费信贷是信用卡业务的主要收入来源之一。

（3）吸收储蓄功能。信用卡用户须在银行开立信用卡保证金及备用金账户，并存入一定数额的现金。在信用卡保证金账户储蓄的保证金，一般为两年，按同期定期储蓄计息，备用金则按活期储蓄存款的利息计息。

（4）转账结算功能。持卡人凭卡也可在非特约商户购物，到开办信用卡业务的分支机构办理异地或同城购物转账结算。

（5）通存通兑功能。可在开办信用卡业务的分支机构，以及不同发卡系统的分支机构存取现金。很多大学生和家长就是利用这一功能，实现通存通兑。父母在家庭所在地金融机构存款，学生在学校的ATM上提取现金。

（6）自动存取款功能。持信用卡可在 ATM 上自动存取款、转账、查询余额和修改密码等。

（7）代发工资功能。企事业单位可定期将员工的工资转入相应的信用卡或 ATM 卡账户，持卡人凭卡支取或使用。

（8）代理收费功能。银行代理公用事业单位收费，如水费、电费、房费、煤气费、加油费、电话费、医药费等，均可采用信用卡或 ATM 卡转账结算。

（9）信誉标志功能。在发卡前，发卡机构要对申请人的经济状况、收入来源、担保能力、道德行为等进行详细的资信调查；对资金活动量较大的个体业者还要求存入一定量的保证金；对申办公司卡的单位，则要对其财务状况、生产经营状况、资金清偿能力进行调查评估。因而，获准领取信用卡的人（或公司）是信誉好的人（或公司）。特别是金卡，更是持卡人信誉、富有的象征。

3．借记卡

借记卡是信用卡的一种。借记卡的特征是"先存款，后支用"，持卡人必须先在发卡机构存款，用款时以存款余额为限，不允许透支。

借记卡按功能不同分为转账卡、储蓄卡、专用卡和储值卡等。

4．IC 金融卡

IC 金融卡又叫智能卡。20 世纪 70 年代中期，法国 RolandMoreno 公司采取在一张信用卡大小的塑料卡片上安装嵌入式存储器芯片的方法，率先开发成功 IC 存储。经过多年的发展，真正意义上的智能卡，即在塑料卡上安装嵌入式微型控制器芯片的 IC 卡，已由摩托罗拉和BullHN 公司共同于 1997 年研制成功。

IC 金融卡系统的工作过程：首先，在适当的机器上启动用户的因特网浏览器，这里所说的机器可以是 PC，也可以是一部终端电话，甚至是付费电话；然后，通过安装在 PC 上的读卡机，用户的智能卡登录到为用户服务的银行 Web 站点上，智能卡会自动告知银行用户的账号、密码和其他一切加密信息。完成这两步操作后，用户就能够从智能卡中下载现金到厂商的账户上，或从银行账号下载现金存入智能卡。

目前使用的金融 IC 卡一共有三种。

第一种是用完即弃的 IC 卡，例如，人们已经熟悉的电话卡、交通卡等。用户使用现金去购买这种货币卡。使用时，相应款额会扣除，当所有现金值被扣完之后，此卡即完成使命，没有任何价值了。这种电子货币卡的优点是使用方便、功能单一、数额不大，缺点是不能重复使用。

第二种是可重复使用的 IC 卡，一旦卡内金额用尽，持卡人可通过银行 ATM 自动存取款机或银行网络，再次输入相应金额，以便重复使用。重复使用电子货币卡的好处是，持卡人能够多次使用货币卡，但是，用户需要到银行 ATM 自动存取款机或银行网络处进行输入金额工作。

第三种 IC 卡是与用户银行信用卡相结合的卡，此卡既有电子货币卡的功能，又可作为信用卡使用，真正能做到"一卡在手，走遍全球。"这种 IC 卡适宜高额消费，无须多次重复输值。

IC（芯片）卡与磁条卡的区别在于信息载体的不同。IC 卡特点是交易速度快、信息容量大，本身具有存储信息和逻辑计算功能。

IC 卡具备对网络依赖程度不高，可脱机使用，交易速度快的特点。IC 卡适用的领域广泛，用于频繁使用的小额支付，如超市、停车付费等；用于需要进行必要信息处理的业务领域，如社会保险账户管理等；用于身份识别，如网上交易安全识别、门禁管理等。

5. 中国银联

1）概述

中国银联是经中国人民银行批准的、由八十多家国内金融机构共同发起设立的股份制金融服务机构。目前已拥有近 400 家境内外成员机构。

公司于 2002 年 3 月 26 日成立，总部设在上海。公司采用先进的信息技术与现代公司经营机制，建立和运营广泛、高效的银行卡跨行信息交换网络系统，制定统一的业务规范和技术标准，实现高效率的银行卡跨行通用及业务的联合发展，并推广普及银联卡，积极改善受理环境，推动我国银行卡产业的迅速发展，把银联品牌建设成为国际主要银行卡品牌，实现"中国人走到哪里，银联卡用到哪里"。

作为中国的银行卡联合组织，中国银联处于我国银行卡产业的核心和枢纽地位，对我国银行卡产业发展发挥着基础性作用，各银行通过银联跨行交易清算系统，实现了系统间的互联互通，进而使银行卡得以跨银行、跨地区和跨境使用。在建设和运营银联跨行交易清算系统、实现银行卡联网通用的基础上，中国银联积极联合商业银行等产业各方推广统一的银联卡标准规范，创建银行卡自主品牌；推动银行卡的发展和应用；维护银行卡受理市场秩序，防范银行卡风险。

截止 2014 年第一季度，全国共发生银行卡交易 128.55 亿笔，金额 110.52 万亿元，同比分别增长 20.98%和 10.22%。其中，存现业务 21.00 亿笔，金额 18.28 万亿元；取现业务 45.74 亿笔，金额 19.27 万亿元；转账业务 24.10 亿笔，金额 63.43 万亿元；消费业务 37.71 亿笔，金额 9.54 万亿元。

截至 2014 年 3 月，银联卡受理网络已经延伸至境外 142 个国家和地区；与此同时，中国银联还积极推动境外发行银联标准卡，为境外人士到中国工作、旅游、学习提供支付便利，目前已有 30 多个国家和地区的金融机构正式在境外发行了当地货币的银联标准卡。银联卡不仅得到了中国持卡人的认可，而且得到了越来越多国家和地区持卡人的认可。

为满足人民群众日益多元化的用卡需求，中国银联大力推进各类基于银行卡的创新支付业务。人民群众不仅可以在 ATM 自动取款机、商户 POS 刷卡终端等使用银行卡，还可以通过互联网、手机、固定电话、自助终端、数字电视机顶盒等各类新兴渠道实现公用事业缴费、机票和酒店预订、信用卡还款、自助转账等多种支付业务。围绕着满足国人多元化用卡需求，在中国银联和商业银行等相关机构的共同努力下，一个范围更广、领域更多、渠道更丰富的银行卡受理环境正在逐步形成。

2）经营范围

中国银联公司的经营范围主要涉及以下七方面。

（1）建设和运营全国统一的银行卡跨行信息交换网络。

（2）提供先进的电子化支付技术和与银行卡跨行信息交换相关的专业化服务。

（3）开展银行卡技术创新。

（4）管理和经营"银联"标识。

（5）制定银行卡跨行交易业务规范和技术标准，协调和仲裁银行间跨行交易业务纠纷。

（6）组织行业培训、业务研讨和开展国际交流，从事相关研究咨询服务。

（7）经中国人民银行批准的其他相关服务业务。

3）中国银联的特征

（1）带有银联标识的信用卡，银行卡正面右下角印刷了统一的银联标识图案。

（2）卡片背面使用了统一的签名条。

（3）贷记卡卡片正面的银联标识图案上方加贴有统一的全息防伪标志。

（4）银联标准卡的卡号前六位银行识别码（BIN）为 622126～622925。

4）银联卡的优点

（1）方便用户——可受理"银联"标识卡的商户，对带有"银联"标识的银行卡，无须识别发卡机构，均能直接受理。

（2）方便持卡人——持卡人在贴有"银联"标识的 ATM 或 POS 机上，都能持卡使用。

5）银联卡的使用费用

不同银行的费用是不同的。

（1）ATM 取款交易：持卡人在申领"银联"标识卡所在城市跨行 ATM 上取款，是否交纳手续费，由各发卡机构规定，目前，最低每笔 4 元人民币。

（2）POS 交易：持卡人在全国所有贴有"银联"标识的 POS 机上消费使用，均不收取手续费。

6）中国银联卡使用中的注意事项

（1）请勿向任何人提供、泄露个人密码。

（2）当银行卡发生遗失、被盗等情况时，请及时向发卡机构办理挂失手续。

（3）持卡人如果遇到贴有"银联"标识商户拒绝受理"银联"标识卡、商户或银行未按规定收费、发生错账或与银行发生交易争议时，请及时与发卡行或有关中国银联分公司联系。

6．国外信用卡及国际卡组织

在国际上主要有维萨国际组织（VISA International）及万事达卡国际组织（MasterCard International）两大组织及美国运通国际股份有限公司（America Express）、大来信用卡有限公司（Diners Club）、JCB 日本国际信用卡公司（JCB）三家专业信用卡公司。在各地区还有一些地区性的信用卡组织，如欧洲的 EUROPAY、我国的银联等。

（1）VISA 国际组织。维萨（也译作威士）国际组织是目前世界上最大的信用卡和旅行支票组织。维萨国际组织的前身是 1900 年成立的美洲银行信用卡公司。1974 年，美洲银行信用卡公司与西方国家的一些商业银行合作，成立了国际信用卡服务公司，并于 1977 年正式改为维萨（VISA）国际组织，成为全球性的信用卡联合组织。

维萨国际组织拥有 VISA、ELECTRON、INTERLINK、PLUS 及 VISA CASH 等品牌商标。维萨国际组织本身并不直接发卡，VISA 品牌的信用卡是由参加维萨国际组织的会员（主要是银行）发行的。VISA 国际组织由全球 22 000 多家会员金融机构所组成，VISA 的会员机构提供着最广泛的支付产品和服务，包括信用卡、借记卡、储值卡、公司卡，以及多功能智能卡等，发卡逾 11 亿张。VISA 卡可在全球 300 多个国家和地区的 2 900 多万个商户使用，并在 130 多个国际的 80 多万台自动提款机上提取当地货币。VISA 的网络系统每秒最快可处理 10 000 笔交易，年刷卡交易额超过 2.3 万亿美元。

VISA 国际组织早在 20 世纪 90 年代初就进入中国，并致力于与中国银行界的合作，推动中国支付产业的发展。境外的 VISA 卡已经可以在国内的 ATM 上正常使用。2005 年 4 月 20 日，VISA 中国宣布与支付宝达成战略合作协议，即日起持 VISA 国际卡的网民可以直接在支付宝上"刷卡"消费，同时享受"VISA 验证服务"和支付宝"安全支付"这两项国际先进的网上安全支付服务，这也标志着 VISA 已经趁此进入了中国的电子支付和电子商务领域。

（2）万事达卡国际组织。万事达卡国际组织是全球第二大信用卡国际组织。1966 年美国加利福尼亚州的一些银行成立了银行卡协会（Interbank Card Association），并于 1970 年启用 Master Charge 的名称及标志，统一了各会员银行发行的信用卡名称和设计，1978 年再次更名为现在的 MasterCard。

万事达卡国际组织拥有 MasterCard、Maestro、Mondex、Cirrus 等品牌商标。万事达卡国际组织本身并不直接发卡，MasterCard 品牌的信用卡是由参加万事达卡国际组织的金融机构会员发行的。目前其会员约 2 万个，拥有超过 2100 万家商户及 ATM。

（3）美国运通卡。美国运通卡始创于 1958 年，是一张备受尊崇的信用卡，在全球拥有数以千万计的会员，并在 200 多个国家为商户所广泛接受。该卡赋予会员多项专有权益，包括全球补领失卡、购物保障、积分计划和旅游意外保障。该卡在全球 50 多个国家以超过 45 种的货币发行，为会员的日常生活和旅游方面的消费及管理提供了方便。为了满足不同顾客的需求，美国运通公司发行了一系列的美国运通卡，包括个人卡、金卡、白金卡、Centurion 卡、公司卡、网上卡、信用卡及联营卡。

（4）大来卡。大来卡于 1950 年由创业者 Frank MC Mamaca 创办，是第一张塑料付款卡，最终发展成为一个国际通用的信用卡。1981 年美国花旗银行的控股公司——花旗公司接受了 Diners Club Intenational 卡。大来卡公司的主要优势在于它在尚未被开发的地区增加其销售额，并且巩固该公司在信用卡市场中所保持的强有力的位置。该公司通过大来现金兑换网络与 ATM 网络之间所形成互惠协议，从而集中加强了其在国际间市场上的地位。

（5）JCB 卡。1961 年，JCB（Japan Credit Bureau）作为日本第一个专门的信用卡公司宣告成立。其业务范围遍及世界各地 100 多个国家和地区。JCB 信用卡的种类成为世界之最，达 5000 多种。JCB 的国际战略主要瞄准了工作、生活在国外的日本实业家和女性。为确立国际地位，JCB 也对日本、美国和欧洲等商户实现优先服务计划，使其包括在 JCB 持卡人的特殊旅游指南中。空前的优质服务是 JCB 成功的奥秘。

 实践训练

1．课堂讨论

（1）什么是信用卡？信用卡有哪些功能？
（2）储蓄卡（借记卡）有哪些功能？

2．案例分析

成都最大一起信用卡诈骗案告破

● 刷卡套现　涉案 300 万

没有固定工作的人办理信用卡有难度——这本是件寻常事，可有人却从中看到了无限"商机"。于是，一个分工圈形成了：有人拉"客户"、有人刷卡套现、有人向银行提供虚假信息……余勇、苏立波、程序等人以伪刻的公司印章，私自为无法办理信用卡的近百人办理了透支额度不等的信用卡，并让他们刷卡套现，从中收取高额的套现"手续费"。成都市金牛区检察院以涉嫌信用卡诈骗罪对犯罪嫌疑难人余勇、苏立波、程序、龚晨曦、黄伯成予以批捕。这是成都近年来破获的最大的一起信用卡诈骗案，涉案金额高达 300 余万元。

● 预备工作　进银行熟悉业务

27 岁的苏立波和女友程序没有固定工作，两人常为囊中羞涩而苦恼。一次偶然的机会，两人发现没有固定收入的人群办理信用卡有难度，灵机一动便独辟了一条发财之道——为这类人群办理信用卡，并刷卡套现。于是，苏立波找到在某汽车贸易公司工作担任销售经理的"哥们儿"余勇，共同商议。"做这个事要有客源，且要熟悉银行相关业务。"在余勇的建议下，苏立波和程序一起应聘到某银行的成都办事处上班，经过一个月的业务熟悉，两人摸清了信用卡的办理程序，并积累了一定客源。然后两人辞去了工作，在牛王庙附近的一间大厦租用房间并成立了"刷卡套现"公司，以成都市致博通科技发展中心的名义在某银行的成都分行申请了一个 POS 机。

● 分工明确　各司其职

有了名正言顺的公司，苏、程二人开始广拉客源，拓展业务，然而收益却远不及两人想象中的好。这时，苏立波想到了的余勇。经过一番"好言"相劝，余勇答应介绍"客户"来办理信用卡，并承诺用自己公司的章向银行提供虚假证明。随后，余勇给苏立波提供了自己所在公司的部门和职位，让苏照此为办卡人员填写相关资料。

在"业务员"龚晨曦的殷勤相邀下，"刷卡套现"公司的第一笔业务就为 50 多人办理了信用卡，而资料中公司地址一栏的几乎全部填写余勇所在的汽车贸易公司。随后，苏立波等人让"客户"在他们提供的 POS 机上刷卡做虚假消费，而后他们再把现金返给"客户"。待为"客户"们的信用卡全部刷爆后，苏到银行提取现金，银行仅收取 1%的费用，而为了赚取高额回扣，他们制定的套现"手续费"却是 5%，其中 4%的差价由"刷卡套现"公司和余勇四六分成。

赚得了"第一桶金"，"刷卡套现"公司形成了固定的分工：苏立波跑银行取套现资金，程序在"办公室"刷卡，龚晨曦拉"客户"，余勇向银行提供假信息。

见客户源源不断，余勇怕频繁地偷用公司印章会引来怀疑，最后干脆让苏立波照着印章的图型，到九眼桥刻了两个假章。

● 百人刷卡　涉案 300 万

在短短 1 年间，苏立波等人为近百人办理了额度不等的信用卡，并让他们刷卡套现，从中收取高额手续费，涉案金额高达 300 余万元。

2008 年 8 月，某银行在催款不果的情况下，到余勇所在的公司进行查询。该公司负责人发现信用卡资料上的公司印章全是伪造的，而填写资料的 40 多名办卡人也不是公司人员，但办卡人留下的联系人是余勇。随后，公司又查询了邮件发放登记表，发现余勇在离职前曾接收大量的多家银行信函。

9 月，苏立波、余勇等人相继被公安机关捕获。

据办卡人黄伯成交待，当初是龚晨曦主动找到他，提出为他办理信用卡。而他也早已听闻了信用卡透支的"好处"，便办理了 4 张信用卡。他将套现后的 2.5 万元挥霍一空。"我就没想过要还钱。"他说，"反正我穷，以后也不会向银行贷款。"

资料来源：http://www.loanchina.com/news/sort/NewsDetail_56734_3992.html

思考：（1）余勇、苏立波、程序、龚晨曦、黄伯成等人被批捕的原因是什么？你认为信用卡应如何办理？

（2）根据上述案例，你认为银行在办理信用卡、信用卡消费还款等方面，应该怎样进行管理监督？

3．实务训练

正确认识你的银行信用卡。

实训说明

（1）了解银行信用卡正面的内容，主要包括：信用卡卡号、起用月/年（MM/YY）、有效月/年（MM/YY）、英文姓名、信用卡种类的标识等项目的含义。

（2）了解银行信用卡背面的内容，主要包括：卡片磁条、个人签名栏、客户服务热线、海外服务热线、卡号末四位号码、CVV2码（维萨卡）等项目的含义。

（3）如果没有信用卡请到某银行官方网站查询相关内容。

4．课后拓展

（1）登录中国建设银行或其他银行网站，上网查找信用卡开卡流程。

（2）了解信用卡的使用方法和注意事项。

 相关链接

《信用卡业务管理办法》第十九条：信用卡透支利息，自签单日或银行记账日起15日内按日息万分之五计算，超过15日按日息万分之十计算，超过30日或透支金额超过规定限额的，按日息万分之十五计算。透支计息不分段，按最后期限或最高透支额的最高利率档次计息。

第3单元　网络货币

 情景案例

张丽艳的同学小强是个游戏迷，一天晚自习后她接到小强电话，小强说自己的网银里没有钱了，请张丽艳帮忙购买30元的Q币。

现在如果你不知道Q币充值，可能就会有人说你落伍了。伴随着腾讯网络游戏的推广，作为其游戏支撑的Q币自然必不可少，而Q币充值方式及其背后的社会问题同时也应引起大家的关注。

 **任务思考**

张丽艳对Q币不了解，那么Q币有哪些用处？是否是真正的网络货币呢？网络货币除了她了解的银行卡以外，以电子信息传送形式实现流通和支付功能的网络货币还有哪些形式？

 任务分析

Q币，简称QB，通常它的兑价是1Q币=1元人民币，用腾讯拍拍网交易一般都是9折。

QB 是由腾讯推出的一种虚拟货币，可以用来支付 QQ 的 QQ 行号码、QQ 会员服务等服务。腾讯 Q 币，通过购买 QQ 卡、电话充值、银行卡充值、网络充值、手机充值卡等方式获得。QQ 卡面值分别有 10 元、15 元、30 元、60 元、100 元、200 元。

使用 Q 币不仅可以兑换游戏币，还可以购买游戏中的各种特权。Q 币可以购买 QQ 游戏（包括游戏大厅中的各种腾讯游戏及 QQ 堂、QQ 幻想、QQ 音速、QQ 三国）中的道具。

使用 Q 币可以在 QQ 秀商城给自己或朋友购买各种虚拟商品，如服饰、场景、化妆等。QQ 上那些妩媚迷人、娇巧可爱、英俊潇洒的形象，都是在 QQ 秀商城中装点出来的。而且，你还可以用 Q 币到 QQ 照相馆和网友一起合影。

在 QQ 贺卡服务中，你可以用 Q 币发送电子贺卡给好友，不仅可以发送到对方的信箱，还可以发送到对方的 QQ 上。

实际上 Q 币只能花钱购买，而不能用 Q 币换回人民币，不具备流通功能，所以它还不是真正意义上的网络货币。

相关知识

网络货币，即在网上使用的货币，是以公用信息网（Internet）为基础，以计算机技术和通信技术为手段，以电子数据（二进制数据）形式存储在计算机系统中，并通过网络系统以电子信息传送形式实现流通和支付功能的货币，包括信用卡型网络货币、电子现金、电子支票和电子钱包等。

1．信用卡型网络货币

1）基本概念

信用卡型网络货币，即在 Internet 上使用的信用卡，是目前 Internet 上的支付工具中，使用积极性最高、发展速度最快的一种。

用信用卡支付时，买方在卖方的现场提交自己的信用卡并签名。卖方将买方的信用卡号和购买金额等信息传递到发卡机构（银行或信用卡公司）。此后，发卡机构代替买方将购物金额垫付给卖方。由于这一垫付而清偿了买卖双方之间的债权债务，完成了支付。而实际上，买方与发卡机构之间尚遗留有清算该垫付款的问题，不过这并不涉及买卖双方之间的债权债务处理。

2）信用卡支付流程

（1）无安全措施信用卡支付流程。买方通过网上从卖方订货，而信用卡信息通过电话、传真等非网上传送，或者信用卡信息在互联网上传送，但无任何安全措施，卖方与银行之间使用各自现有的银行商家专用网络授权来检查信用卡的真伪，如图 3-4 所示。

图 3-4　无安全措施信用卡支付流程

由于卖方没有得到买方的签字，如果买方拒付或否认购买行为，卖方将承担一定的风险。

信用卡信息可以在线传送，但无安全措施，买方（即持卡人）将承担信用卡信息在传输过程中被盗取及卖方获得信用卡信息等风险。

（2）第三方代理人信用卡支付流程。改善信用卡事务处理安全性的一个途径就是在买方和卖方之间启用第三方代理，目的是使卖方看不到买方信用卡的信息，避免信用卡信息在网上多

次公开传输而导致的信用卡信息被窃取。

买方在线或离线在第三方代理人处开立账号，第三方代理人持有买方信用卡号和账号。买方用账号从卖方在线订货，即将账号传给卖方。卖方将买方账号提供给第三方代理人，第三方代理人验证账号信息，并将验证信息反馈给卖方。卖方确定接收订货。如图3-5所示。

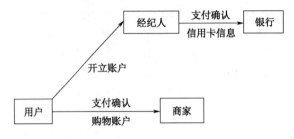

图 3-5　第三方代理人支付方式流程

（3）简单加密的信用卡支付流程。

① 用户在银行开立一个信用卡账户，并获得信用卡账号。

② 用户订货后，把信用卡信息加密后传给商家服务器。商家服务器验证接收到的信息的有效性和完整性后，将用户加密的信用卡信息传给业务服务器，商家服务器无法看到用户的信用卡信息。

③ 业务服务器验证商家身份后，将用户加密的信用卡信息转移到安全的地方解密，然后将用户信用卡信息通过安全专用网传送到商家银行。

④ 商家银行通过普通电子通道与用户信用卡发卡行联系，确认信用卡信息的有效性。得到证实后，将结果传送给业务服务器，业务服务器通知商家服务器交易完成或拒绝，商家再通知用户。

采用的加密协议有 SHTTP、SSL 等，这种付费方式给用户带来很多方便，但是，一系列的加密、授权、认证及相关信息传送，使交易成本提高，所以这种方式不适用于小额交易，如图3-6所示。

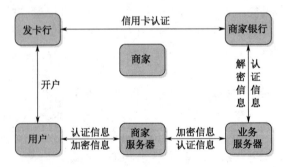

图 3-6　简单加密信用卡支付过程

由信用卡进行的结算，由于第三者即信用卡的发行者的介入，虽然使得结算关系复杂化，但是买卖双方之间，仅仅需要提交信用卡号及卡的有效期等简单信息，即可完成结算的必要手续。信用卡号等信息的交换，可以不通过物理媒体传递，而使用电子方式交换。因此，电子货币项目首先在信用卡的应用方面迈向实用化。

3）信用卡型网络货币的特点

信用卡型网络货币的基本特点，一是特约商店无须太多投入即能使用；二是 24 小时内无论何时均可使用；三是能受理信用卡的商店在全世界数量相当之多；四是有法律和制度方面的保障。

Internet 网上电子商务开展的必要条件：必须具备在素不相识的交易对象之间可以使用的、能够即时支付购物款的结算方法。因为，站在商家的立场，如果无法确认买家的信用程度，就不能确保收回货款，也就难以提交商品或信息。

在使用网上信用卡结算时，由于处于商家和顾客之间的信用卡发行机构能保证对于购物款的支付，商家就能放心地即时回应和满足顾客的购物要求。由于国际互联网的应用不受国境限制，使得信用卡可以用于国际间的支付。有关汇率的换算则由信用卡公司之间的互联网络自动处理。

4）法律和制度问题

信用卡型网络货币，是与传统货币相类似的支付手段，它的发行，如果不加以限制，必然发生与"国家垄断的货币发行权"相抵触的问题。另外，在顾客以预付方式支付现金给非金融卡的发行机构换取电子货币时，即发生了与存款类似的行为，这抵触了"存款业务是银行及有关金融机构的专营业务"的法律规定。

在我国，中国人民银行颁布的 1996 年 4 月 1 日起实施的《信用卡业务管理办法》规定，只有商业银行经过批准才具有信用卡的发行权。信用卡作为 Internet 上应用的电子货币，必须遵守既有的法律、法规。但网上信用卡支付，将专用网络的信息传递方式，转换为以 Internet 开放式网络为传递媒体。因此，有关法律、法规有必要进一步完善。

2．电子现金

电子现金（E-cash）是一种以电子数据形式流通的货币。电子现金是一种用电子形式模拟现金的技术，如现金购物卡。

电子现金通常基于银行账户资金，它的使用相当于用户对该账户资金的支取凭证，它与普通现金有很多相同的特征：交易可以是私下的，有丢失的可能性，在任何场合均可被接受，交易为个人到个人。它是电子支付工具中最主要的取代纸币的方式，它的优势在于完全脱离实物载体，使得用户在支付过程中更加方便灵活，更加快速高效，尤其适用于各种小额交易。

1）电子现金的特点

电子现金具有现金的特性：方便、费用低（或者没有交易费用）、防伪性、不记名及其他性质。和其他电子支付手段相比，电子现金还具有以下特点。

（1）匿名性。电子现金不能提供用于跟踪持有者的信息，这样可以保证交易的保密性，也就维护了交易双方的隐私权。也正是这一点，如果电子现金丢失了，就会同纸币现金一样无法挂失。

（2）可传递性。电子现金可以方便地从一个人付给另一个人，并且不能提供跟踪这种传递的信息。任何人拿到电子现金都可以用于消费，简单地说，电子现金是可以转让的。

（3）可操作性。电子现金必须具有可操作性。作为一种结算方式，电子现金必须能够换成其他电子现金、纸币现金、商品或服务、银行账户的存款等。

（4）可细分性。现实生活中，现金有多种面值，消费现金的数量由不同面值的现金组成，电子现金可以像普通的现金一样可以细分成不同大小的货币单位用于支付。也就是说，电子现金是可以细分的。

（5）可存储性。用户可以在家中、办公室或途中对存储在计算机中，或者其他设备中的电子现金进行存储和检索。电子现金的存储是从银行账户中提取一定数量的电子现金，存入到上述设备中。由于在计算机上产生或存储现金，因此，伪造现金非常容易，最好将现金存入一个不可修改的专用设备。这种设备应该有个友好的界面，以有助于通过密码或其他方式的身份验证，以及对卡内信息的浏览显示。

（6）不可重复性。电子现金采用密码控制，具有不能复制或重复使用的特点。

2）电子现金的优越性

（1）由于电子现金使用密码控制，安全系数较高，不易伪造。在网上，购买者支付电子现金，卖主将电子现金用于其他购买或去银行进行兑换。银行将电子现金发到客户的计算机时，都会在每一"张"电子现金上盖上数字印章。当客户支付电子现金时，只需将适当数目的电子现金传输到卖主那里，卖主再发到银行进行确认。为了保证每一"张"电子现金只被使用一次，银行在每一"张"电子现金被支付出去时都记录其序列号。如果一"张"正被支付的电子现金的序列号经确认已经在数据库中，即已被使用过，银行就会检测到某人试图将一张电子现金使用多次，就会通知卖主该电子现金无使用价值而拒收。

（2）使用电子现金进行商品交易时，交易双方可以立即处理完毕，时间快，效率高。客户本人也可及时核查自己的使用金额，避免出现信用卡使用过程中"挥霍过度，心中无数"的情况。对于金融机构和交通、邮电、通信等其他部门来说，电子现金的使用将会使整个社会系统进一步有机地联系起来，不再各自为政，互不往来。

3）电子现金的种类

电子现金可以分为两种：硬盘数据文件形式的电子现金和 IC 卡形式的电子现金。

硬盘数据文件形式的电子现金是一种以数据形式流通的货币。它把现金数值转换成一系列的加密序列数，通过这些序列数来表示现实中各种金额的币值。数据文件形式的电子现金存在于硬盘中，在网络中的流通和传递相对方便且安全性较好，但携带不方便。

IC 卡形式的电子现金是将一定数量的现金金额存储在 IC 卡中，IC 卡可看作记录电子现金余额的账户，由持卡人拥有并管理，存入和消费时必须使用专用设备写入或读出。IC 卡形式的电子现金在网络化过程中相对复杂一些。IC 卡形式的电子现金用一张塑料卡作为载体，携带十分方便，普及要容易一些，但安全性较差。

4）电子现金的工作流程

不同的电子现金，其支付的工作流程不完全相同，但一般来说，它的支付流程都包括以下5 个步骤。

（1）购买电子现金。买方在电子现金发布银行开设电子现金账号，并购买电子现金。要从网上的货币服务器购买电子现金，首先要在该银行建立一个账户，将足够的资金存入该账户以支持今后的支付。目前，多数电子现金系统要求买方在一家网络银行上拥有一个账户。这种要求对于全球性和多种现金交易非常严格，买方应该能在国内获得服务并进行国外支付。但需要建立网络银行组织，作为一个票据清算所。

（2）存储电子现金。使用电子现金终端软件，从电子现金银行取出一定数量的电子现金存在硬盘中。一旦账户被建立起来，买方就可以使用电子现金软件产生一个随机数，它是银行使用私钥进行了数字签名的随机数，通常少于 100 美元作为货币，再把货币发回给买方，这样就有效了。

（3）用电子现金购买商品或服务。买方向同意接收电子现金的卖方订货，选择使用电子现金进行付款，用卖方的公钥加密电子现金后，传递给卖方。

（4）资金清算。接收电子现金的卖方与电子现金发放银行之间进行清算。电子现金银行将买方购买商品的钱支付给卖方。这时可能有两种支付方式：双方支付方式和三方支付方式。双方支付方式是涉及两方，即买、卖双方。在交易中卖方用银行的公共密钥检验电子现金的数字签名，如果对于支付满意，卖方就把数字货币存入他的机器，随后再通过电子现金银行将相应面值的金额转入账户，所谓三方的支付方式，是指在交易中电子现金被发给卖方，卖方迅速把它直接发给发行电子现金的银行，银行检验货币的有效性，并确认它没有被重复使用的问题。为了检验是否重复使用，银行将从卖方获得的电子现金与已经使用过的数字现金数据库进行比较。像纸币一样，电子现金通过一个序列号进行标识。为了检验重复使用，电子现金将以某种全球同一标识的形式注册。但是，这种检验十分费时、费力，尤其对于小额支付。

（5）确认订单。卖方获得付款后，向买方发送订单确认信息。三方电子现金支付过程如图 3-7 所示。

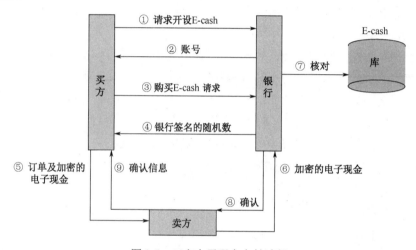

图 3-7　三方电子现金支付过程

5）电子现金支付方式存在的问题

（1）数量少。目前，只有少数商家接受电子现金，而且只有少数几家银行提供电子现金开户服务，给使用者带来许多不便。

（2）成本较高。电子现金对于硬件和软件的技术要求都较高，需要一个大型的数据库存储用户完成的交易和电子现金序列号以防止重复消费。因此，尚需开发出软硬件成本低廉的电子现金系统。

（3）存在货币兑换问题。由于电子现金仍以传统的货币体系为基础，因此英国银行只能以英镑的形式发行电子现金，美国银行发行以美元为基础的电子现金，诸如此类，因此从事跨国贸易就必须要使用特殊的兑换软件。

（4）风险较大。如果某个用户的计算机存储器损坏，电子现金也就丢失了，钱就无法恢复。

3. 电子支票

电子支票是客户向收款人签发的、无条件的数字化支付命令，它通过 Internet 或无线接入设备来完成传统支票的所有功能，是一种借鉴纸张支票转移支付的优点，利用数字传递将钱款从一个账户转移到另一个账户的电子支付方式。这种支付方式必须有第三方来证明这个支付是有效和经过授权的。

使用电子支票付款时，客户手中使用的不再是传统的支票簿，而是电子的"支票簿"。电子支票簿只是一个形象的称谓，它是一种类似于 IC 卡的硬件装置。这个卡片大小的装置中有一系列程序和设备，插入客户计算机插口后，客户通过密码或其他手段激活这个装置，使其正常运作，这个装置就像传统的支票簿一样"制造"出支票来。这个支票不再是纸质的，而是显示在屏幕上，像填支票一样，客户在电子支票上填好应填的信息，填完以后，还要进行数字签名。

客户的电子支票簿中装有客户的私人密钥，可以自动生成客户的数字签名。同时，把购货信息、电子支票等一同做成数字签名，像一个信封一样把所有的信息都缄封起来。"签完字"以后，客户则把这张"支票"通过网络付给商家。商家收到"支票"以后，再使用同样的数字签名技术在支票上进行"背书"，签上自己的数字名字，把经过"背书"的电子支票交给自己的开户银行，开户银行通过银行间的清算设备和网络与客户的开户行进行清算。最后，通知商家钱已经到了商家的账户上，客户的开户行也会通知客户支票上的钱已经付给对方。

1）电子支票的支付过程

电子支票的支付是在与商户及银行相联的网络上以密码方式传递的，多数是用公用关键字加密签名或个人身份证号码代替手写签名。用电子支票支付，事务处理费用较低，而且，银行也能为参与电子商务的商户提供标准化的资金信息，因此，对 B to B 的电子商务形式来说，电子支票有可能成为最有效率的电子支付工具。

使用电子支票进行支付，消费者可以通过计算机与网络将电子支票发向商家的电子邮箱，同时把电子付款通知单发到银行，银行随即把款项转入商家的银行账户中。这一支付过程在数秒内实现。

2）电子支票交易的过程

电子支票交易的过程可分为以下几个步骤。

（1）消费者和商家达成购销协议并选择使用电子支票支付。

（2）消费者通过网络向商家发出电子支票，同时向银行发出付款通知单。

（3）商家通过验证中心对消费者提供的电子支票进行验证，验证无误后将电子支票送交银行索付。

（4）银行在商家索付时，通过验证中心对消费者提供的电子支票进行验证，验证无误后即向商家兑付或转账。

在电子支票的处理过程中，买方通过电子邮件或者电子数据交换方式将支票发送给收款人（卖方），电子邮件或电子数据交换程序将支票送至第三方的在线计算机系统，我们称之为服务器，其中包含有确认支票所需要的信息。服务器将存款支票发送到卖方银行，卖方银行像处理普通支票一样进行处理。这些信息将被编码加密，并加入一个相当于汇款人实际签名的电子签名。

3）电子支票的优点

电子支票将会成为广泛采用的电子支付手段。电子支票除具有方便、容易使用的优势外，还有以下几个优点。

（1）电子支票十分适合现存的银行系统。

（2）财务风险由第三方通过服务器来承担。

（3）通过简单、成熟的加密工具可以保证安全性。

相关链接

电子支票基本样式

国际上常用的电子支票系统有 Netcheque（http://www.netcheque.com）、Echeck（http://www.echeck.org）等，我国除了金融机构内部的电子支票结算系统外，各大金融机构的类似电子支票业务尚处于起步阶段。电子支票的样式如图 3-8 所示。

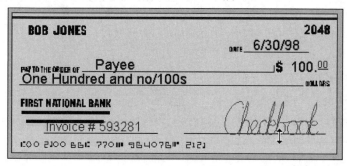

图 3-8　电子支票的样式

4．电子钱包

电子钱包是一个可以由持卡人用来进行安全电子交易和储存交易记录的软件，是顾客在网上购物活动中常用的一种支付工具，是小额购物或购买小商品时常用的新式钱包。"网上电子钱包"与现实生活中大家使用的钱包有类似的功能，但又有很大的不同，现实生活中随身带的钱包主要是用于携带货币，支付时取出货币进行支付。电子钱包在功能上与普通的钱包没有什么区别，只是货币不再是可见的纸币，取而代之的是电子货币，即电子现金、电子零钱、信用卡、在线货币、数字化币等。在电子商务服务系统中设有电子钱包管理器（Wallet Administ）。

使用电子钱包购物，通常需要在电子钱包服务系统中进行。网络贸易活动中的电子钱包软件通常都是免费提供的，可以直接使用与自己银行账号相连接的网络贸易系统服务器上的电子钱包软件，也可以采用各种保密方式利用 Internet 上的电子钱包软件。

1）电子钱包的功能

（1）个人资料管理。消费者成功申请电子钱包后，系统将在电子钱包服务器为其建立一个属于个人的电子钱包档案，消费者可在此档案中增加、修改、删除个人资料。

（2）网上付款。消费者在网上选择商品后，可以登录到电子钱包，选择入网银行卡，向银行的支付网关发出付款指令来进行支付。

（3）交易记录查询。消费者可以对通过电子钱包完成支付的所有历史记录进行查询。

（4）银行卡余额查询。消费者可以通过电子钱包查询个人银行卡余额。

在使用电子钱包时，将有关的应用软件安装到网络贸易服务器上，利用电子钱包服务系统就可以把自己的各种电子货币或电子金融卡上的数据输入进去。在发生收付款时，如果顾客用信用卡付款，例如，用 Visa 卡或者 MasterCard 卡等收付款时，顾客只要单击一下相应项目（或相应图标）即可完成。

在电子贸易服务系统中设有电子钱包的功能管理模块，称为电子钱包管理器，顾客可以用它来改变保密口令或保密方式，用它来查看自己银行账号上收付往来的电子货币账目、清单和数据。网络贸易服务系统中还有电子交易记录器，顾客通过查询记录器，可以了解自己都买了些什么物品，购买了多少，也可以把查询结果打印出来。

电子钱包其实只是在计算机上使用的一个应用程序，它集成在浏览器中。电子钱包与普通钱包和 IC 卡电子钱包有一个功能是相似的，就是在进行网上支付时，完成货币支付功能。但不一样的是，它在网上传输的加密信息中，并没有传送像使用 IC 卡电子钱包时的电子货币，而是发送该网上顾客的发卡银行账号信息及网上"电子证书"，让商家判断该顾客是否真的存在，银行也可以通过该电子证书和提供的银行账号来验证顾客的身份及其账号上是否有钱，并将得到的结果返回商家，商家再通过用户的电子钱包告诉顾客交易是否成功。网上电子钱包除了完成支付的基本功能，同时也要能够安全存储电子证书，否则，有可能造成使用你计算机的人冒用你的电子钱包进行网上购物。

2）电子钱包的工作流程

（1）客户使用浏览器在商家的 Web 主页上查看在线商品目录，浏览商品，选择要购买的商品。

（2）客户填写订单，订单内容包括项目列表、价格、总价、运费、搬运费、税费等。

（3）商家电子商务网站传回订单信息。

（4）顾客确认后，选定用电子钱包来支付：将电子钱包装入系统，单击电子钱包的相应项或电子钱包图标，电子钱包立即打开，然后输入自己的保密口令，在确认是自己的电子钱包后取出一张电子信用卡来付款。

（5）电子商务服务器对此信用卡号码采用某种保密算法算好并加密后，发送到相应的银行；同时，商家也收到了经过加密的购货账单，商家将自己的顾客编码加入电子购货账单后，再转送到电子商务服务器上去。

（6）如果经商业银行确认后被拒绝并且不予授权，则说明顾客的这张电子信用卡上的钱数不够用了或者为零，或者已经透支。遭商业银行拒付后，顾客可以在此单击电子钱包的相应项打开电子钱包，取出另一张电子信用卡，重复上述操作。

（7）如果经过商业银行证明这张信用卡有效并授权后，商家就可以交货。与此同时，商家留下整个交易过程中发生往来的财务数据，并出示一份电子收据发送给顾客。

（8）上述交易完成后，商家就按照顾客提供的电子订货单将货物在发送地点交到顾客或其指定人的手中。

3）电子钱包的特点

（1）个人资料管理与应用方便。

（2）客户可用多张信用卡。

（3）客户可使用多个电子钱包。

（4）可以保存与查询购物记录。

（5）多台计算机使用同一套电子钱包，共用一张数字证书。

（6）不管应用何种电子货币，都具有较强的安全性。

（7）支付快捷、效率高。

（8）对参与各方要求都很高。

5．微支付

微支付是指在互联网上进行的小额资金支付，这种支付机制有比较特殊的系统要求。在满足一定安全性前提下，要求尽量少的信息传输，较低的管理和存储需求，对于网络速度和效率要求都比较高。微支付适用于 B2C、C2C 等最活跃的商品交易，特别是数字音乐、游戏等数字产品，例如，网站为用户提供搜索服务、下载一段音乐、下载一个视频片段、下载试用版软件等，所涉及的支付费用很小，往往只要几分钱、几元钱或几十元钱。微支付（Micro Payments）就是为解决这些"小金额的支付"而提出的。

1）微支付的特点

（1）交易金额小。微支付的首要特征是能够处理任意微小的交易额。一般交易中所购买的商品价格通常在几分到几元之间，不像传统支付通常一次交易的金额比较大。

（2）安全性需求不高。微支付本身的交易额一般都很小，在这种情况下即使交易过程中有关的支付信息被非法截获、窃取或篡改，对交易双方的损失也不大。对安全性的需求就不如其他电子支付那么严格。

（3）交易效率高。也正因为微支付交易额小，交易量很大，要求微支付系统比传统电子商务的交易效率高，使得消费者的交易请求得到即时满足。

（4）交易成本低。由于小额交易的价值本身就很小，如果采用传统的支付方式，那么商家根本就无法营利，这就要求采用微支付机制的交易费用非常低。

2）实现类型

（1）定制与预支付。这类方式适用于消费者对所购买的产品与服务有着充分的了解和信任，才可能产生"预先"付款的行为。

（2）计费系统与集成。这类支付机制已经大量应用于电信行业，电信公司在利用计费系统对自身的服务进行收费的同时，可以向其他类型的商家提供账单集成服务。

（3）储值方案，即电子现金方案。与第一种类型不同，这类方案基于"电子现金账户"而不是"预付费账户"，电子现金是可以回收并且跨系统运行的，可以是基于互联网的软件方案，也可以是基于智能卡的硬件方案，其发展潜力更多地面向现实环境，起到替代传统现金的作用。

基于互联网的微支付应用领域包括视频、网络出版、网络游戏、网络服务、付费软件下载、彩票、咨询服务、网络教学、付费软件、捐赠、音乐、博客、小型垂直网站等。

 实践训练

1．课堂讨论

（1）什么是网络货币？
（2）常见的网络货币有哪几种？有何用途？

2．案例分析

Q币可能变相兑换人民币涉赌

在计算机上登录了 QQ 游戏的游戏大厅，在左侧的菜单中，可以看到，各种麻将、扑克和棋类游戏都有。我们选择进入了时下比较流行的斗地主游戏，这个游戏被分成了不同的区，其中排在最前面的几个是游戏的初级、中级、高级和专家场。随后，我们进入了高级场。在这个区里面，进行游戏要求玩家最少有 50 000 个游戏币，而每一局的赌注最低要 6000 个游戏币。某玩家随便在高级场玩了两局，在不到 2 分钟的时间里，就输掉了将近 3 万个游戏币。那么这些游戏币到底从何而来，3 万个游戏币又是什么概念呢？游戏币的秘密就在于它和人民币的一种曲折的兑换关系。想要在这些特定的区域进行游戏，就必须兑换足够的游戏币。首先，玩家必须通过网上银行、电话、充值卡等各种渠道，按照 1∶1 的比例，将人民币换成运营商设置的一种虚拟货币"Q 币"，然后利用 Q 币，再在游戏中，按照 1∶10 000 的比例，兑换为游戏币。也就是说，3 万个游戏币，实际上就相当于 3 元人民币。

两三块钱，看起来并不是很多。但是，在 QQ 游戏当中，利用游戏币这种虚拟的筹码，进行实际的赌博，其实规模十分惊人。

QQ 游戏，从初级、中级、高级到专家，甚至还有超级场，级别越高，要求的赌注就越高。而不同的游戏类型，赌注的规模也不一样。在斗地主游戏中，一局的输赢最多是几万游戏币。而在同花顺等其他玩法当中，一局的输赢最多可以达到几十万游戏币，相当于数十元人民币。根据 QQ 游戏的系统显示，在线的游戏人数竟然超过了 200 万人。虽然并不是所有的人都在赌游戏币。但大部分的游戏币区都被放在了最前面，有的游戏中甚至只有游戏币区，而其中的人数也有好几千人。

玩家利用游戏币赌博的过程，实际上就是在进行人民币赌博。

每一局结束，进行游戏币赌注的结算的时候，游戏运营商还要从赌注中抽取一部分。例如，在这一局结束时，输掉的两位玩家一共被扣掉了 24 000 个游戏币，而赢的那一位却只获得了 21 600 个游戏币。有 10%的赌注，也就是 2400 个游戏币被运营商从游戏中抽走了。

这就是一种抽头行为。运营商每次抽掉 10%，使总体赌注减少，刺激你继续购买游戏币。这种行为，跟开赌场没有什么区别。

危害：

（1）会冲击金融秩序。根据《人民币管理条例》，人民币是中国法定货币，人民币在现实中是有数量限制的，而 Q 币等虚拟货币商家可无限发行，虚拟货币代替人民币成为网上交易的一般等价物，必会冲击我国的金融秩序，"泛滥后果不堪设想"。

（2）具有一定黑市货币性质。北京京都律师事务所张振祖律师说，据了解，QQ 游戏的游戏币赌场里，赌注已经相当大，而游戏币是可以与 Q 币自由兑换的，Q 币在某种程度上已经具有了一定的黑市货币性质。

腾讯公司客户服务人员称，他们发行的 Q 币不是真正意义上的货币，只用于购买该公司的增值服务，本身并无其他交易功能。而且实行的是单向兑换，即 Q 币不可兑换人民币。

（3）是否违反《人民币管理条例》尚未做出解释。央行尚未对 Q 币是否违反《人民币管理条例》做出解释。中国人民银行将起草制定电子货币相关的管理办法，包括虚拟货币在内的电子货币将成为继电子支付后又一个监管重点。

讨论与分析

Q 币是否是网络货币？为什么？需要加强哪些监管？

3．实务训练

中国银行电子钱包使用介绍

中国银行的长城人民币信用卡及电子借记卡（全国范围使用），一天即可完成在线结算，命名为电子钱包（Ewallet）。申请中国银行电子钱包如图 3-9 所示。

图 3-9 登录中国银行电子钱包示意图

获得中国银行电子钱包如图 3-10 所示。

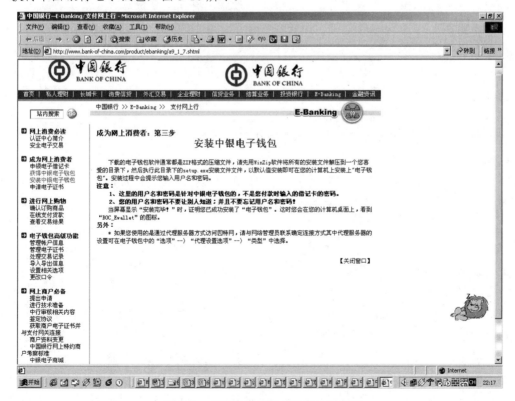

图 3-10 获得中国银行电子钱包示意图

基本步骤如下：

（1）用户在自己的计算机内安装中银电子钱包软件（下载电子钱包软件：WINZIP 格式）；

（2）登录中国银行网站，在线申请并获得持卡人电子安全证书（获取证书）；

（3）登录国信网络的国际商品交易中心"网上购物"，选购商品、并最后确认订单；

（4）单击长城电子借记卡支付，浏览器会自动启动电子钱包软件。用户只要按照画面提示输入借记卡卡号、密码等信息即可实时完成在线支付；

（5）用户在家里坐等网上商户将选购的商品邮寄过来或送货上门。

注：以上（1）、（2）步骤仅在初次使用中国银行长城电子借记卡进行网上购物时方进行，在第二次乃至以后进行网上购物时，不必重复上面（1）、（2）步骤。在上述整个电子交易过程中，SET 利用各种加密方法、数字签名、证书认证等技术手段为网上交易的各方提供了最全面的保护，确保了电子交易的安全、有序的进行。

注意事项：持卡人开始使用电子钱包时必须进行用户注册，在以后每次打开电子钱包时都要登录进行电子钱包的身份确认，所以持卡人对自己的用户名及口令应该严格保密，例如，对自己使用的计算机设置开机密码，设置屏幕保护口令等以防电子钱包被他人窃取，否则就像生活中钱包丢失一样，有可能会带来一定的经济损失。

持卡人应该切记：除了在交易过程中在电子钱包中使用借记卡的密码以外，请不要以任何方式，告诉任何人你的借记卡密码。

4．课后拓展——了解 POS

（1）简介：POS（Point of Sales）的中文意思是"销售点"，全称为销售点情报管理系统，是一种配有条码或 OCR 码（光字符码）的终端阅读器，有现金或易货额度出纳功能。

（2）基本原理：POS 系统先将商品资料创建于计算机文件内，透过计算机收银机联机架构，商品上的条码能透过收银设备上光学读取设备直接读入后（或由键盘直接输入代号）马上可以显示商品信息（单价、部门、折扣……），加速收银速度与正确性。每笔商品销售明细资料（售价、部门、时段、客层）自动记录下来，再由联机架构传回计算机。经由计算机计算处理即能生成各种销售统计分析信息作为经营管理依据。

POS 机是通过读卡器读取银行卡上的持卡人磁条信息，由 POS 机操作人员输入交易金额，持卡人输入个人识别信息（即密码），POS 机把这些信息通过银联中心，上送发卡银行系统，完成联机交易，给出成功与否的信息，并打印相应的票据。POS 机的应用实现了信用卡、借记卡等银行卡的联机消费，保证了交易的安全、快捷和准确，避免了手工查询黑名单和压单等繁杂劳动，提高了工作效率。

（3）功能用途：适用于大中型超市、连锁店、大卖场、大中型饭店及一切高水平管理的零售企业，具有 IC 卡功能，可使用会员卡和内部发行 IC 卡及有价证券。

POS 系统可外接扫描枪、打印机等多种外设。

POS 系统具有前、后台进、销、存配送等大型连锁超市管理功能。餐饮型 POS 系统具有餐饮服务功能，可外接多台厨房打印机、手持点菜机等各种外设。可实现无人看管与 PC 远程通信，下载资料。具有以太网（计算机局域网）通信功能，通过 ADSL 宽带构成总、分店 POS 机网络即时管理系统。

（4）设备构件。整套的 POS 机除了硬件之外还需要一套收款用的软件。软件包括录入、销售、统计、打印、钱箱控制等功能，其实就是一个特定用途的小型数据库应用软件。

POS 系统的外部设备有以下几种。

显示器：显示所收金额，找零金额。

票据打印机：打印收款小票的打印机。

刷卡器：刷磁卡的设备，主要用于会员积分与店内会员储值。

钱箱：装钱的设备，打印机打完小票后自动弹开钱箱。

扫描设备：扫描商品条码的设备。

（5）POS 机的优势。

① 支持任何带有银联标志的银行卡、会员储值卡在线支付。

② 费率较传统行业更优惠。

③ 提供跨区域的资金管理。

④ 后台个性化的交易数据服务。

⑤ 交易及清结算信息的综合对账平台，实现交易查询、资金流信息、离线退货、订单查询等管理。

⑥ 固网、互联网、IP、移动等多种接入方式，轻松方便接入刷卡支付服务。

知识小结

电子货币是以互联网为基础，以计算机技术和通信技术为手段，以电子数据形式存储在计算机系统中，并通过计算机网络系统传递，实现流通和支付功能的货币。所以，电子货币也叫网络货币。

按支付方式分类，电子货币大致可分为储值卡型电子货币、信用卡应用型电子货币、存款利用型电子货币和现金模拟型电子货币。

信用卡是银行或专门的发行公司发给消费者使用的一种信用凭证，是一种把支付与信贷两项银行基本功能融为一体的业务。按信用卡的信用性质与功能区分，信用卡可分为借记卡和贷记卡。按发卡机构的性质区分，可分为金融卡和非金融卡。万事达卡、VISA 卡、中国银行长城卡等属金融卡或银行卡；加油卡、电话卡等属非金融卡或非银行卡。按发卡对象区分，可分为主卡、附属卡、个人卡、公司卡等。按持卡人信誉或社会经济地位区分，可分为白金卡、金卡、银卡、普通卡等。按流通范围区分，可分为国际卡和地区卡。

电子现金是一种以电子数据形式流通的货币。它把现金数值转换成一系列的加密序列数，通过这些序列数来表示现实中各种金额的币值。电子现金具有匿名性、可传递性、可操作性、可细分性、可存储性和不可重复性等特点。

电子支票是客户向收款人签发的、无条件的数字化支付命令，它通过 Internet 或无线接入设备来完成传统支票的所有功能，是一种借鉴纸张支票转移支付的优点，利用数字传递将钱款从一个账户转移到另一个账户的电子支付方式。其优点：① 电子支票十分适合现存的银行系统；② 财务风险由第三方通过服务器来承担；③ 通过简单、成熟的加密工具可以保证安全性。

电子钱包是一个可以由持卡人用来进行安全电子交易和储存交易记录的软件，是顾客在网上贸易购物活动中常用的一种支付工具，是小额购物或购买小商品时常用的新式钱包。电子钱包具有① 个人资料管理；② 网上付款；③ 交易记录查询；④ 银行卡余额查询功能。

微支付是指在互联网上进行的小额资金支付。这种支付机制有比较特殊的系统要求。在满足一定安全性前提下，要求尽量少的信息传输，较低的管理和存储需求，对于网络速度和效率要求都比较高。微支付适用于 B2C、C2C 最活跃的商品交易，特别是数字音乐、游戏等数字产品。

练习测试

1. 名词解释

电子货币　信用卡　电子支票　网络货币

2. 选择题

（1）信用卡最大的特点是具备（　　）功能。

    A. 信贷　　　　　B. 支付　　　　　C. 分期付款　　　D. 定期付款

（2）信用卡支付（　　）。

    A. 可在任何商场和饭店使用

    B. 对持卡人无任何要求

    C. 可采用刷卡记账、POS 结账，ATM 提取现金方式进行支付

    D. 可以替代其他支付方式

（3）在电子钱包内可以装入各种（　　）。

    A. 电子货币　　　B. 数字证书　　　C. 用户资料　　　D. 认证资料

（4）同时具有安全性和匿名性的电子货币是（　　）。

    A. 电子现金　　　B. 电子支票　　　C. 电子钱包　　　D. 信用卡

（5）（　　）是电子商务 B to B 模式下最好的支付方式。

    A. 信用卡　　　　B. 电子现金　　　C. 电子支票　　　D. 电子钱包

3. 简答题

（1）什么是电子货币？

（2）信用卡的功能有哪些？

（3）电子支票的优点是什么？

（4）什么是信用卡透支？

（5）常用的网络货币有哪些？

4. 论述题

（1）试论述防止银行卡诈骗的防范要点。

（2）微支付的优势有哪些？

模块4

网上金融

学习目标

知 识 目 标

了解网上银行的产生历史、功能与应用

了解网上证券交易的内容及应用

了解网上保险的内容及应用

能 力 目 标

掌握网上银行、网上证券交易和网上保险的使用方法

掌握U盾与口令卡的使用方法

素 质 目 标

在电子商务环境下能够充分利用网上金融市场的优势，拓展业务，大力提高工作、生活的效率和质量。

第1单元　网上银行

 情景案例

　　张丽艳同学在 12306.cn 网站订购火车票，订单提交成功后，通过网上支付，即刻付清了购买火车票的钱款。实际上，此时张丽艳同学就用到了网上银行的功能。12306.cn 网站，通过网上银行，借助计算机网络，把购买火车票的钱（电子货币），从张丽艳同学所持有的中国邮政储蓄银行的银联卡上，转移到了铁路售票部门的网上银行财务账号上。

 任务思考

　　究竟网上银行是如何实现网上支付功能的？网上银行是何时产生的？网上银行还包括哪些功能？如何使用网上银行？如何防范网上银行诈骗？要弄清楚以上这些问题，就需要学习本单元所要讲解的知识内容。

 任务分析

　　网上银行（Internetbank 或 E-bank）包含两个层次的含义：一个是机构概念，指通过信息网络开办业务的银行；另一个是业务概念，指银行通过信息网络提供的金融服务，包括传统银行业务和因信息技术应用带来的新兴业务。以下提及的网上银行更多是第二层次的概念，即网上银行服务的概念。

　　无论是企业还是个人，通过网上银行都可以进行除了现金的存取以外的查询、转账、支付和信贷等功能，极大地方便了客户的金融服务要求。对于网上银行的安全性，各个银行都采取了 U 盾、动态口令卡及手机短信动态验证码等防范措施。

　　网上银行是依托信息技术、互联网的发展而兴起的一种新型银行服务手段。网上银行借助互联网遍布全球的优势及其不间断运行、信息传递快捷的优势，突破了传统银行的局限性，为用户提供全方位、全天候、便捷、实时的现代化服务。

 相关知识

　　网上银行又叫电子银行。网上银行就是借助计算机、互联网及其他电子通信设备提供各种金融服务的银行机构。网上银行以网站的形式，在互联网上开展业务。

　　例如，中国建设银行网上银行的主页如图 4-1 所示。

1. 网上银行的产生

1）网上银行产生的原因

（1）网上银行是网络经济发展的必然结果。网络的商业化带动了网络经济的发展，开创了网络经济时代。在以信息技术和创新能力为特征的网络经济时代，需要有效地实现支付手段的

电子化和网络化，需要银行改变传统的经营理念和服务方式，建立以客户为中心，以客户价值为导向的营销理念，变被动服务为主动服务。网上银行应运而生，它实现了这些目标。而网络经济的发展必将给网上银行带来更好的发展。

图 4-1 中国建设银行网上银行主页

（2）网上银行是电子商务发展的需要，无论对于传统的交易，还是新兴的电子商务，资金的支付都是完成交易的重要环节，所不同的是，电子商务强调支付过程和支付手段的电子化与网络化处理。在电子商务中，作为支付中介的商业银行在电子支付中扮演着举足轻重的角色，无论网上购物还是网上交易，都需要借助电子手段进行资金的支付和结算。商业银行作为电子化支付和结算的最终执行者，是连接商家和消费者的纽带，是网上银行的基础，它所提供的电子与网络支付服务是电子商务中的最关键要素和最高层次，直接关系到电子商务的发展前景。商业银行能否有效地实现支付手段的电子化和网络化是电子交易成败的关键。因此，网上银行是电子商务的必然产物和发展需要。

（3）网上银行是银行自身发展并取得竞争优势的需要。电子商务的发展给全球经济和贸易带来重大影响，而作为经济领域中的银行也必然受到波及，银行不得不重新审视自身的服务方式，为在激烈的竞争环境中取得优势并适应电子商务的发展，必须利用现有条件，增加服务手段，提供更加便捷迅速、安全可靠、低成本的支付结算服务。根据专家预测，未来的银行实体分行的开设将逐渐减少，而基于 Internet 平台的银行业务将大量增加。

2）网上银行的产生过程

网上银行的产生必然要经历一定的发展过程，由新生走向发展，并不断完善。网上银行的产生大致经历了三个发展阶段。第一阶段是计算机辅助银行管理阶段。20 世纪 50 年代至 80 年代中后期，银行应用计算机的主要目的是解决手工记账速度慢的问题并提高财务处理能力。60 年代兴起的资金转账 EFT 技术及其应用为网上银行的发展奠定了技术基础，这是网上银行发展的雏形。第二阶段是银行电子化阶段。随着计算机的普及，商业银行的重点也发生了改变，从电话银行调整为 PC 银行，即以 PC 为基础的电子银行业务，形成了不同国家银行之间的电子信息网络，进而形成了全球金融服务系统。这也极大地促进了网上银行的发展。随着银行电子化的发展，电子货币转账也成为银行服务中的主要业务形式。第三阶段是网上银行阶段。在 90 年代中期，Internet 在各行各业的应用越来越广，也为网上银行带来了新的生机。它的基本功能大大满足了人们对现实生活的需要，并以更方便、快捷的优势不断对传统模式产生冲击。

2．网上银行的类型

1）按网上银行的主要服务对象分类

网上银行按照服务对象分类，可以分为企业网上银行和个人网上银行两种。

（1）企业网上银行。企业网上银行主要针对企业与政府部门等企事业组织客户开展业务。企事业组织可以通过企业网上银行服务实时了解企业财务运作情况，即在组织内部调配资金，轻松处理大批量的网上支付和工资发放等业务，并可以处理信用证相关业务。

（2）个人网上银行。个人网上银行主要用于个人与家庭的日常消费支出与转账业务。客户可以通过个人网上银行服务，完成实时查询、转账、网络支付和汇款等功能。个人网上银行服务的出现，标志着银行业务触角直接伸到了个人客户的家庭 PC 桌面上，方便使用，真正体现了家庭银行的风采。

2）按网上银行的主要组成架构分类

网络银行按照组成架构分类，可以分成纯网上银行和以传统银行拓展网上业务为主的网上银行两种。

（1）纯网上银行。纯网上银行是一种完全依赖于 Internet 发展起来的全新网上银行，也叫虚拟银行。这类银行开展网上银行服务的机构除后台处理中心外，没有其他任何物理上的营业机构，雇员很少，银行的所有业务几乎都在 Internet 上进行。纯网上银行又分成两种情况：一是直接建立的独立的网上银行；二是以原银行为依托，成立新的、独立的银行来经营网上银行业务。例如，美国的安全第一网络银行（Security First Network Bank，SFNB）、电话银行（Telebank）等就属于纯网上银行，它们可以通过 Internet 提供全球性的金融服务，提供全新的服务手段，客户足不出户就可以进行存款、取款、转账、付款等业务。

（2）以传统银行拓展网上银行业务为基础的网上银行。这种网上银行是指在传统银行基础上运用公共的 Internet 服务，设立新的网上银行服务窗口，开展传统的银行业务的服务，并且通过发展个人网上银行、企业网上银行等服务，把传统银行业务延伸到网上，在原有银行基础上再发展网上银行业务，使实体与虚拟结合的银行。这种形式与前一种形式的不同在于，它是利用 Internet 辅助银行开展业务，而不是完全电子化和网络化。

3．网上银行服务

1）网上银行服务内容

（1）公共信息服务。银行公共信息服务包括银行的广告、宣传资料、业务种类和特点、操作规程、最新通知、年报等综合信息，它对网上的所有访问者开放。具体包括以下内容：公用信息发布，银行简介，银行业务、服务项目介绍，银行网点分布情况，ATM 分布情况，银行特约商户介绍，存、贷款利率查询，外汇牌价、利率查询，国债行情查询，各类申请资料（贷款、信用卡申请），投资、理财咨询使用说明，最新经济快递，客户信箱服务。

（2）企业网上银行业务。网上银行客户业务仅面向在银行开户的企业，数据均经过加密后才在网上传输，网上银行系统在用户进入网上银行时设置了登录密码及附加密码，每次进入网上银行时系统会自动产生一个附加密码，供下次登录时使用，客户每次进入网上银行的附加密码是不一样的。另外，网上银行自动记载系统日志，用户的每一个操作都被记载下来，便于审核和发现异常，保障系统安全。

网上银行可提供的企业网上银行业务具体包括以下内容。

① 账务查询：为在银行开户的公司客户提供网上查询该公司及其所辖分支机构账户交易、余额和汇款信息的服务。具体内容一般包括以下几方面。

♦ 余额查询服务：查询该公司账户或所属子公司的所有账户前一日工作终了的余额信息。

♦ 历史交易查询服务：选择所需查询的账号和起止日期，查该账户的历史交易明细信息。

♦ 汇款信息查询服务：选择所需查询的账号和起止日期，查该账户的汇款明细信息。

♦ 对公账户实时查询服务：公司客户可通过网上银行服务系统实时查询本公司所有账户的当前余额信息及交易历史信息，包括账户余额查询和交易历史查询。

♦ 国际结算业务网上查询服务，主要内容包括三方面。一是进口业务。开立信用证信息查询，查询进口商在开证行开立的信用证的信息，包括信用证项下来单信息查询和进口代收信息查询。二是出口业务。信用证项下通知信息查询，出口商查询通知行是否有由开证行开来的信用证信息，包括信用证项下议付信息查询；信用证项下结汇信息查询；出口托收信息查询和出口托收结汇信息查询。三是汇款业务。汇入汇款信息查询，收款人向汇入行查询有关汇入汇款的信息。

② 内部转账：网上银行开户的本行账户之间的资金划拨。

③ 对外支付：向在某网上银行或其他银行开户的其他公司付款。

④ 活期定期存款互转：将活期存款账户中暂时闲置的资金转为定期存款；将定期存款转为活期存款。

⑤ 工资发放：利用银行卡向公司员工发放工资。

⑥ 信用管理：查询在某银行发生的信用情况，包括各币种、各信用类别的余额和笔数、授信总金额和当前余额、期限、起始日期，以及借款、借据的当前状态和历史交易明细。

⑦ 公司财务查询和信用查询：总公司可根据协议查看子公司的账务信息和信用情况，方便财务监控。

⑧ 总公司对子公司收付两条线的管理。对于实行资金集中式管理的公司，总公司可根据协议实现分支机构货款向总部的迅速回笼和集中，也可以集中向分支机构支付各种费用。

⑨ 网上信用证。以交易双方在 B to B 电子商务交易平台上签订的有效电子合同为基础，提供网上申请开立国内信用证和网上查询打印信用证功能，同时向交易平台的管理者提供信息通知服务，使交易平台的管理者可随时了解信用证结算的交易过程。

⑩ 金融信息查询及银行信息通知。提供实时证券行情、利率、汇率、国际金融信息等丰富多彩的金融信息。银行通过"留言板"将信息通知特定客户，例如，定期存款到期通知、贷款到期通知、开办新业务通知、利率变动通知，等等。

（3）个人网上银行业务。网上银行最初以公司业务为主，后逐渐向私人开放，同公司网上银行业务一样，个人银行业务也仅对开户注册客户提供服务。广大公众只要在网络银行开立了普通存折或一卡通账户，即可上网享受网络银行提供的各种个人银行业务服务。个人银行业务包括以下几方面。

① 业务查询，包括：金融卡私人理财业务查询；查询账户基本信息；查询某存款子账户信息；查询所有存款子账户信息；查询贷款子账户信息；下载对账单。

② 转账业务，包括：活期储蓄转定期储蓄；活期储蓄转整存整取储蓄；活期储蓄转零存整取储蓄；活期储蓄转存本取息储蓄；活期储蓄转零存整取储蓄续存；定期储蓄转活期储蓄；整存整取储蓄转活期储蓄；零存整取储蓄转活期储蓄；存本取息储蓄转活期储蓄；活期储蓄还贷款；申请贷款转活期储蓄。

③ 代收代缴业务，包括申办代缴各种费用和代缴各种费用。

④ 储蓄业务，包括：私人储蓄业务查询；查询存款账户信息；查询未登折信息；查询存款账户历史明细信息；查询贷款账户信息。

⑤ 个人贷款业务，包括：汽车消费贷款；住房按揭、抵押贷款；公积金贷款；个体工商户小额贷款。

⑥ 银行卡消费业务，包括：借记卡消费和（准）贷记卡消费。

⑦ 财务状态管理服务，包括：修改密码；挂失银行卡、存折；解除挂失。

⑧ 客户金融咨询服务，包括：各种贷款产品种类、内容，申请程序等的咨询；各种贷款产品的咨询；理财咨询。

⑨ 客户意见反馈服务，包括：对客户提出的意见及建议做出及时的反馈。

以上业务只是网络银行常见的主要业务，牵涉到具体银行，可能存在细微的差别，而且随着客户需求的变化，网上银行业正在不断地创新。

2）企业如何获得网上银行服务

企业申请成为网上银行客户的步骤与个人客户申请步骤类似，在开户申请中如实填写工商营业登记证号、对公账号等相关资料并下载证书即可。与个人客户申请不同的是，企业申请的账户必须到柜台签约以后，才能开通查询服务。

在网上申请的账户经过柜台签约认证后，就能享受到网上银行提供的各项服务，具体步骤如下。

（1）到签约柜台填写账户签约申请表。申请表包括客户信息和需要签约的账户信息。

① 客户信息包括 CN 号、有效证件（身份证等），并留存复印件。CN 号即证书号，它是在下载证书时由 CA 中心分配的。查看 CA 证书相关信息的方法：（以 IE5 为例）单击"工具"按钮，选"Internet 选项"，在"内容"标签中选择"证书"的"个人"按钮，选择个人证书，单击"查看"，在"详细信息"标签中选择"主题"字段，即可查看到证书号等相关信息。

② 账户信息主要是指账号，需要签约的账户可以是在网上银行中心追加过的账户，也可以是未在网上银行中心追加的账户。

在签约柜台出示的证件要与网上开户申请时填写的一致，否则签约无效。

（2）将签约申请表交柜员，协助柜员验证账户密码（在柜台密码键盘输入账户密码）。

（3）通过柜台客户信息检查和账户密码验证后，就完成了账户签约申请，账户信息将通过加密方式传递给网上银行系统进行校验。

（4）账户签约信息被网上银行系统确认后，当再次登录网上银行系统时，签约的账户便拥有了转账、代理缴费、支付、银行证券转账、外汇买卖等网上交易权限。

4．网上银行的安全

在当今各种骗术横生的背景下，很多人对网银的安全性产生了忧虑。例如，在"双十一"、"双十二"电商盛宴中，很多客户就纠结于网银支付是否安全，最终只能放弃。为解决这一"心病"，银行电子银行专家为您特制网银安全攻略。

（1）"火眼金星"——仔细辨别登录网址。要仔细确认各家银行的网银官方网址。例如，中行网银官方网址：www.boc.cn，手机银行官方网址：wap.boc.cn。不要相信通过邮件、短信发送的链接或其他网站上的链接。

（2）"敝帚自珍"——妥善保管认证工具。妥善保管 U 盾、口令卡等认证工具，一旦丢失、损坏或过期，请及时致电相应银行的客服电话，或前往营业网点办理挂失或更换，切勿相信"在线升级"、"自助更新"等信息。

（3）"如期而至"——定期登录修改密码。每月至少登录一次网上银行、手机银行，定期修改登录密码，同时检验认证工具的有效性。

（4）"守口如瓶"——妥善保护个人信息。在银行办理开户、开网银、手机银行等业务时，一定要预留本人的真实信息。在任何情况下，坚持登录用户名、登录密码、动态口令、手机交易码不透露给他人的原则，不要相信任何通过电话、短信等方式索要个人信息的行为。

（5）"如履薄冰"——提高 PC 及密码的安全性。不要使用身份证号码、生日、电话号码、车牌号码等信息作为密码；不要在网吧等公共场所登录网上银行；安装并及时更新杀毒软件；不要轻易单击不明网址和邮件的链接，下载、安装一些来历不明的 PC 软件和手机应用。

（6）"如虎添翼"——巧用网银增值服务。在网银中设置"欢迎信息"，每次登录都要看一眼，以识别假冒网站；开通"网银 e 信"服务，随时掌握网银登录、动账信息；设置转账支付限额，有效控制风险。

目前，"超级网银"跨行账户管理功能已经成为黑客恶意利用的目标，近期全国连续出现多起各大银行客户被骗案例。"超级网银"是跨银行网上金融服务产品，能够方便用户实时跨行管理不同的银行账户。通俗地说，就是可以用一个网银账户实现多张银行卡的跨行查询和转账，国内绝大多数银行均默认支持该项功能。然而一旦有不法分子恶意利用"超级网银"，通过欺诈手段获取他人银行账户的授权，就可以将对方账户余额全部偷走。

 相关链接

德国的网络银行

不仅大部分传统银行都建立了网上交易平台，德国还出现了上百家纯粹的网络银行，目前已占到银行全部业务的 25%以上，具有相当的市场竞争力。

在德国，越来越多的客户开始习惯于通过互联网、电话、传真等直接管理自己的银行账户，不仅可以存款、转账，还能够买卖股票、基金，甚至可以申请小额贷款。与传统银行依靠广设分支机构招揽客户不同，这种新型的"直接银行"费用低廉、使用便捷，正成为德国个人理财

的“网上直通车”。

对于网络银行最敏感的安全问题，德国同样出现过账户名和密码被窃取等情况，但随着银行、监管机构和客户等多方努力，网络银行的安全性正得到越来越多客户的认可。例如，网上银行同时使用用户名、登录密码和交易密码，有的银行对同一账户的不同交易、不同步骤都要求不同的密码，只有输入正确才能操作，有效地避免了网络黑客窃取密码的危险。同时，监管机构和行业协会组织也在不断提高网络银行的安全标准要求。自 2008 年 1 月 1 日起，德国所有的网络银行将执行统一的技术标准 EBICS，保障所有网络传输交易信号的安全。同时，德国警方直接介入针对网络银行的犯罪监控，联邦刑警局全天候监控可疑线索，对罪犯进行严厉的刑事惩罚。

资料来源：http://www.enet.com.cn/article/2007/0828/A20070828797921.shtml

实践训练

1．课堂讨论

（1）网上银行是如何产生的？

（2）网上银行有哪些职能和作用？

（3）网上银行的安全方面有哪些要求？

2．案例分析

退休工程师被骗 80 余万元　对方遥控开通网银转账

2013 年 10 月 10 日，武汉一退休工程师张某接到“北京市电信局”电话，称他北京的电话账户欠费 3000 余元。对方表示，很可能是有坏人窃取了张某的身份信息。紧接着，一名“警察”打来电话，说有人利用张某的身份信息从银行骗走 258 万元，张某已涉嫌金融诈骗。随后，电话转接给“检察院杜检察长”等人，要求对张某银行卡内资金进行监控。为了洗清 “罪名”，张某按照对方要求，到银行开通了网银。由于从未用过网银，张某在对方的“操作指示”下将 80 余万元转入了对方账户。

讨论与分析

如何防范网银诈骗，确保资金安全？

3．实务训练

网上自助开通中国工商银行个人网上银行。如果持有工商银行牡丹灵通卡、理财金账户卡、工银财富卡、信用卡、贷记卡、国际卡和商务卡客户，单击“注册个人网上银行”按钮，根据提示可以开通个人网上银行，可获得账户查询、网上购物支付等服务。

实训说明

（1）如果没有工商银行卡，可以试着登录你持有银行卡的官方网站，进行注册。

（2）也可以浏览各大银行网站，观看、记录个人网上银行注册演示过程。

4．课后拓展

（1）从技术层面，如何保障网银的安全性？

（2）我国有哪些法律法规来保护网上银行的健康发展？

第 2 单元　网上证券

情景案例

张丽艳同学在上学时有一个打算，工作以后，经济上有了收入，就进行投资赚钱。投资方法有许多，例如，网上开一家服装店或买一辆汽车出租赚钱；还可以在金融市场，进行黄金、外汇买卖赚钱；也可以买卖股票、基金、债券赚取收入。

黄金买卖、外汇买卖的交易场所，是在国家指定的银行交易大厅。买卖股票、基金、债券的交易场所，是在经过国家批准成立的各家证券公司所开设的证券营业部。

由于刚毕业的大学生工作都很忙，其他的上班族也抽不出时间到证券公司营业部进行股票买卖交易怎么办？张丽艳上课时，也经常听到任课老师进行股票、基金投资，他们是如何操作的呢？

任务思考

现在进行黄金、外汇买卖和证券投资，完全可以不去交易所，可以通过网上金融市场，在网上进行黄金买卖、外汇买卖。也可以在网上买卖股票、基金、债券。如何在网上进行股票、基金、债券交易，在网上进行股票、基金、债券交易要懂得那些事项，如何降低交易风险呢？这就是本单元网上证券所包括的知识内容。

在网上进行股票、基金、债券交易要了解哪些事项呢？首先，要到证券公司营业部开立资金账户，确认登记信息，建立第三方存管关系并签署第三方存管业务协议。其次，计算机上要有证券交易软件，如长江证券公司的"金长江网上交易汇智版"。该软件由浙江核新同花顺网络信息股份有限公司为长江证券公司定制开发，是目前市场上最具有代表性的软件之一，功能齐全，加强了网上交易的安全性。

任务分析

登录长江证券网站 www.95579.com，下载"金长江网上交易汇智版"到自己的计算机上，进行安装（网上有安装提示），了解软件相关的使用说明。要全面熟悉"金长江网上交易汇智版"所具有的功能，就必须提前掌握传统的证券市场及股票交易相关的知识。

网上证券交易系统提供了买卖委托、交易撮合到买卖成交、清算交割、行情显示等功能，证券交易一般程序主要包括：开户、委托、报价与竞价、清算与交割及过户等。更重要的是网上证券交易的资金支付如何实现呢？俗话说："股市有风险，投资需谨慎。"没有掌握一定的相关知识是不能进行证券投资的。

网上证券交易存在风险，要时刻注意安全防范。投资者利用网上委托系统进行交易，应积极采取安全措施，加强账户、密码的保护。例如，不使用简单密码，定期修改密码，输入密码时防止他人偷看，不对他人泄露密码，定期维护计算机及联网设备，采用防病毒及防黑客产品，妥善保管个人资料，及时分析各种信息，准备备用委托交易手段等，以防范网上委托可能发生的各种风险。

 相关知识

1. 网上证券交易概述

证券，是指载有一定金额的、代表财产所有权或债权的一种凭证，一般包括股票和债券。

股票是股份有限公司向社会公开发行的，证明持有人在公司中投资入股并据以取得一定收益的所有权凭证，是能够给投资者带来一定权利和义务的有价证券。

股票的持有者即为公司的股东，股东可以凭股票向股份公司领取股息和分得红利，公司解散时可以分取公司剩余财产。

股票具有所有权性、流通性、风险性和投机性四个性质。

债券，是作为债务人的社会各类经济主体，为筹集资金而按照法定程序向社会公开发行的，并约定在一定期限内还本付息的借款凭证。

债券是反映债权、债务关系的书面证明，对于购买债券的投资人来说，它只是债权享有者，而不是所有权的享有者。

网上证券交易，就是通过互联网进行有价证券的发行和买卖。

网上交易与传统交易方式相比有明显的比较优势。首先，网上交易打破了空间界限，交易可以随时随地进行。对于券商，只有拥有良好的资信和品牌，其顾客可以来自"五湖四海"，不再受地域的局限；其次，网上交易降低了各种成本，投资者足不出户就可以办理所需事项，减少了各种费用支出。就券商而言，可以减少营业部的投资和成本，如对房租、计算机、装修和人员的有形投入。另外，高速便捷也是网上交易的另一特色。有关调研结果表明，在网上使用计算机自助下单，委托信息可于 2 秒内到达营业部，一般不存在占线、断线问题。

2. 网上证券交易模式和系统

1）网上证券交易模式

证券公司一般通过网站的方式开展网上证券交易。例如，齐鲁证券公司推出的网上证券交易分析系统，其主界面如图 4-2 所示。

资料来源：http://www.qlzq.com.cn/market/Market.jsp

券商除了自建和收购网站以外，还可以通过指定、租用甚至参股其他网站的方式开展网上交易。普通网站可以向证监会申请网上证券经纪和交易资格，或吸收券商入股进行合资经营。券商拥有资金和专业性两大优势，成熟网站在品牌、信息量、人才结构及潜在的网上客户资源等方面具有优势，两者具有很强的互补性。目前，已有许多成功经验，如广东证券收购"盛润网络"等。

2）网上证券交易系统

网上证券交易从买卖委托、交易撮合到买卖成交、清算交割、行情显示等，均实现了计算机自动化，使证券交易在瞬间完成，极大地提高了证券交易的效率。而以上诸多网上证券交易功能的实现，都是由网上证券交易系统来完成的。

网上证券交易系统是根据证券交易的基本规程，结合计算机网络系统的特点，采用现代化的管理技术，向客户提供网上证券买卖业务的计算机网络应用系统。该系统包括网上资金管理、网上证券管理、网上报盘管理、网上清算交割、网上数据管理、网上信息咨询，以及网上安全保障等优质服务功能。

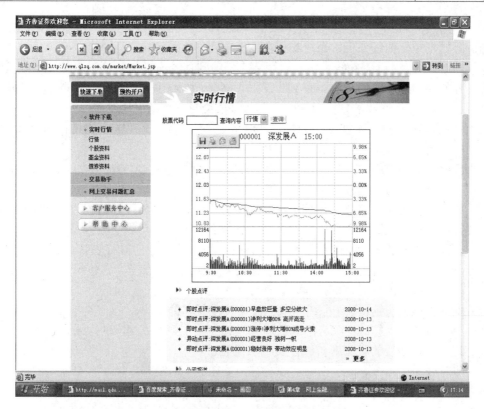

图 4-2 齐鲁网上证券交易分析系统主界面

网上证券交易系统能正确、完整、及时地收集、加工、处理证券交易市场的各类信息。

网上证券交易系统一般包括以下子系统。

（1）客户委托子系统。客户委托是由客户自己操作或操作员代操作的委托处理系统。它接受客户委托，委托内容包括证券名称、买卖类别、买卖价格、委托数量等信息。在输入价格时，系统向客户显示指定证券的最近成交价、最近买卖申报价和最高/最低价供客户参考，并对购买证券数额、报盘的限价要求进行判别。在对客户委托的合法性（即合规性）进行检查后形成一条委托记录传给报盘台。若买入证券，要冻结该客户相应的资金；若卖出证券，则冻结该客户相应数量的证券。在资金或证券不够的情况下，系统判为买空或卖空。若客户提出撤单要求，即试图撤销客户指定的委托单，撤单（部分）成功，则将已撤掉部分的资金或证券由系统立即自行解冻。

（2）资金管理子系统。该子系统实现对客户资金账号的管理及客户资金的管理。资金账号包括账户的开户、销户及冻结、挂失、清密等各种处理。资金管理包括保证金存取、冲账、利息结算等处理。

（3）证券管理子系统。该子系统包括证券账号管理及客户各类证券的托管。账号管理包括开户、销户及挂失、更新等处理。证券管理包括证券的转入、转出、清理及分红、派息、权证管理。

（4）信息咨询子系统。该子系统主要提供给客户证券交易、行情分析及市场信息等方面的服务，具体内容包括以下几方面。

① 报价显示：可以以顺序显示或自选显示的方式显示报价，并以最快的速度自动刷新显示股票报价资料。

② 即时分析：显示分析当前个股或大盘指数分时走势图，并可进行买卖指标、量比指标、对比指标等技术指标曲线分析，系统支持多窗口显示。

③ 技术分析：主要有 K 线（分析周期从 5 分钟到月线等）、OX 图、量价线、收盘线、柱线图等，并能存储这些数据。附图有 KD 线、乖离率、MACD、KDJ、强弱指标、威廉指标、动量指标、OBV 等行情技术分析指标。主图还有成交量、移动平均线等。

④ 综合资讯：包括可按涨幅、跌幅、资金流向等多种方式排序的个股排行和个股资料（即沪、深两市中所有上市公司介绍资料及分红、配股情况）。

⑤ 公告信息：系统可根据需要开设各项公告栏目供用户访问查看，如上交所、深交所信息、专家机构咨询信息和证券信息等。

（5）系统管理子系统。该子系统主要提供给客户进行资金和证券的查询，包括客户资金、证券、委托历史资料及成交历史资料的查询，并即时打印买／卖成交报告书。

（6）报表管理子系统。该子系统分为两部分：一部分是前台实时报表管理部分，包括资金、证券两部分，只处理当日实时报表；另一部分是后台报表管理部分，它包括日终处理后的各类报表，并增加各报表的历史查询打印、管理分析等内容。

（7）报盘管理子系统。该子系统主要处理客户委托单的申报。它把客户的一张张委托单在报盘机屏幕及打印机上按照"三公"原则逐一处理打印，并生成相应的记录，同时将交易所传回的成交记录录入系统的成交库，进行实时回报显示。

（8）即时处理子系统。该子系统实现对客户委托的实时处理，以便客户能得到最及时的交易服务。当客户证券卖出成交返回后，实时处理系统即时将资金增加到用户的账户上。当客户证券买入成交返回后，则即时将所需的资金从用户的账户中划去。当买入撤单成功后，对其资金进行解冻，使用户资金即时回笼，以便用户即时使用。

（9）日终处理子系统。该子系统进行当日交易结束后的结算处理，其中包括收市处理、备份及数据库的清零等。收市处理是将交易所传回的成交回报库与当天的资金库、委托库、证券库进行成交配对，正确的成交记录存入成交库，错误的成交记录进行错误检查并做相应处理，最后计算各种费用。收市处理结束后就进行日库、历史库和其他库的备份，并对当日数据库清零。

（10）系统维护子系统。该子系统是这套管理软件的核心模块，它控制着整个系统的各个参数设置及上岗操作员的密码设置和权限分配，还包括系统各个数据库的维护，如重建索引等，以及证券派息、权证管理等。

（11）经理监管子系统。该子系统实现对客户的资金和证券账目、客户交易情况及员工工作情况进行实时检索和查询，以便做进一步的分析。

网上证券交易系统要配备的软件应包括网络技术支撑平台、数据库平台（包括柜台软件、证券交易管理软件、行情分析软件如钱龙软件等）、网上咨询服务平台、卫星通信平台；而硬件则应包括终端服务器、LED 点阵大屏幕行情显示、磁卡小键盘委托、电话委托、自助委托、网络布局、服务器、工作站和不间断电源等。考虑到卫星接收机及其通信软件由证券交易所统一提供，柜台软件、证券交易管理软件和行情分析软件均已相当成熟，因此，系统设计的重点主要是网络结构布局和网络服务器、不间断电源、LED 点阵大屏幕行情显示、磁卡小键盘委托、电话委托、自助委托，等等。

3．网上证券交易的基本方法

1）网上证券交易的程序

证券交易的一般程序主要包括开户、委托、报价与竞价、清算与交割及过户。

（1）开户。开户就是投资者（包括自然人和法人）凭本人身份证或法人单位有效证明到证券交易所或交易所授权的其他证券经营机构办理股东账户手续（债券现货买卖不必开户，而期货买卖需开户）。

（2）委托。投资者办妥开户手续以后，就可以按照有关规定，到证券交易所的会员机构办理委托买卖手续，即缴纳保证金、填妥委托内容、委托方式、出价方式及委托有效期限。

委托方式：当面委托、电话委托和网上交易。

投资者委托股票买卖的出价方式：市价委托、限价委托和指定价委托。市价委托，即投资者要求证券商以当时的市场价格买进/卖出股票；限价委托，即投资者要求证券商按照自己限定的价格幅度买卖股票；指定价委托，即投资者提出一个明确的委托价格，要求证券商低于这个价格买入或高于这个价格卖出某种股票。目前我国多采用限价委托或指定价委托。

委托有效期限，通常有当日交易、普通日交易、指定日交易。当日交易是指从投资者委托之时起，到当日交易所营业终了时间内有效，过期未成交委托即失效。普通日交易，也称五天有效交易，指从委托之日（含委托当日）起到第五个交易日，交易所营业终了的时间内有效。指定日交易是指委托双方约定在某一日之前交易有效。目前一般采用当日交易。

（3）报价与竞价。投资者与证券商达成委托协议后，便由证券商将投资者的委托内容通过电话或计算机输送到证券商驻交易所的场内交易员——红马夹，由红马夹进行报价与竞价，从而达成交易。

出示价格的行为就是报价，报价的方式一般有口头报价、填单报价和计算机报价三种：口头报价就是以口头喊的形式出价；填单报价即通过填写买卖申报单出价；计算机报价则是将买卖价格输入计算机终端出示价格。目前多采用计算机报价。

竞价就是各种买卖价格相互配对的过程。红马夹将买卖价指令输入计算机终端，通过计算机联机系统将报价传入交易所的计算机主机，由交易所计算机主机按"价格优先，时间优先"的原则自动匹配交易，一旦成交，就向双方发出信号，通知成交结果。

（4）清算与交割。清算就是证券买卖成交后，买入方支付款项，卖出方收取款项。

场内证券商完成其代理证券交易的清算交割后，还需要办理与投资者之间的缴费清算手续。投资者与其证券经纪人之间的缴费清算主要包括证券买卖价款、证券交易佣金、证券交易印花税和其他费用，此外还有证券的交割等内容。交割就是购买者取得股票的所有权和支配权，出售者取得款项，目前交易所实行无实物交割制度，仅仅是在各自的账户上交割。

（5）过户。股票买卖清算和交割以后，即进行过户，过户就是更换股票主人的姓名，也就是在各上市公司的股东名册上改变股东姓名，以确保其相应权利和义务的实现。这样股票就完成了过户交易。

2）网上证券交易操作步骤

在网络上进行证券交易，其程序和上述的交易步骤是一样的，也是经过开户、委托、成交、交割、过户等几个步骤，只不过实现交易的手段不同而已，这些工作都是在计算机和 Internet 上操作完成的。网上证券交易的操作步骤如下。

（1）登记开户。目前国外证券商已经能支持在 Internet 上进行开户，投资者将自己的计算机连接到该站点后，即可直接在网上登记和开户，投资者将自己的社会保险号、信用卡号及授权用电子邮件通知该公司，在家中即可加入证券交易者的行列。而国内投资者还需要前往证券商指定的营业机构网点办理登记开户手续。不过，随着银行与券商合作的加强，投资者可以到与有关券商具有银证合作关系的银行营业机构办理登记开户手续。还有的券商（如海通证券）

与邮政储蓄建立合作关系，投资者可以到邮政储蓄机构办理登记开户手续，邮储机构则通过邮政系统传递投资者的开户资料。

具体的开户流程：投资者携带身份证件、深沪两市股东账户卡，到指定的营业网点先填写《××证券公司网上证券交易开户申请表》，然后由营业部工作人员向投资者出示《网上交易用户须知》、提醒投资者正确全面地了解网上交易的风险，以及《网上证券买卖委托协议书》和《网上交易风险揭示书》，以明确了解双方的有关权利和义务等有关事项；在审核有关资料无误后，证券公司将与投资者签订《网上证券买卖委托协议书》，并为投资者开立资金账户；公司工作人员登记好投资者资料后，将向投资者发放个人数字证书和数字证书软盘，包括资金账号的初始密码和数字证书的初始密码。当以上手续办理完毕后，证券公司就会正式开通网上证券交易服务，投资者即可开始操作使用。

（2）下单委托。Internet 通过 TCP／IP 协议将投资者的需求及买卖委托及时、准确地通过与证券交易所直接连接的网络系统传递给交易所的撮合子系统中，并及时得到确认和成交回报。

（3）清算交割。投资者以电子邮件形式接收证券商发送的通知单，或者通过浏览器连到证券商的 Web 主机上主动查询自己的交割单和对账单。投资者也可以通过远程文件传输（FTP）的方式到证券商的非匿名 FTP 服务器上下载自己的成交回报。款项的收付则是在券商网上资金账户中直接进行，或者是在银证通、证邮通资金账户中进行电话或网上收付转账。

3）网上证券交易安全

（1）结束交易时请单击"注销"按钮。如果没有注销登录，他人可能冒名进行非法交易。此外，网络浏览器通常会记录最近访问过的站点，包括登录页面。

（2）为保证交易资料、保证金和托管证券的安全，在离开所用计算机之前，应退出委托软件或关闭该浏览器。

4）网上证券交易存在的风险

网上证券委托交易尽管采取了有效措施，用来保护客户资料和交易活动的安全，但网上证券委托交易仍然存在下列风险。

（1）因特网是全球性公共网络，并不由任何一个机构所控制，所以，数据在因特网上传输的安全是不完全确保的，因特网本身并不是一个完全安全可靠的网络环境。在因特网上传输的数据有可能被某些个人、团体或机构通过某种渠道获得，并且能了解该数据的真实内容，从而使在因特网上交易的机构或投资者的身份有可能被泄露，甚至有被仿冒交易的可能。

（2）在因特网上的数据传输可能因通信繁忙出现延迟，或因线路、硬件变换设备系统和电信故障等其他原因出现中断、停顿或数据不完全甚至数据错误，从而使得网上交易延迟、停顿、中断或错误等情况。

（3）因特网上发布的证券交易行情信息可能滞后，与真实情况不完全一致。

（4）因特网上发布的各种证券信息，包括分析、预测性资料可能出现差错。

4．网络证券投资的步骤

投资者在办妥网上证券交易的有关手续之后，便可以通过一系列步骤来实现买卖证券、进行投资的目的。

1）投资者应该研究掌握证券市场与投资的有关知识

证券市场如同其他商战领域一样，是一个斗智斗勇的场所。证券行情的波动因素牵涉非常之广，涉及现代经济生活的每一个角落。证券投资事务的内容自然也相当复杂，因而光了解网上证券交易的有关知识是远远不够的。投资者对证券市场运行和证券投资分析没有相当程度的了解，是不会获得成功的。投资者需要学习掌握的知识有以下几方面。

（1）经济学、管理学、市场学、世界经济等经济分析学科，从而为全面、准确地对经济增长和公司经营等进行预测分析。

（2）会计学和财务分析与管理，以便对公司经营进行定量的评估分析。

（3）社会学和心理学，投资者可用以分析证券市场运行和证券行情受社会因素和投资者心理的影响而变化的状况。

（4）金融学、证券学和投资学，以利于准确分析证券行情和正确做出投资决策。

（5）数学和统计预测学，投资者可用以精确地分析行情，计算收益与风险，确定投资计划。

（6）计算机软件应用，投资者需要利用证券投资分析软件进行证券市场数据处理和行情、收益、风险的评估。

（7）金融与证券法学，投资者需要注意在投资活动中避免违法行为。

（8）Internet 方面的知识及金融证券网站方面的有关信息与评价。

其次，投资者还应该通过有关证券网站或其他经济网站搜集和整理各方面的有关材料。

2）证券投资分析要根据全面细致的信息资料以得出准确的结论

投资者需要搜集的信息资料包括以下几方面。

（1）宏观经济方面的信息资料，包括国民经济的宏、微观指标，产业发展的信息与调查分析资料，地区经济发展状况的信息资料，相关产品的市场供求情况及进出口贸易情况，财政金融状况的信息资料，国家有关经济、产业、贸易、财税、金融等方面的政策调整信息，等等。

（2）公司经营方面的信息资料，包括公司章程，经营内容，经营策略，主要市场竞争环境及竞争能力，业务开发情况，公司管理层及内部组织效率，近期内重大的业务活动，近年来的财务资料及股息分配、增资扩股情况，等等。

（3）证券市场方面的技术性资料，包括各种证券价格波动、交易量变化、价格指数及交易总量的变化等信息资料。

（4）金融证券网站及其他渠道提供的投资分析与咨询建议。

3）投资者研究证券总体行情和各种证券行情走势的变化规律

投资者应研究分析证券总体行情变化的时间规律，即循环波动的特点，分析证券市场人气和投资者的心理变化规律，分析各种证券价值变化及行情技术指标的变化规律，从而为利用基本分析和技术分析方法预测证券行情创造条件。

4）投资者应根据自己的经济实力和目标需求确定投资方式和策略

证券投资方式策略主要有以下几方面。

（1）长期（长线）投资策略，即进行持续一年以上或一个长期趋势的证券投资。

（2）中期（中线）投资策略，即进行持续三个月至一年或一个中期趋势的证券投资。

（3）短线投资策略，即进行持续三个月以内或一个短期趋势的证券投资。

（4）一日交易策略，即进行二日之内或当日买卖的证券投资。

上述这些投资方式策略各有利弊。投资者在选择确定投资策略时，除了要考虑经济实力和目标需求外，还应考虑证券市场行情变化的特点及自身的投资决策能力和心理素质。

5）投资者选择确定投资对象、投资组合及买卖时机

投资对象的选择确定主要依据对证券价值的基本分析、证券行情变化的特点及投资方式策略来进行；对买卖时机则应该根据证券行情的技术性预测分析和投资方式策略来把握。投资对

象和买卖时机的确定是投资者进行投资操作的关键，它直接影响投资的效益。

6）投资者确定投资对象和投资组合，实施投资计划

在投资计划的实施中投资者还应考虑证券交易的方式、保护措施、买卖价值等内容。投资计划在实施的过程中应当根据证券市场的变化而谨慎、灵活地调整投资计划。

5. 网上证券交易的资金支付

为实现网上证券交易的资金支付，商业银行和证券公司要加强合作，充分发挥各自的优势，实现银证转账，从而更好地为投资者服务，完成证券交易过程中的资金支付。

1）银行与券商合作的主要方式

银证合作的主要方式有以下三种。

（1）通过银行卡（或存折）进行银证转账。这是银证合作的最早方式。这种银证转账是银行和证券公司通过电话、手机、互联网等方式，为投资者提供银行账户与证券资金账户之间互相转账的一种金融服务。

（2）用银行卡（或存折）直接进行证券交易。随着银证合作的深化发展，银行推出用银行卡直接进行证券交易。采用这种方式时，将投资者的证券资金账户和存款账户合一，投资者只要有交易所证券账户，到银行的任一网点选择一家与该银行合作的证券公司进行开户后，就可用其银行卡账户通过银行柜台、电话和互联网进行证券交易，包括实现从开户、销户、修改账户、修改密码、买卖证券、存取款、查询等整个证券交易过程。招商银行与国通证券、河北证券合作，联合推出用招商银行的"一卡通"和配套的"一网通"（info.cmbchina.com）直接进行证券买卖。这种合作的特点是银行管资金、券商管证券，实现了个人金融业务和个人证券投资服务的有机结合。持卡人除了享有银行卡的全部功能外，还可通过银行卡中的活期存款直接买卖证券。

（3）投资者通过商业银行发行的银行和证券公司联名卡直接买卖证券。中国工商银行和国信证券公司合作发行的"牡丹国信证券灵通卡"，就是将银行的金融产品和证券公司的资金卡相结合的产品。

银行卡在个人投资者中占有日益重要的地位，其融资功能将得到提升。2000年2月，中国人民银行和证监会出台了《证券公司股票质押贷款管理办法》，允许证券公司以自营的股票和证券投资基金作为质押，向商业银行申请贷款。对于个人证券投资者，目前的限制还是非常严格的，股票不能质押、贷款不能炒股，但这一限制会随着形势的变化而改变，最终也会推出个人股票质押贷款业务。现在已经有一些银行在做有益的探索。只要在执行中设定优良的质押品种、严格的贷款警戒线和平仓线，就能够有效地控制个人股票质押贷款的风险。股票质押贷款的推广应用，可进一步促进银证合作的发展。

开放式基金是一种由市场机制来控制规模的基金。它不能上市交易，其交易方式是投资者直接向基金管理公司或指定的代办网点申购和赎回。它作为专家理财、投资组合、可随时变现的投资工具，对中小投资者有较大的吸引力。而开放式基金的申购和赎回要利用现有的证券公司和商业银行的网点进行开放式基金的运作。商业银行与基金管理公司及证券公司合作，利用银行现有的营业柜台、电话银行和网上银行等渠道，可以很快推广开放式基金的相关业务。

2）银证转账系统

银证转账系统是运用计算机技术、语音处理技术、电话信号数字化技术和通信网络等手段，为客户提供通过多种媒体方式完成银行账户和证券保证金账户之间实时转款。银证转账系统的出现，不仅极大地方便了投资者，同时也为银行提供了一种崭新的金融服务手段，此外，还为

银行将来直接参与证券市场业务、实现跨业经营打下基础。它的推广应用取得了明显的经济效益和社会效益，深受银行、券商和投资者的欢迎。

银行证券转账系统为投资者在银行与券商之间划拨资金建立了一条快捷途径。投资者在券商营业部各种委托终端，或在银行储蓄网点各种终端上，均可通过电子划账方式，将其银行存款资金与证券保证金之间进行双向划拨，为投资者提供了一种理财的有效手段，同时也促进了银行和证券公司的业务发展。

（1）系统功能。银证转账系统应提供如下主要功能。

① 银证转账。银行端（储蓄柜台、POS 机、ATM、电话银行、网上银行等）和券商端（资金柜、自助委托柜、电话委托、网上委托等）都可受理银证转账，包括将投资者的银行存款账户资金直接转入投资者证券资金账户，或者将投资者证券资金转入对应的银行存款账户。

② 账户余额查询。从银行端或券商端可查询证券资金账户余额和银行存款账户余额。

③ 日终时银行与证券营业部自动对账，并打印业务报表。

④ 系统管理和监控。在银证转账的基础上，银行与证券公司进一步合作，还可通过电子银行的终端和网上银行，直接为客户提供网上证券交易服务。

（2）系统结构。在银证转账系统的技术设计上，应充分利用银行和证券商双方现有的网络系统，通过 DDN / X.25 专线采用 TCP / IP 协议进行广域连接，将银行的综合业务网络系统同证券交易网络系统连接起来。

银行端转账前置机与银行应用服务器建立连接，对银行和券商双方传送的数据进行加密、解密、存放交易流水、存放存款账户与资金账户对照表。

券商端中的通信前置机，通过格式转换实现与银行之间的数据通信。所有的银行数据只有通过数据转换前置机才能送达证券后台交易服务器；而交易服务器需要送往银行端的数据，也只有通过它才能送出。

投资者在进行银证转账时，可在银行证券转账网络中任意一个可转账的网点（可以是券商网点，也可以是银行网点）输入必要的信息，如银行存款账户号、银行账户密码、转账类型、转账金额、证券资金账户号、证券账户密码等；系统接收到这些信息后，经过校验无误，则进行相应操作。如果是银行转证券交易，则要将投资者资金从银行存款账户划转到证券资金账户上，于是，对银行账户进行取款操作，对证券资金账户进行存款操作；反之，如果是证券转银行交易，则对证券资金账户进行取款操作，对银行账户进行存款操作。

 相关链接

长江证券公司的网上营业厅（**www.95579.com**）

银行端预约开户：

银行端预约开户业务是指已在银行开立账户但尚未在券商端开立资金账户的证券投资意向客户（以下称客户）通过银行的网点或网上银行进行基本信息（以下称"预约开户信息"）的登记，并由银行将登记信息发送至证券公司进行开户预约，之后客户到证券公司营业部开立资金账户，确认登记信息建立第三方存管关系，并签署第三方存管业务协议的一项客户服务业务。

办理流程：

（一）客户本人持有效身份证件、同名银行借记卡到银行网点，申请银行端预约开户交易，指定长江证券某营业部为意向开户点。

（二）银行柜员校验客户信息后，发起预约开户交易申请。银行系统为客户开立客户交易结算资金存管账户，建立客户交易结算资金存管账号与银行结算账号的对应关系，然后向证券公司发送交易请求。

（三）证券公司系统接收交易后，记录客户身份资料及存管账号，并向银行端返回交易成功信息。

（四）客户 $T+N$（N 一般为 30 日内）日到证券公司正式办理开户时，交易人员按正常开户手续审核客户开户资料及三方存管协议后，在进行联合开户操作时，通过"取预约信息"方式获取银行端发送的预约开户信息，包括客户姓名、证件号、电话、地址、三方存管银行账号等。交易人员验证上述信息并为客户办理开户。客户资金账户开立成功后，证券公司系统向银行端返回投资者的"证券资金账户"与"存管账户"对应关系。银行端系统实时激活该投资者的第三方存管业务的转账关系。客户即可进行转账操作。

常见问题解答：

（一）先进行银行端预约开户，还是先进行长江证券网上预约开户？

对于需办理银行端预约开户的客户，营销人员应在银行端完成预约操作后方可在长网上进行"客户开户预约"操作；对于已在长江证券网上操作了"客户开户预约"的客户，银行端预约开户信息将发送失败，但不影响客户到营业部现场办理开户手续。

（二）银行端预约信息的有效期是多少天？

客户预约开户信息有效期一般为 30 天，个别银行略有延长。若客户在预约信息有效期内未到我公司办理开户，则预约信息作废。

 # 实践训练

1. 课堂讨论

（1）网上证券交易包括哪些基本功能？

（2）网上证券交易的基本原则有哪些？

（3）网上证券交易中的股票买卖清算和交割是指什么？

2. 案例分析

光大证券乌龙事件始末

2013 年 8 月 16 日，这本来是再平凡不过的一天，但是因为光大证券的乌龙事件，这一天将在中国证券史上留下浓墨重彩的一笔。

8 月 16 日上午 11 点过后，沪指突然直线拉升 100 点，涨逾 5%，2 分钟内成交额约 78 亿元。工商银行、中国银行、农业银行、招商银行、中国石油、中国石化等蓝筹股一度集体触及涨停。这一颠覆了以往常识的市场表现，让所有的市场参与者震惊。

混乱持续的时间并不长，很快上交所揭开谜底，临时停牌公告将所有人的目光聚集到了光大证券身上，惊天乌龙事件的主角浮上水面。14 时许，上证交易所确认，光大证券策略投资部是导致这一切的"罪魁"。

随后，中国金融期货交易所披露信息，与光大证券关联密切的光大期货，于 8 月 16 日持

有股指期货空单 7023 手，成为市场上持空单过夜最多的机构，是 8 月 16 日下午指数回落过程中最大的受益者。一时间，光大自救、内幕交易、操纵市场的猜测不绝于耳。

虽然不确定因素众多，可以肯定的是，无论调查结果是什么，光大证券很难逃脱民事赔偿责任。而光大证券的乌龙事件究竟是一个个案，还是普遍存在的行业隐患，值得所有从业者反省、自查。

量化系统成"嫌疑犯"

乌龙事件并不是中国的专利，全球都曾发生过类似的事件。

2001 年 5 月，美国雷曼兄弟伦敦分公司的一名交易员，将一笔 300 万英镑的交易打成了 3 亿英镑，金额放大了 100 倍，结果英国金融时报指数瞬间暴跌 120 点，百家蓝筹股的 300 亿英镑市值化为乌有。

2004 年，摩根士丹利的交易员将一笔总额为数千万美元的股票买单错误输入为数十亿美元，结果罗素 2000 小型股指数开盘就上升 2.8%，纳斯达克指数也随之上升。当纽约证交所察觉情况有异，通知取消交易时，大盘已经受到了影响。

2005 年瑞穗证券将"以 61 万日元的价格卖出 1 股 J-Com 公司的股票"的指令，输成了以每股 1 日元的价格卖出 61 万股。为了挽回错误，瑞穗会股股票，损失至少 270 亿日元（约合 18.5 亿人民币）。

市场人士猜测，光大证券很可能也是出现了误操作，导致了这样的结果，一个流传甚广的版本称，光大证券买入上证 50ETF 时误操作，超出预计的大额基金通过系统买入了上证 50 指数成分股，这一异动触发了市场其他量化产品的买入机制，大量资金的跟进，共同造成了这一后果。

不过此说法疑点甚多，例如，光大证券的系统没有对买入、卖出的异常价格设限；交易员能使用的资金权限过大；买入价格大多是涨停板价格，不符合量化系统常规。如果真是如此，说明光大证券的量化系统和合规管理都存在着巨大的漏洞。

公告显示，光大证券的策略投资部门自营业务在使用其独立的套利系统时出现问题，公司正在进行核查和相关处置工作。

公告并未披露系统具体出现了何种问题。但 1 月初，就曾经有不少网友反映光大期货交易系统出现重大故障，客户使用的金仕达交易系统在客户没有操作的情况下，自动发出报单并成交。

逃不开的民事责任

律师表示，无论证监会对光大证券的调查结果如何，都不影响光大证券的民事赔偿责任。光大证券的行为是否会被定性为操纵市场的行为，主要看该事件是否是人为因素导致的。如果属人为故意，那么光大证券高管将被处五年以下有期徒刑或者拘役，并处或者单处罚金；情节特别严重的，处五年以上十年以下有期徒刑，并处罚金。同时会附带巨额的民事赔偿责任。

如果是系统漏洞或者人为过失导致的，就不涉及刑事责任。但民事责任一样逃不掉。也就是说，无论光大证券的行为如何定性，民事赔偿责任都免不了。光大证券的股东，以及有证据证明自己因此事财产受损的人，都可以提出赔偿要求。

《证券法》第一百二十条规定，按照依法制定的交易规则进行的交易，不得改变其交易结果。对交易中违规交易者应负的民事责任不得免除；在违规交易中所获利益，依照有关规定处理。

无奈的市场参与者

在各种扑朔迷离的猜测之中，涉及此事的各方已经坐不住了。期货行业人士表示，行业内并未出现市场传闻的大面积爆仓，但是乌龙事件确实影响到了他们的操作，不少人盘中补交了保证金。

相比而言，基金公司的情况更加尴尬。一家公募基金专户产品投资股指期货，异常的指数波动令产品资产组合触及了止损线，事发突然，该公司来不及切换成手动模式，系统自动进行了止损，即便此后市场恢复，该公司的损失已经既成事实。该公司认为，光大证券的行为严重影响他们的声誉，准备起诉光大证券。

据了解，一位楼姓投资者，他自 2009 年买入 18 000 股光大证券后，在经历 2010 年大跌之后一直深度套牢，而此次"乌龙指"事件，让他更加担心万一光大证券因此倒闭，他将完全损失掉目前账户里仅剩的 20 多万元。

2013 年 9 月 2 日，北京商报消息：经过两周的调查后，证监会最终认定光大证券在"乌龙指"事件中存在内幕交易行为，并对其罚款 5.23 亿元。至此，该案行政调查已经全部结束，这意味着受损投资者今起可向法院提交索赔诉状。尽管证监会调查结果为投资者索赔扫清了第一道障碍，但由于此前 A 股市场从未有过类似案件判例，而且该案在司法解释方面也存在空白，因此光大证券"乌龙指"事件的民事索赔究竟如何收场，仍将是市场的一大悬念。

讨论与分析

（1）"光大证券的系统没有对买入、卖出的异常价格设限"会导致什么后果？

（2）什么是期货？什么是量化投资？

（3）因光大证券乌龙事件而造成投资者的财产损失，光大证券是否应该承担赔偿责任？

3. 实务训练

学生到招商证券牛网（www.newone.com.cn）办理一张牛卡体验卡，在招商证券牛网上体验网上证券业务。

1）网络自助

第一步：登录牛网（www.newone.com.cn）首页服务栏目下体验卡项目，之后进入体验卡页面选择"申领体验卡"。

第二步：进入填写个人资料界面，请按页面提示要求填入个人信息资料，等待手机短信收取体验卡卡号及校验码。

第三步：通过登录牛网，使用校验码激活体验卡，通过手机短信取得密码。

第四步：到牛网（www.newone.com.cn）首页体验卡通道进行登录。

2）申请流程

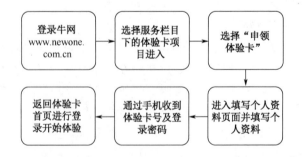

实训说明

（1）网上申领牛卡体验卡；

（2）运用体验卡，了解体验网上证券业务；

（3）在网上证券业务中进行相关的理财操作；

（4）结合这次网上证券操作体验，分析网上证券业务的优势。

通过上述实训，加强对网上证券业务流程的掌握。

4．课后拓展

（1）上网查询有关量化投资的相关知识。

（2）什么是期货？期货和股票、证券有什么不同？

第3单元　网上保险

 ## 情景案例

王老师是张丽艳同学的外语老师，王老师工作以后，经济上有了收入，投资赚了钱，就买了一辆汽车，上班方便了，还能在节假日驾车郊游。

根据国家规定，购买汽车时必须购买汽车保险。王老师由于上班很忙，对保险业务不熟悉，也没有时间到保险公司去购买保险，她让张丽艳同学帮忙上网查询一下，如何在网上购买保险？

 ## 任务思考

王老师要在网上购买汽车保险，应该做哪些准备呢？在网上购买保险要注意哪些事项？网上保险有哪些特点？如何预防保险欺诈？等等。王老师面临的问题就是本单元介绍的网上保险所包括的知识内容。

 ## 任务分析

保险，是指投保人根据合同的约定，向保险人支付保险费，保险人对于合同约定的可能发生的事故因其发生所造成的财产损失承担赔偿保险金责任，或者当被保险人死亡、伤残、疾病或者达到合同约定的年龄、期限时承担给付保险金责任的保险行为。

商业保险大致可分为以下几种：财产保险、人身保险、责任保险、信用保险、津贴型保险和海上保险。王老师购买的汽车保险就是商业保险中的财产保险，大学生购买的人身意外伤害保险就属于人身保险的范围。

王老师要购买汽车保险，首先要选择一家开办了网上保险功能的保险公司。例如，登录中国平安保险（集团）股份有限公司网站，根据要购买的险种，交付保费就可以生成保单，完成购买。在出现事故后，还可以根据网站"服务中心"的"理赔服务"的提示进行索赔。

 ## 相关知识

网上保险也叫保险电子商务。网上保险就是通过互联网进行保险的销售、管理及理赔服务。与网上银行一样，保险作为一种传统的金融服务，其经营活动仅仅涉及资金和信息的流动，而不会遭遇所谓物流配送的瓶颈问题。这正是保险、银行等金融服务业开展电子商务的先天优势。

而与传统经营方式相比，网上保险还具有许多后天优势。

1．网上保险的主要内容

1）网上保险的概念

所谓网上保险是指保险公司或新型的网上保险中介机构以互联网和电子商务技术为工具来支持保险经营管理活动的经济行为。它包含两个层次的含义：从狭义上讲，网上保险是指保险公司或新型的网上保险中介机构通过互联网网站，为客户提供有关保险产品和服务的信息，并实现网上投保，直接完成保险产品和服务的销售，由银行将保险费划入保险公司；从广义上讲，网上保险还包括保险公司内部基于 Internet 技术的经营管理活动，以及在此基础上的保险公司之间、保险公司与公司股东、保险监管、税务、工商管理等机构之间的交易和信息交流活动。

2）网上保险的特点

与保险公司传统的经营方式相比，网上保险具有许多优势和特点，主要体现在以下几方面。

（1）扩大知名度，提升企业竞争力。Internet 的主要特征就在于其信息传递和处理的快速性和共享性，以及信息传播的广阔性。利用 Internet 技术，保险公司可以在全球范围内介绍自己的公司，推销自己的产品和服务，有效抢占保险市场。

作为全球最大的保险及资产管理集团之一的法国安盛集团，首家公司于 1816 年在法国成立，通过多项收购及合并活动，安盛已成为全球首屈一指的保险集团，业务网络覆盖全球五大洲逾 50 个国家及地区，全球职员及保险代理人约 11 万名。安盛的主要业务为保险及资产管理。

安盛集团分别在巴黎证券交易所和纽约证券交易所上市，集团的数家公司也在其经营地上市，包括澳大利亚、新西兰、中国香港、纽约、法兰克福、伦敦、布鲁塞尔及都柏林。目前，这个集团约有 8%的新单业务是通过互联网来完成的。1999 年，安盛集团甚至还在上海设立了一家合资企业——金盛人寿保险有限公司，该公司于 2000 年也启动了自己的网站，这个网站的内容包括公司介绍、产品聊天室、代理人俱乐部和客户服务等。

一些久负盛名的保险公司也感受到了网上保险的市场压力，纷纷打算将其业务与 Internet 连接，认为如果不这样做，自己将面临没有生意可做的局面。美国的大型保险公司 ALLSTATE、和 STATE FARM 及英国的保险公司 PRUDENTIAL 都曾小心地避免在网上直接销售其产品服务。2000 年初，ALLSTATE 宣布开始在网络上销售其个人保险服务。ALLSTATE 的做法显然证明保险公司还是认为顾客比他们的代理人更重要，此举带动了多家保险公司的跟进。

（2）快捷方便，不受时空限制。通过 Internet 开展保险业务，保险公司只需要购买一定的网络设备，向网络服务供应商支付较为低廉的网络服务费，就可以一星期 7 天、一天 24 小时地在本地区、本国乃至全世界范围内进行经营，同时也可省去传统的保险代理人、保险经纪人等中介环节，直接与客户进行交易，还能大大缩短投保、承保、保费收缴和保险金支付等保险业务流程上所花费的时间。

另外，通过 Internet，保险公司还可以有效地与各种人群和组织发生联系，特别是传统保险中介人无法或不愿接触的客户，这样就能获取更多的业务，扩大保险覆盖面，规模经济效应将更加突出，从理论上更加符合保险经营的"大数法则"，更加有利于保险公司的经营稳定性。

（3）简化交易手续，降低经营成本。长期以来，保险公司一直通过代理人和经纪人出售保险单，而 20 年来的实践证明，这种经营模式是低效率的。以人寿保险为例，一个代理人一周只卖出一份保单。低的生产率使经营成本高达保险费的 33%或更高。通过互联网销售保单具有大幅度降低经营成本的潜力。美国一家著名的管理和技术咨询公司 Booz Allen Hamilton 的一份研究报告指出："网络将导致整个保险价值链降低成本 60%以上，特别是在销售和客户服务领域更会剧减。成本的降低加上便利和个性化的服务，将促使客户通过 Internet 来购买保险单。"

　　电子商务的发展大大简化了商品和服务的交易手续，网上保险也是如此。一个典型的网上保险交易的情形是：被保险人只需通过键盘和鼠标就能轻松地访问保险公司的网站，了解保险公司提供的产品和服务，输入自己的购买意向，甚至还可通过网站提供的特定软件来设计最适合自己的投保方案，保险公司可以立即接收到这些信息并做出快速回应。这个过程节省了买卖双方进行联系和商谈的大量时间，可以免除传统保险经纪人和保险代理人的介入，提高了效率，降低了保险公司的销售成本。同时，由于管理费用的降低和佣金的免除，保险公司还可以通过降低保险费率来进一步吸引客户，客户也将从中受益。对于买卖双方来说，实在是一个双赢的局面。

　　（4）免除传统中介，为客户创造和提供更加高质量的服务。网上保险拉近了保险公司与客户之间的距离，因为买卖双方通过 Internet 实现了直接的双向交流，可以不再需要第三方就能完成交易。

　　对于客户来说，通过主动浏览保险公司的网页，足不出户就可以方便快捷地获得从公司背景到险种安排等方面的详细信息；还可以在保险公司之间进行对比和选择，轻松做到货比三家，减少了投保的盲目性、局限性和随意性，实现投保的理性化。同时，投保人将告别信息残缺、选择单一及被动无奈的传统保险服务，转而在多家公司及多种保险产品中实现多元化的比较和选择。从过去消极接受传统保险代理人的硬性推销，转变为根据自己的需求和自主的选择来实现自己的投保意愿，并可以轻松方便地进行在线投保，实现即时成交，避免了与传统代理人打交道的烦恼和代理人可能存在的消费误导。

　　对于保险公司来说，通过亲切生动的多媒体网页，能够详细地介绍保险知识，解答客户咨询的问题，为客户进行个性化的保单设计。更重要的是，通过 Internet，保险公司还可以及时地直接得到客户的需求信息和意见反馈，在相关技术的支持下，快速地做出调整，或推出新的险种和服务方式，提高服务质量，或进一步改善客户关系管理，提高客户的忠诚度。

　　（5）改善管理，提高企业经营效率。先进、有效的经营管理是保险公司能够持续、快速、健康发展的"法宝"。随着 Internet 技术的发展和普及，这一现代信息技术对保险公司的内部经营管理方式也将会产生深刻的影响，提高企业经营效率。

　　3）网上保险的种类

　　不同保险公司提供的险种是不同的，网上保险一般包括财产险、寿险、健康险、人身意外伤害险、养老险和团险。

　　4）汽车保险简介

　　机动车辆保险属于财产险。根据《中华人民共和国道路交通安全法》第十一条的规定，驾驶机动车上路行驶，应当悬挂机动车号牌，放置检验合格标志、保险标志，并随车携带机动车行驶证。

　　其中，保险标志就是购买保险后保险公司给的标志，用来贴在机动车的前挡风玻璃上。汽车保险的种类有以下几种。

　　（1）交强险。交强险是指机动车交通事故责任强制保险，这是国家要求必须买的，是强制性的。保的是事故对方的人和车。不买此险汽车不能上路，否则要罚款。

　　（2）基本商业险。基本商业险属于主险险种，包括车辆损失险、第三者责任保险、盗抢险、车上人员责任险。

① 车辆损失险：如果出事故了，自己的车坏了要修，保险公司就帮你出修理费。

② 第三者责任保险：是指你撞着别人了，包括财产和人身，保险公司会赔偿你。该险是保被你撞的人，保险公司在国家强制险赔了以后，再帮你赔不足的那部分，是机动车交通事故责任强制保险的补充。

③ 盗抢险：是指你的车丢了，若 3 个月后找不到，保险公司会赔偿你。

④ 车上人员责任险：赔偿车辆因交通事故造成的车内人员的伤亡的保险。

（3）附加商业险。附加商业险主要包括玻璃险、自燃险和划痕险。

① 玻璃险：此险只承保玻璃破损。

② 自燃险：汽车自燃。

③ 划痕险：车身划痕。

（4）不计免赔险。买了此险，保险公司就在保额内 100%赔偿，否则只赔 80%或 90%，是一定要买的，因为赔付的时候会多赔付你。

2．网上保险系统

网上保险系统是指保险公司或网上保险中介机构通过互联网网站为客户提供有关保险产品和服务信息并实现网上投保的计算机软、硬件系统，一般指计算机软件。

常见的网上保险系统有（以保网 www.baoxian.com 为例）：保险门户网站系统、代理人网上办公系统、车险理赔系统、保险经纪公司业务管理系统、保险公估公司业务管理系统等。

1）保险门户网站系统

中国平安保险（集团）股份有限公司网站首页如图 4-3 所示。

图 4-3　中国平安保险公司网站首页

在互联网时代，门户网站是保险公司信息发布的重要平台，能够为保险公司提供产品介绍、信息发布、人才招聘等各种服务。随着 Internet 的发展，许多保户希望坐在家或办公室里就能办理保险业务；同时保险公司也希望能够通过互联网为客户提供方便、快捷的服务，降低开展业务的成本、提高市场占有率。本系统就是专门针对这种保险需求而研发的实现客户与保险公司"双赢"的解决方案。

多年来，各保险公司积累了保险行业的门户网站和电子商务系统建设经验，都设计开发了先进的保险门户网站系统。作为面向保险行业的网上应用系统，保险门户网站系统提供了强大的信息采编功能，保证网上信息的及时更新，最大程度地发挥网站的宣传作用。

保险门户网站系统的主要功能模块包括：各险种的在线销售，保险需求分析，销售、代理、中介的在线支持等。具体实现的系统功能有以下几种。

（1）保险产品信息查询。

（2）保险新闻发布。

（3）网上投保。注册客户输入其用户名及密码；新客户须申请用户名和密码；进入"在线投保"，选择投保险种；阅读所选险种简要说明和条款；填写所选险种投保问询表。

（4）网上出单。网上递交根据投保问询表生成的投保单。

（5）网上审核。保险公司实时审核投保单。

（6）网上付款。若保险公司实时核保后，投保人可进入付款程序，即选择付款方式：网上银行付款和单到付款。选择网上付款的投保人，须输入个人资料，发出付款确认指令后，在线等待实时确认，接到确认反馈信息后，付款过程即告结束。选择单到付款的投保人，发出付款确认指令即可。

（7）网上查询。投保人收到投保单和保单后，须在投保单上签字（法人须加盖公章），并将签字（法人须加盖公章）后的投保单交给送单人或寄回保险公司。选择单到付款的客户还须在收到投保单及保单的同时，将保费交给送单人。可以在线查询保险公司将投保单和保单送达或寄达投保人的情况。通过查询保单简要信息，帮助保户检验保单是否有效。

（8）保险咨询。

（9）会员服务。

2）代理人网上办公系统

随着中国保险行业销售模式的不断扩充和完善，个人代理销售模式在成为最主要保险销售方式的同时，如何实现模式本身的系统性管理，以及与其他销售模式的融合，成为保险企业亟待解决的问题之一。面向寿险公司的代理人，保网成功开发并推出了代理人网上办公系统。该系统利用最先进的互联网技术，由国际领先的一系列在线寿险营销工具模块构成，旨在利用互联网技术提升寿险业代理人整体服务水平与工作效率。

（1）获得准客户。代理人可以拥有并使用具有独立二级域名的网上门店等网络工具，并能够进行个性化定制。这使得互联网成为一种新的客户来源渠道，帮助代理人轻松获取准客户。

（2）提高效率。系统提供的保险超市、短信系统、在线专业信函、万能建议书系统、客户需求分析、保险贺卡等多项功能，可大大提高代理人在开展业务和客户服务方面的工作效率。

（3）提升形象。网上个性化门店的建立及相应的基于互联网的辅助工具的使用，可以提升代理人在客户心目中的专业形象和可信度。

3）车险理赔系统

车险理赔系统是保网将计算机网络技术、传统汽配商配件报价信息和保险理赔业务管理有机地结合在一起服务于保险公司的专业保险远程定损系统，包括报案、查勘、定损、立案、核赔、内勤、管理、系统管理等模块。本系统实现了跨地域、岗位的高速、无缝信息传递，形成了一站式服务；完全无纸化动作使所有的信息高度透明化，大大提高了管控力度；通过远程定损，最大程度地减小了在中、小赔案上消耗的人力成本。

本系统采用 Internet 网络平台，解决了保险公司车险定损业务中现存定损信息的及时传输问题、定损配件的定价及实时定损问题，将保险公司定损中心、保险代理公司、保险公司定点修理厂用网络平台连接起来，实现远程定损、远程核损、配件报价标准化、定损人员调度自动化。

4）保险经纪公司业务管理系统

"经纪通"是由保网拥有十余年保险管理、运营经验和大型应用软件开发经验的数位专家主持，通过对保险经纪机构核心业务运作潜心研究后，专为保险经纪公司度身定制的业务处理系统。它的出现弥补了保险经纪公司没有专门的业务处理系统的缺陷，填补了国内空白。"经纪通"自开发以来便以其先进的技术、稳定的性能、简单的操作和强大的功能赢得了广大客户的好评。

经纪通 V5.0 涵盖保险经纪公司信息化建设的各个方面，特别适合国内新兴的保险经纪公司进行业务管理与信息处理。

（1）系统功能。

① 具备保险经纪险种资料库、各行业信息、风险资料库。

② 客户管理。

③ 风险项目管理。

④ 保单处理。

⑤ 财务结算等功能。

该系统清楚地记载了每个项目的实施过程，将各类资料记录入库，进行风险评估管理、建议书生成、保单处理、理赔查勘信息管理、分/合保业务处理、佣金计算、统计分析及生成各种报表，同时通过网上销售支持（包括经纪公司宣传、保险设计室、网上客服中心、保险资料库等），为客户提供及时、高效的全面服务。

（2）系统作用。

① 整合资源创建优势。将经纪公司的三项关键资源——业务来源（包括业务员）、客户和保险公司，通过该系统进行有机管理与整合，创建自身优势。

② 提高效率降低成本。建立业务处理信息化平台，使业务流程标准化，尽量减少手工作业量，大大提高了工作效率，降低了人员成本。

③ 项目管理团队协作。通过项目管理，共享技术和资料，提升整个团队协作能力。

④ 强化服务，发挥优势。为客户提供比保险公司更加体贴周到的售前、售后服务，增强客户忠诚度，以便长久地留住客户。

⑤ 活动管理提升业绩。通过对客户档案和业务员活动周志的记录和分析，对整个公司的销售过程进行全程监控。

⑥ 优化合作创造效益。通过对保险公司和险种的毛利分析，争取保险公司的最优惠条件，突出发展有效益的险种。

3．网上保险经营模式

目前网上保险主要有两种经营模式：第一种是基于保险公司网站的经营模式，如我国"网上太保"、"PA18"等网站；第二种是基于新型网上保险中介机构网站的经营模式，例如，我国的"网险"、"易保"等，美国的 INSWEB、CharlesSchwab 和国民第一证券银行，等等。

　　传统的保险公司大多具有较强的资金实力，对于保险营销有着深刻的理解。所以，传统的保险公司都利用互联网技术，开通自己的网站，宣传自己的产品和服务，进行网上保险产品销售。

　　在美国，通过互联网销售保险单为美国国民第一证券银行所首创；在中国，大型的保险信息网站——"中国保险信息网"造就了我国第一笔通过互联网促成的保险交易。据美国CyberDialogue数据行销公司2000年的一项调查表明：目前美国通过互联网购买保险的客户中，有20%通过保险公司的网站直接购买，而其余80%通过新型的网上保险中介机构网站购买。

　　例：人保财险正式推出国内首张电子保单。

　　2005年4月1日，中国人民财产保险股份有限公司（以下简称人保财险）召开新闻发布会，宣布在《中华人民共和国电子签名法》实施之日正式推出电子保单，并为网上投保的客户颁发了国内第一张电子保单。

　　中国人保财险（www.e-picc.com.cn，以下简称e-PICC）推出的电子保单采用了国际领先的电子签章技术，全面保证了电子保单的不可篡改性和不可否认性。客户只需登录e-PICC，选定所要购买的保险产品，在线支付保费，足不出户即可轻松获得具有法律效力的电子保险单。整个投保过程简便、快捷、高效，充分体现了人保财险"以市场为导向，以客户为中心"的公司经营理念。

　　此次人保财险在国内率先推出电子保单是继2004年11月启动"e-PICC相伴生活每一天"活动后的又一项重大举措，也是人保财险为推动中国保险电子商务发展进行的一次有益的尝试与创新。目前，e-PICC已实现了网上投保、在线支付、发送电子保单、在线理赔的全流程电子化网络服务模式，在国内保险电子商务行业处于领先地位。人保财险电子商务将以此为契机，推出更多的全e化网上保险产品和服务，以满足客户日益增长的多样化、个性化保险需求，为客户提供更多的方便与实惠。

　　1）网上投保，网上理赔

　　人保理赔服务再升级：网上投保，网上理赔。在人保网站购买的车险，且出险为单方车损，没有人员或者物品的损伤，定损后即可进行网上理赔。网络上传理赔资料，足不出户，赔款即可直达银行账号。

　　（1）上传索赔资料。登录人保网站，进入个人中心→理赔秘书→索赔资料提交，输入保单号和证件号，根据页面提示上传所需的电子版索赔资料。

　　（2）提交账户信息。登录人保网站，进入个人中心→理赔秘书→赔款账号信息提交，提交收款账户信息。索赔资料通过审核后，赔款将自动打入个人的账户。

　　2）理赔程序

　　如果出现事故，事故发生后，首先应保护现场并采取必要的紧急施救措施，然后按以下步骤进行理赔。

　　（1）拨打报案电话95518。立即拨打保险公司报案电话或在有条件的情况下通过传真等方式向保险公司报案，公司理赔服务人员将询问出险情况，协助安排救助，告知后续理赔处理流程并指导拨打报警电话，紧急情况下先拨打报警电话。

　　（2）事故勘察和损失确认。保险公司理赔人员或委托的公估机构、技术鉴定机构、海外代理人到事故现场勘察事故经过，了解涉及的损失情况，查阅和初步收集与事故性质、原因和损失情况等有关的证据和资料，确认事故是否属于保险责任，必要时委托专门的技术鉴定部门或科研机构提供专业技术支持。公司将指导填写出险通知书（索赔申请书），出具索赔须知。对保险财产的损失范围、损失数量、损失程度、损失金额等损失内容、涉及的人身伤亡损害赔偿内容、施救和其他相关费用进行确认，确定受损财产的修复方式和费用，必要时委托具备资质的第三方损失鉴定评估机构提供专业技术支持。

（3）提交索赔材料。根据保险公司书面告知的索赔须知内容提交索赔所需的全部材料，公司及时对提交的索赔材料的真实性和完备性进行审核确认，对索赔材料真实性存在疑问的情况公司将及时进行调查核实。

（4）赔款计算和审核。在提交的索赔材料真实齐全的情况下，保险公司根据保险合同的约定和相关的法律法规进行保险赔款的准确计算和赔案的内部审核工作，并达成最终的赔偿协议。

（5）领取赔款。保险公司根据赔款支付方式和保险合同的约定支付赔款。补充说明：因第三者对保险标的损害而造成保险事故的，在保险公司根据保险合同的约定和相关的法律法规支付赔款后，保户签署权益转让书并协助保险公司向第三方进行追偿工作。

相关链接

登录中国太平洋保险公司网站：http://www.cpic.com.cn，了解太平洋保险公司的保险业务内容。

实践训练

1. 课堂讨论

（1）网上保险的主要功能有哪些？
（2）购买网上保险的基本流程是什么？
（3）网上保险理赔的基本流程是什么？

2. 案例分析

保险公司"无责免陪"条款被判无效

货车被撞无责，保险公司拒赔。

陈某驾驶的货车被别人的车给撞了，陈某向保险公司索赔，保险公司以保险条款中"无责免赔"的理由拒绝赔偿。近日，湖南省株洲市中级人民法院审结此案，终审维持一审判决：保险公司赔付陈某各项损失费用 14.5 万元。

2010 年 10 月 30 日，陈某驾货车由北向南经京港澳高速株洲县朱亭路段时，被后面一辆重型箱式货车撞上，尔后连续与前面车辆发生了三车连环追尾事故。导致三车不同程度受损，5 人受伤。经交警部门认定，原告陈某在这起交通事故中无责任。陈某为此花费医疗费、货物损失费、事故处理费共 10 多万元。事发后，陈某向投保的中国大地财产保险股份有限公司请求赔付，却遭到了保险公司拒赔。理由是陈某在此次事故中不承担责任，该损失应由侵权人肇事者赔偿，保险公司适用"无责免赔"，不承担赔偿责任。

株洲县人民法院一审认为，被告保险公司在合同中设定的"无责免赔"条款，客观上免除了自身的民事责任，排除了原告陈某在保险合同中的主要权利，不符合原告陈某的缔约目的，应属于"无效条款"。保险公司要求第三方侵权人肇事者赔偿的理由，法院认为侵权人非合同相对人，与陈某和该保险公司之间的合同关系没有关联。据此，法院遂依法做出上述判决。保险公司不服，提起上诉。

法官说法："无责免赔"与社会正面导向背离。

本案一审法官说，设定"无责免赔"条款，与鼓励机动车驾驶人遵守交通法规的社会正面导向背离，不符合投保以分散社会风险的缔约目的，同时有违保险立法尊重社会公德与诚实信用的原则。确认"无责免赔"条款无效，符合保护社会公平正义的基本价值，也符合社会和谐发展的科学内涵。

在这个条款背后隐藏着这样几个值得关注的问题，一个是"有责才赔"、"无责不赔"的条款无疑是在保护违法者的利益，也就是说那些在驾车过程中违法违章的司机利益能得到保障，而遵章守法的司机利益却无法得到保护；另一个是只要投保人通过法律途径对保险公司提起诉讼，保险公司通常都会败诉，但是保险公司为何还要保留这样的条款呢？原因是主动通过法律途径保护自己权益的车主比例并不多，因为很多人并不了解这当中的问题，有的即便认为它不合理，也会觉得打官司太麻烦，所以绝大多数车主只能是忍气吞声、无奈接受。

法官提醒广大车主，在投保的过程中，对保单中用小字"雪藏"在角落处的这类条款必须多加留意。同时作为保险公司，在与消费者订立合同时应当在投保单、保险单或者其他保险凭证上做出足以引起投保人注意的提示，并对该条款的内容以书面或者口头形式向投保人做出明确说明。

讨论与分析

签订保险合同时，如何避免保险公司的霸王条款？如何保护自己的权益？

3. 实务训练

（1）登录中国平安保险公司网站（http://baoxian.pingan.com），浏览网上保险商城主页，了解中国平安保险公司网上保险商城的相关内容。

（2）选择中国平安网上车险（http://chexian.pingan.com）首页，选择车险服务网页，了解有关车险服务的内容。

4. 课后拓展

购买保险时应该注意的四个细节

越来越多的消费者已经认同"买保险就是买保障"的理念，既然如此，就要确保保单有效、保障有力，还要确保一旦出险能及时获得理赔。因此，投保时就要重视一些细节，免得日后烦恼。

细节一： 看清保单条款，以免退保损失。买保险必须对保单条款进行通读，详细了解保险责任、免责条款和理赔注意事项。如果对保单条款存在疑惑，应该在第一时间联系保险销售人员或公司客服人员。

细节二： 保险金额、保障内容需及时调整。随着家庭情况、经济条件，以及被保险人自身健康状况的改变，保障额度与时俱进很重要。例如，大学毕业刚进入社会的"新人"，可能买一份意外险就可以建立基本保障，而一旦结婚生子，肩上的责任无疑加重很多，保障的进一步完善就非常必要了。

细节三： 变更地址、遗失补新很重要。小心维护保单是投保人享受保单权益的关键。如果保险合同尚未到期却遗失，想要补一份新合同，或者变更地址等，一般需在保险公司网点办理，目前一些保险公司也为客户提供了移动保全服务，可以在网上直接进行相应操作。

细节四：详细了解保险责任，看清保障范围。一般情况下，保险公司对保险人保险责任时间长和保障范围广的产品，都需要较长的交费期限或购买保险时就需要投入不少的钱。如果说自己没有足够、稳定的财力支付保费，而考虑不周，就很容易造成自己中途无法续交保费，从而出现中途必须退保的现象，这样一来，自己不但得不到有效的保险保障，而且还要受到钱财上的大量损失。

知识小结

网络经济时代对金融服务的要求可以简单概括为：在任何时间、任何地点、以任何方式提供全方位的金融服务。而互联网正具备这样的特点，所以网上银行、网上证券、网上保险便迅速发展起来。

网上银行是依托信息技术、互联网的发展而兴起的一种银行服务手段。网上银行借助互联网遍布全球的优势及其不间断运行、信息传递快捷的优势，突破了传统银行的局限性，为用户提供全方位、全天候、便捷、实时的现代化服务。

网上银行的基础，就是借助计算机、互联网及其他电子通信设备提供各种金融服务的银行机构。网上银行以网站的形式，在互联网上开展业务。

所谓网上证券交易，通常是指投资者利用互联网的网络资源，获取证券的即时报价，分析市场行情，并通过互联网委托下单，实施实时交易。

网上证券交易是近年来迅速发展起来的高度计算机网络化的业务，从买卖委托、交易撮合、行情显示到成交回报、清算交割，均实现了计算机自动化，使证券交易的周期大大缩减。

证券交易计算机管理系统根据证券交易的基本规程，结合现代化管理方式及计算机管理的特点，采用计算机网络技术，向客户提供柜台、资金管理、证券管理、清算交割、信息咨询管理、报表管理、报盘管理及后台处理等完整的系统功能，具有良好的实时性、可维护性。

证券交易管理系统是一套较复杂的软件。它是依据证券交易业务，结合计算机信息管理的特点，利用计算机网络及其他通信设施，对证券交易的业务信息进行及时有效管理的一个应用软件。系统全面、正确、完整、及时地收集、加工、整理和清算在整个交易过程中所发生的各类资金、证券等有关信息，同时为客户提供信息咨询服务。

所谓网上保险，是指保险公司或新型的网上保险中介机构以互联网和电子商务技术为工具，来支持保险经营管理活动的经济行为。网上保险也叫保险电子商务，与网上银行一样，保险作为一种传统的金融服务，其经营活动也仅仅涉及资金和信息的流动，而不会遭遇所谓物流配送的瓶颈问题。这正是保险、银行等金融服务业开展电子商务的先天优势。而与传统经营方式相比，网上保险还具有许多后天优势。与传统保险相比，网上保险具有简单、高效、低成本、易于管理的优势，无论对于传统保险公司，还是新型的网上保险中介，开展网上保险都将是保险企业今后通往成功、在激烈的市场竞争中立于不败之地的一条必由之路。

练习测试

1. 名词解释

网上银行 U 盾　网上证券交易　网上保险

2. 多项选择题

（1）网上银行按照主要服务对象分为（　　　）。

    A. 传统银行　　　　B. 个人网上银行　　　C. 纯网上银行　　D. 企业网上银行

（2）网上银行可以对企业办理的主要业务有（　　　）。

    A. 账务查询　　　　B. 内部转账　　　　　C. 信用管理　　　D. 网上信用证

    E. 金融信息查询　　F. 储蓄业务

（3）网上银行可以对个人办理的主要业务有（　　　）。

    A. 转账业务　　　　B. 代收代缴业务　　　C. 储蓄业务　　　D. 银行卡消费业务

    E. 内部转账　　　　F. 业务查询

（4）网上证券交易系统包括（　　　）。

    A. 网上资金管理　　B. 网上报盘管理　　　C. 网上清算交割　　D. 网上信息咨询

    E. 网上银行业务管理　　　　　　　　　　F. 网上数据管理

（5）股票具有哪些性质？（　　　）

    A. 使用权性　　　　B. 流通性　　　　　　C. 风险性　　　　D. 投机性

    E. 所有权性　　　　F. 固定收益性

（6）网上证券交易与传统证券交易的一般程序都包括（　　　）。

    A. 登记开户　　　　B. 下单委托　　　　　C. 报价与竞价　　D. 清算与交割

    E. 过户　　　　　　F. 交费

（7）网上保险与传统保险相比具有哪些优势？（　　　）

    A. 简单　　　　　　B. 高效　　　　　　　C. 低成本　　　　D. 易于管理

    E. 安全　　　　　　F. 方便

3. 简答题

（1）什么是网上银行？

（2）企业网上银行有哪些服务内容？

（3）什么是网上证券交易？

（4）网上证券交易的基本原则是什么？

（5）网上保险的种类有哪些？

4. 论述题

试论述个人网上银行的主要业务内容。

模块5

电子商务系统的安全

学习目标

知 识 目 标

了解安全问题的产生和网络支付的安全性

理解各种网络攻击的表现方式

掌握交易环境、交易对象和交易过程的安全性

能 力 目 标

能辨别主要的网络安全攻击方式

掌握应对网络安全漏洞的方法

素 质 目 标

养成使用网银的安全习惯

养成定期维护系统操作安全的习惯

第 1 单元　安全问题的产生

 情景案例

　　2013 年 3 月 29 日，张丽艳同学在网上看到了支付宝被曝发生信息泄露事件的报道，在谷歌中搜索"支付宝生活助手转账付款"，竟有 2000 多条搜索结果，如图 5-1 所示。经调查发现，其实是网友主动在公共论坛和社区分享交易信息，从而被搜索引擎抓取。目前这些信息已经被屏蔽，支付宝也对相关页面进行了升级。张丽艳同学很担心自己的银行卡信息也被泄露，作为消费者，应当如何保护自己的网络隐私呢？

图 5-1　谷歌搜索曾显示的页面

 任务思考

　　你在网上交易的时候是否有此类的遭遇？分析过原因吗？如何应对此类情况呢？交易信息被不法分子获得和利用的后果是严重的。假设你是支付宝一方，你如何解决此类事件？如何才能保障电子商务支付的安全呢？

 任务分析

　　在日常的网络购物过程中，支付是必不可少的一个环节，在上述案例中，由于主动分享付款成功的页面链接使得信息泄露，是用户在使用过程中不严谨造成的，同时，虽然支付宝迅速

在官方微博发表声明，称该页面一般用于支付双方展示支付结果，不含用户真实姓名、密码等重要信息；该页面的链接加有安全保护，正常情况下无法被搜索引擎抓取，但也不可否认，支付宝在此类应用中的安全保密机制是存在一定问题的。

在日常的电子商务交易中，用户应该加强自身信息保密安全方面的操作，切实避免由于个人原因造成的信息威胁。同时第三方支付平台或者其他支付平台，也应该加强金融系统一端的安全建设，防止被不法分子抓住信息传递过程的漏洞。

 **相关知识**

电子商务平台中，诚信、物流和支付构成了主要环节，而支付的作用随着电子市场规模的扩大而不断提升，重要性愈加明显。在网上支付的流程中，面对层出不穷的网络攻击，对安全性的需求分为四方面。

1. 网络中资金流数据的保密性

信息的保密性是指在交易过程中，信息在传输或存储中不被他人窃取。网上支付系统必须保证信息在商户、消费者、银行、认证机构等几个对象之间存储传递不会泄露，不被非法人员利用。

在网上支付过程中，用户的关键信息（如登录密码或交易密码、数字证书文件、验证码等）的保密性是账户安全与否的重点。在互联网这个开放网络环境中进行支付必须通过支付网关，另外需要支付平台提供一系列措施保证交易信息的保密性，例如，安装安全控件，分页面显示登录信息，等等。在记录用户信息时，应对用户信息中的密码、密码问题和答案采用加密存储方式。另外，用户自身也需警惕自己无意泄露的关键信息，以免给他人造成可乘之机，进而丧失商机。

 **相关链接**

网上支付碰上"钓鱼"骗术　　个人信用卡信息还要看牢

网购不满意要退换货物，多年不见的老友突然上线，到哪里都"蹭"无线网络，这些年轻人几乎都会遇到的事，正在成为新骗术的高发区。随着银行卡网银业务、网上支付的盛行，许多"垂钓者"虎视眈眈，"钓"法花样迭出，令人防不胜防。

网购退货遭遇"客服"

市民张先生最近网购了一件数码产品，收货后发现有瑕疵，他正通过网络联系网店客服打算退货。由于客服忙没有及时回复，5分钟之后他接到一个电话，自称是"客服"，要退货的话需要提供信用卡的账号。张先生没考虑就报了信用卡卡号。几分钟后该电话又要他提供有效期、验证码，张先生起了疑心，但"客服"不以为然："我们这么大的网店每天交易几百笔订单，退货流程也有机制保障，从没出现过问题。"张先生半信半疑地将信息给了对方。不料，挂电话没多久，张先生就陆续收到几笔几千元的消费短信。

交行信用卡中心专家表示：不法分子利用了网购族退货时想要尽快解决问题的心理，盯准时机冒充客服，骗取网友卡片信息。在任何支付过程中，任何时候都不要向任何人提供信用卡的重要信息，包括手机动态码，一旦有人索要上述信息，很有可能就是诈骗。

"虚拟朋友"不可轻信

市民孙小姐的一个好姐妹去了国外后很少联系，近来突然找孙小姐寒暄，后来聊到自己用的信用卡，然后问孙小姐在国内用什么信用卡。孙小姐不好拒绝，就顺手将信用卡拍了照片传过去，心想只是卡号、有效期等信息，反正也没透露密码。之后，孙小姐收到一条条手机消费短信，她的信用卡在境外网上被消费了近万元。孙小姐立刻冻结了信用卡，并给远在国外的好姐妹打电话，才得知她的 QQ 号被盗了。

专家提醒：仅信用卡卡号、有效期就足以"克隆"一张信用卡，使用社交网络涉及信用卡等敏感信息，务必要打个电话确认对方真实身份。建议开通信用卡短信消费提醒，一旦发现账号有异常，立刻致电客服人员了解情况，必要时冻结信用卡。

公共无线网络陷阱多

如今，不少人出去吃饭、喝咖啡，进店的第一句话会习惯地问：这里有无线网络吗？但在通过免费无线网络分享的同时，也可能将自己的个人信息"分享"出去。不少网友因使用公共无线网络出现过信用卡被盗刷的情况，更有黑客宣称 15 分钟便可以盗取咖啡客的银行账号和密码。

交通银行信用卡中心专家表示，目前几乎任何人都可以设置热点。攻击计算机最简单的方法之一，就是假装成一个热点，等待别人来链接。因此，在公共网络可刷微博、玩微信、打游戏，但切莫使用公共网络进行网上支付、转账、还款等交易，防止不法分子盗取信息。在手机和计算机上操作网银时，尽量使用银行官网提供的客户端，而非网页版，这样可以降低登录钓鱼网站的风险。

2．网络中支付信息的完整性

信息的完整性是指从信息存储和信息传输两方面来看的。在存储时，要防止非法篡改和破坏网站上的信息。在传输过程中，接收信息的一方收到的信息与发送方发送的信息完全一致，说明在传输过程中信息没有遭到破坏。

网上支付过程中，面对具备特定知识和工具的各类攻击者，数据信息很可能会被篡改，因此必须预防对信息的随意生成、修改，同时要防止数据信息传输过程中的信息丢失和重复输入，并保证信息传送次序的统一。

3．信息的不可否认性

信息的不可否认性也叫信息的不可抵赖性，是指信息发送一方和接收一方不能否认自己曾经发出或接收过的信息。在传统的支付过程中，交易双方主要通过盖章和签名来预防抵赖行为。在网络环境中，交易发生时，主要依靠电子签名及收发信息的确认回复来预防抵赖行为，尤其是《中华人民共和国电子签名法》的出台，明确了电子签名的法律效力和有效范围，可以达到防止接收用户更改原始记录，或者否认已收到数据。

4．交易双方身份的真实性

交易双方身份的真实性是指交易双方的身份是真实存在的，不是假冒的。网络的虚拟性决定了交易双方面对面进行交易的可能性很低，距离远，互不认识，因此在开放的互联网环境下，必须能够互相确认身份，才能保证交易的顺利进行。

网上支付系统如网络银行系统或第三方支付系统要考虑客户端是不是假冒用户，客户端也要识别将要使用的网络银行系统是否是所要访问的真实平台，而不是"钓鱼"网站，所以对客户端和网上支付系统相互间的身份认证成为了电子支付中很重要的一环，例如，农行网上银行对用户第几次登录信息的显示，就是帮助用户有效识别真假网站的有效措施。

 实践训练

1. 课堂讨论

（1）电子商务支付系统安全问题有哪些？

（2）结合自身的情况，分析在网上支付过程中可能存在的安全问题。

2. 案例分析

男子网上买木马　通过支付宝盗窃 10 万元

被告张某今年 24 岁，名牌大学本科毕业，从 2011 年 11 月起，他利用木马盗号程序在网络上疯狂作案，到被抓获时，共盗窃他人支付宝账户余额 9.72 万元，其中单笔最高金额达 3.5 万元，所盗窃的款项全部用在订婚和日常开销上。那么张某是如何利用木马程序来盗取他人的支付宝账户的呢？

据张某交代，他是在网络论坛里看到别人介绍过这种犯罪手法，自己没有正经工作，闲来无事就决定尝试一下。他在网上购买木马程序，先以买家的身份登录淘宝，到卖家开的店内买东西，就在卖家的店内随便截一张图发给卖家，问卖家是否有这种东西，然而这张照片是打不开的。然后他就会跟卖家说将图发到 QQ 里面，其实发的并不是照片而是木马，卖家用鼠标单击一下就中毒了。中毒后，卖家退款的时候输入支付宝密码及验证码，而张某就可以轻而易举地盗窃对方账号内的所有人民币。

最终，张某被判处有期徒刑四年，并处罚金。

讨论与分析

在网上支付过程中，如何加强防范，提高安全性？

3. 实务训练

试着在两家网购网站进行同样商品的购物体验，重点体会在支付过程中不同平台的安全措施分别是怎样的，你更相信哪个网站？并说明原因。

实训说明

（1）本实训教师可在课堂上进行模拟演示，也可在授课后集中完成实训。

（2）比较一下各种电子商务支付平台的优缺点，谈谈电子支付的安全措施。

4. 课后拓展

（1）上网查找目前的网银被盗案例，分析网银被盗的原因，以及处理结果。

（2）试着说说你在网络应用中有哪些应用是受到加密保证的。

第 2 单元　网 络 攻 击

情景案例

巴西政府将建 "反监控系统" 防止黑客入侵

2013 年，美国中央情报局技术分析员爱德华·斯诺登（Edward Snowden）的 "棱镜门" 事件轰动全球。张丽艳同学很想了解有关网络监听、网络攻击方面的知识。

2013 年 10 月 14 日，张丽艳同学在网上找到了巴西《环球报》的有关报道：巴西总统罗塞夫决定，11 月起巴西将采用反监控新系统，遏止黑客截取政府资料，使巴西所有联邦单位完成反监控设备的安装工作。

反监控系统由巴西联邦资讯处理系统（Serpro）研发，功能包括数位签章、资料加密、加强防护电子邮件、视讯、联络本、维护个人日程，以避免再次发生类似美国情报局监控巴西总统罗塞夫及其亲信、巴西石油公司（Petrobras）与矿能部等事件。

除总统府之外，巴西企划部、通信部与财政部也将率先采用 Serpro 研发的 Expresso3 系统。

Serpro 主任马佐尼（Marcos Mazoni）指出，巴西总统府近 1/3 工作人员及国税局安全系统，一直都在使用旧版的 Expresso2，但罗塞夫却使用微软的电子邮件及 Outlook 软件。他表示，假如罗塞夫也使用 Serpro 研发的自由软件，美国很难监控巴西政府资料，即使计算机系统被闯入，也会在第一时间知道。

任务思考

你了解 "棱镜门" 事件吗？你认为巴西政府的安全措施有用吗？请说明原因。在我国，有适合此类的安全方案吗？是什么？黑客的网络入侵都有哪些手段？如何防范？

任务分析

在案例中，强调了安全系统建立的重要意义及具体的方法。在商务领域也存在交易安全风险，尤其是面对层出不穷的黑客和病毒攻击的时候，要有的放矢，提高防范能力。因此，我们要提高警惕，及时了解目前的安全风险和安全威胁都是哪种类型的，以及防范的方法。本单元涉及的任务主要包括黑客对网上支付过程的攻击手段。

相关知识

1. 计算机病毒

计算机病毒是计算机犯罪的一种衍化形式。编制者在计算机程序中插入的破坏计算机功能或者破坏数据，影响计算机使用并且能够自我复制的一组计算机指令或者程序代码被称为计算机病毒（Computer Virus）。

实践证明，计算机病毒已经成为威胁计算机网络信息系统安全中最危险的因素。这些病毒，有的只是干扰屏幕，有的则封锁键盘或打印机，有的修改或破坏硬、软盘上的数据，有的封锁软盘驱动器，有的破坏磁盘引导扇区、硬盘引导扇区和文件分配表，有的驻留内存、修改中断向量表或格式化硬盘，有的甚至大量占用磁盘空间，降低系统运行效率或使系统瘫痪。计算机病毒的泛滥和蔓延会危害或破坏信息系统的资源，中断或干扰信息系统的正常运行，给社会造成的危害越来越大，因而对计算机病毒的危害绝不能掉以轻心。

　　计算机病毒的特点包括以下几点。

　　（1）繁殖性。计算机病毒可以像生物病毒一样进行繁殖，当正常程序运行的时候，它也进行自身复制，是否具有繁殖、感染的特征是判断某段程序是否为计算机病毒的首要条件。

　　（2）破坏性。计算机中毒后，可能会导致正常的程序无法运行，把计算机内的文件删除或受到不同程度的损坏，通常表现为增、删、改、移。

　　（3）传染性。计算机病毒不但本身具有破坏性，更有害的是具有传染性，一旦病毒被复制或产生变种，其传染速度之快令人难以预防。传染性是病毒的基本特征。在生物界，病毒通过传染从一个生物体扩散到另一个生物体。在适当的条件下，它可得到大量繁殖，并使被感染的生物体表现出病症甚至死亡。同样，计算机病毒也会通过各种渠道从已被感染的计算机扩散到未被感染的计算机，在某些情况下造成被感染的计算机工作失常甚至瘫痪。与生物病毒不同的是，计算机病毒是一段人为编制的计算机程序代码，这段程序代码一旦进入计算机并得以执行，它就会搜寻其他符合其传染条件的程序或存储介质，确定目标后再将自身代码插入其中，达到自我繁殖的目的。只要一台计算机染毒，若不及时处理，那么病毒会在这台计算机上迅速扩散，计算机病毒可通过各种可能的渠道，如软盘、硬盘、移动硬盘、计算机网络去传染其他的计算机。当在一台机器上发现了病毒时，往往曾在这台计算机上用过的软盘已感染上了病毒，而与这台机器相联网的其他计算机或许也被该病毒染上了。是否具有传染性是判别一个程序是否为计算机病毒最重要的条件。

　　（4）潜伏性。有些病毒像定时炸弹一样，让它什么时间发作是预先设计好的。例如，黑色星期五病毒，不到预定时间一点都觉察不出来，等到条件具备的时候一下子就爆炸开来，对系统进行破坏。一个编制精巧的计算机病毒程序，进入系统之后一般不会马上发作，因此病毒可以静静地躲在磁盘或磁带里待上几天，甚至几年，一旦时机成熟，得到运行机会，就又要四处繁殖、扩散，造成危害。潜伏性的第二种表现是指计算机病毒的内部往往有一种触发机制，不满足触发条件时，计算机病毒除了传染外不做什么破坏。触发条件一旦得到满足，有的在屏幕上显示信息、图形或特殊标识，有的则执行破坏系统的操作，如格式化磁盘、删除磁盘文件、对数据文件进行加密、封锁键盘，以及使系统死锁等。

　　（5）隐蔽性。计算机病毒具有很强的隐蔽性，有的可以通过病毒软件检查出来，有的根本就查不出来，有的时隐时现、变化无常，这类病毒处理起来通常很困难。

　　（6）可触发性。病毒因某个事件或数值的出现，诱使病毒实施感染或进行攻击的特性称为可触发性。为了隐蔽自己，病毒必须潜伏，少做动作。如果完全不动，一直潜伏的话，病毒既不能感染也不能进行破坏，便失去了杀伤力。病毒既要隐蔽又要维持杀伤力，它必须具有可触发性。病毒的触发机制就是用来控制感染和破坏动作的频率的。病毒具有预定的触发条件，这些条件可能是时间、日期、文件类型或某些特定数据等。病毒运行时，触发机制检查预定条件是否满足，如果满足，启动感染或破坏动作，使病毒进行感染或攻击；如果不满足，则使病毒继续潜伏。

相关链接

卡巴斯基：警惕"支付劫持"木马

2013 年 9 月 16 日，信息安全厂商卡巴斯基发布病毒播报，提醒用户注意一款恶意程序名为 Trojan.Win32.Agent.iapl 的木马程序。

据悉，此木马运行后会伪装成 XX（随机两位数）QQ.exe，并将其设置为系统隐藏程序，随后会启动该进程，而后创建注册表启动项。完成入侵操作后，该进程会释放出两个恶意程序，其分别被卡巴斯基检测为 Trojan.Win32.Agent.iapl 和 Trojan.Win32.Slefdel.gjh。它们会记录和劫持用户在计算机中的金融支付操作，给用户带来财产损失。

卡巴斯基提醒广大用户及时更新反病毒产品的病毒库，并定期为系统打补丁，不打开可疑邮件和可疑网站；不随意接收聊天工具上传送的文件，以及打开发过来的网站链接；使用移动介质时最好使用鼠标右键打开使用，必要时先要进行扫描；不从不可靠的渠道下载软件，因为这些软件很可能是带有病毒的。

2．口令破解

（1）口令破解又称口令入侵，是指黑客使用某些合法用户的账号和口令登录到目的主机，然后再实施攻击活动。

① 获取口令的途径有网络监听、口令猜测，暴力破解和利用系统管理员的失误，等等。

② 攻击者要进行口令攻击通常具备如下条件：

♦ 高性能计算机；
♦ 大容量的在线字典或其他字符列表；
♦ 已知的加密算法；
♦ 可读的口令文件；
♦ 口令以较高的概率包含于攻击字典之中。

③ 攻击步骤。一般说来，口令攻击包含两个步骤：第一步，获取口令文件；第二步：用各种不同的加密算法对字典或其他字符表中的文字加密，并将结果与口令文件进行对比。口令破解流程如图 5-2 所示。

（2）常见口令破解工具。

① SMB 口令破解。NAT（NetBIOS Auditing Tool）是 SMB 口令破解工具。

② Telnet 口令破解。Brutus 是一个远程口令破解攻击，支持 Windows 系列操作系统，支持以下几种类型的口令破解：HTTP、POP3、FTP、SMB、Telnet。

③ 数据库口令破解。SQLdict 是一个远程破解数据库口令的工具，支持 Windows 系列操作系统。

④ POP3 口令破解。Email Crack 是一个基于 POP3 协议的口令破解软件，它根据攻击者提供的用户名单和口令列表文件、字段逐个尝试猜测用户口令。

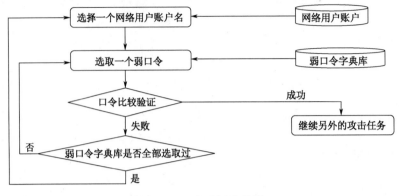

图 5-2　口令破解流程图

⑤ FTP 口令破解。FTP-C 是一个专门破解 FTP 口令的工具，从界面到操作都十分简单。软件很小，才 200KB 左右，它以压缩方式发布，可以设置代理破解密码，因此可以隐蔽攻击者的行踪。

⑥ Windows NT 系统口令破解。LophtCrack 是针对 Windows NT 操作系统的口令破解软件，它能够将 Windows NT 操作系统中的加密用户口令破解。LophtCrack 通过口令字典、混合式破解、暴力破解对用户的口令进行试探。

⑦ UNIX 系统口令破解。John the Rippher 是一个快速的口令破解工具，主要针对 UNIX 下的弱口令，当前可运行的平台有 UNIX、DOS、Windows NT/95。

3. 拒绝服务攻击

拒绝服务攻击即攻击者想办法让目标机器停止提供服务，是黑客常用的攻击手段之一。其实对网络带宽进行的消耗性攻击只是拒绝服务攻击的一小部分，只要能够对目标造成麻烦，使某些服务被暂停甚至主机死机，都属于拒绝服务攻击。拒绝服务攻击问题也一直得不到合理的解决，究其原因，这是由于网络协议本身的安全缺陷造成的，因此拒绝服务攻击也成为了攻击者的终极手法。攻击者进行拒绝服务攻击，实际上让服务器实现两种效果：一是迫使服务器的缓冲区满，不接收新的请求；二是使用 IP 欺骗，迫使服务器把合法用户的连接复位，影响合法用户的连接。

简单地讲，拒绝服务就是用超出被攻击目标处理能力的海量数据包消耗可用系统、带宽资源，致使网络服务瘫痪的一种攻击手段。在早期，拒绝服务攻击主要是针对处理能力比较弱的单机，如 PC 或是窄带宽连接的网站，对拥有高带宽连接、高性能设备的网站影响不大。

在 1999 年底，伴随着 DDoS 的出现，高端网站高枕无忧的局面不复存在，DDoS 实现是借助数百，甚至数千台被植入攻击守护进程的攻击主机同时发起的集团作战行为。因此，分布式拒绝服务也被称为"洪水攻击"。常见的 DDoS 攻击手法有 UDP Flood、SYN Flood、ICMP Flood、TCP Flood、Proxy Foold 等等。DDoS 攻击原理如图 5-3 所示。

例如，2007 年 4 月 6 日，某银行总行的数据中心网络出现故障，北京分行各营业网点和网上交易业务被迫中断 4 小时；2010 年 2 月 3 日另一家银行系统瘫痪 4 小时，影响涉及全国分支机构，自动取款机、网银均不能办理业务。网络的开放性让网络攻击可以随时随地进行，若采用 DDoS 拒绝服务攻击可以使一个网站不堪重负而瘫痪，网络攻击也可能找到访问服务器的漏洞从而窃取客户访问数据。

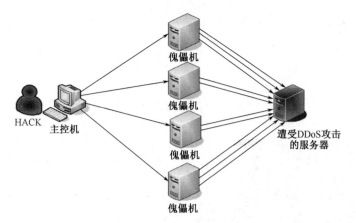

图 5-3　DDoS 攻击原理图

4．网络监听

网络监听是一种监视网络状态、数据流程及网络上信息传输的管理工具，它可以将网络界面设定成监听模式，并且可以截获网络上所传输的信息。也就是说，当黑客登录网络主机并取得超级用户权限后，若要登录其他主机，使用网络监听便可以有效地截获网络上的数据，这是黑客采用的最好方法。但是网络监听只能应用于连接同一网段的主机，通常被用来获取用户密码等。

在网络中，当信息进行传播的时候，可以利用工具将网络接口设置在监听的模式，便可将网络中正在传播的信息截获或者捕获到，从而进行攻击。网络监听在网络中的任何一个位置模式下都可实施进行，而黑客一般都是利用网络监听来截取用户口令的。例如，当有人占领了一台主机之后，那么他要再想将战果扩大到这个主机所在的整个局域网，监听往往是他们选择的捷径。

在网络监听时，常常要保存大量的信息（也包含很多的垃圾信息），并将对收集的信息进行大量的整理，这样就会使正在监听的机器对其他用户的请求响应变得很慢。同时监听程序在运行的时候需要消耗大量的处理器时间，如果在这个时候就详细地分析包中的内容，许多包就会来不及接收而被漏走。所以监听程序很多时候就会将监听得到的包存放在文件中等待以后分析。分析监听到的数据包是很头疼的事情，因为网络中的数据包都非常复杂。两台主机之间连续发送和接收数据包，在监听到的结果中必然会加上一些别的主机交互的数据包。监听程序将同一 TCP 会话的包整理到一起就相当不容易了，如果希望将用户详细信息整理出来就需要根据协议对包进行大量的分析。

现在网络中所使用的协议都是较早前设计的，许多协议都是基于一种非常友好的、通信的双方充分信任的基础上实现的。在通常的网络环境之下，用户的信息包括口令都是以明文的方式在网上传输的，因此进行网络监听从而获得用户信息并不是一件很难的事情，只要掌握初步的 TCP/IP 协议知识就可以轻松地监听到你想要的信息。

 实践训练

1．课堂讨论

（1）计算机病毒的特点有哪些？

（2）木马病毒对网络支付系统的攻击有哪些形式？

（3）网络监听的危害有哪些？

2．案例分析

欧洲主要比特币支付服务 BIPS 连续遭网络攻击

2013 年 11 月 26 日，softpedia 网站称，总部设在丹麦的欧洲最主要的比特币支付及免费在线钱包服务提供商 BIPS 近期遭到了大规模分布式拒绝服务（DDoS）攻击，总共有 1295 个比特币被盗，价值超过 100 万美元。

BIPS 于 11 月 15 日遭到了第一轮大规模 DDoS 攻击，11 月 17 日遭到了第二轮攻击。BIPS 当时关闭了旗下交易网络。BIPS 公司 CEO 克里斯·亨里克森（Kris Henriksen）表示，在这几次攻击中，总共有 1295 个比特币被盗，不过大部分丢失的比特币为该公司持有资产。

BIPS 称，这两起攻击是有关联的，其中，第一次 DDoS 攻击来自俄罗斯或周边国家。该公司于 11 月 19 日恢复了商户支付和资金转移服务，但关闭了所有钱包功能，以便进行彻底分析。BIPS 的客服也关闭了几天时间，于 11 月 22 日恢复开放。

讨论与分析

请问，为何比特币丢失后很难追踪回来？现实中网银被盗后，如何挽回损失？

3．实务训练

（1）请同学们到网络上调研，目前主要的钓鱼网站攻击方式有哪些危害？如何避免遭遇钓鱼网站？

（2）在目前众多的网上银行中，你使用的是哪一家？请登录该银行网站，并试着描述一下该银行提供的安全措施。

实训说明

（1）本部分要求学生课后完成。

（2）课堂讨论网上银行及第三方支付平台的安全措施。

4．课后拓展

上网了解世界著名黑客们的资料，了解网上攻击者们的趣事。

第 3 单元　交易环境的安全性

情景案例

张丽艳同学和其他人一样，经常在网上购买学习和生活用品，在学习了上个单元有关网络攻击的内容后，她感到自己的电子商务交易安全环境也可能受到了威胁。

 任务思考

电子商务的交易过程中安全环境包括哪些内容？如何提高交易环境的安全性？

 任务分析

　　网络交易的环境安全是关系到顾客、商家和银行三方利益的重要因素。如何建立和完善网络支付环境，如何提高顾客安全体验，是电子商务发展必须要考虑的问题。本单元主要从三个角度介绍建立网络安全环境的重要性和措施。

 相关知识

1. 客户机的安全性

　　客户机端的安全威胁主要来自于欺骗和盗用，病毒和木马威胁着网上银行和用户账户安全和支付过程的安全。最常见的是利用病毒和木马盗窃资料，如网银大盗、网银窃贼等木马病毒。2009 年央视"3.15"晚会曝光的黑客"顶狐"，通过自己制造木马程序，盗取大量用户的网上银行信息，并出售给他人导致部分网银客户资金受损。虽然网银或第三方支付提供了一些技术手段来增强客户支付的安全性，但其通常是防范已知危险行为，不法入侵者并不需要破解这些防护行为，而是通过别的漏洞从而绕过防护。主要的威胁有以下两种情况。

　　（1）来自假冒交易网站（如假淘宝、假网银）的钓鱼行为，若客户不能正确识别而登录了假冒网站进行交易，轻者导致客户丢失自己的网上银行或第三方支付账户资料，重者直接把款项付给了黑客的账户。

　　（2）更为严重的情况是客户机器已经成了"肉鸡"，黑客利用木马程序获得账号密码，然后利用用户数字证书甚至是 USB Key 来完成网上银行转账。如果该客户没有使用银行卡手机通知服务，则不能及时发现资金被盗。更糟糕的是不法入侵者得到了银行卡账号和密码，在现实生活中制造假卡盗取客户银行资金。

2. 通信信道的安全性

　　通信信道（Communication Channel）是数据传输的通路，在计算机网络中信道分为物理信道和逻辑信道。物理信道指用于传输数据信号的物理通路，它由传输介质与有关通信设备组成；逻辑信道指在物理信道的基础上，发送与接收数据信号的双方通过中间结点所实现的逻辑通路，由此为传输数据信号形成的逻辑通路。

　　通信信道被侵入，后果不堪设想。建立安全的通信信道的安全体系大致分为以下内容：机房环境安全，电磁防护，硬件防护，加强硬件防护措施，防止设备被盗、被毁，甚至采用专用的通信线路进行交互信息的传输，选用没有电磁泄漏的光缆传输，提高安全保密性能。

3. 服务器的安全性

　　服务器是网络环境中为客户机提供各种服务的、特殊的计算机系统，在网络中具有非常重

要的地位，它的安全性显得尤为重要。Web 服务器上的漏洞主要有以下几方面。

（1）Web 服务器因各种原因而不能返回客户要访问的秘密文件、目录或重要数据。

（2）远程用户向服务器发送信息时，特别是信用卡信息，中途遭不法分子非法拦截。

（3）Web 服务器本身存在一些漏洞，使得一些人能侵入到主机系统，破坏一些重要的数据，甚至造成系统瘫痪。

（4）CGI 安全方面的漏洞：有意或无意在主机系统中遗漏 Bugs 给非法黑客创造条件。用 CGI 脚本编写的程序，当涉及远程用户从浏览器中输入表格（form）并进行象检索（Search index），或 form-mail 之类在主机上直接操作命令时，或许会给 Web 主机系统造成危险。

4．网上银行的安全性

根据上面的内容，请同学们分析一下，在电子商务支付流程中会带来哪些安全风险？

网上直接支付是付款人直接通过计算机网络将银行（或证券公司等机构）账户的资金划转给收款人，从而实现转账的相应交易，付款和收款两个环节顺次完成（不考虑银行系统内部流转），资金直接在银行系统内完成转移。网上间接支付是付款人通过网络把资金先划至第三方支付公司，通过担保和代保管，在交易确认成功后再由第三方支付公司划给收款人，包括付款、代保管、收款三个环节。从网上支付流程中可以看出，整个支付系统的安全包括银行（或证券）系统安全、第三方支付机构系统安全、客户安全（收款人、付款人）和网络支持系统安全四方面。绝大多数支付行为都离不开银行系统的支持，因此，网上银行的安全性成为网上支付安全的核心。

银行的安全风险主要有经营风险、环境风险（如火灾、水灾）、设备风险等，技术安全风险有业务系统安全风险、数据安全风险、操作系统及网络安全风险、网络攻击风险、网站被假冒风险等。

那么增强系统安全手段有哪些呢？综合来说，包括银行（证券）系统、第三方支付系统、网络支持系统，主要体现在技术方面，有两层防火墙技术（保证核心数据库不受攻击）、网络数据传输加密（保证口令、数据和控制信息的安全）、权限控制（内部权限控制和外部网络访问权限控制）、备份与灾难恢复、入侵检测等。通过以上措施，能够保证核心数据库安全，但灾害、拒绝服务攻击等有可能让服务器中断服务，与外部联系紧密的访问服务器也有较多风险。另外要进行身份验证，因为牵涉到网络和前台客户端，容易产生漏洞，所以一直处于不断完善中。

 相关链接

一黑客团伙入侵全球 100 所大学服务器

国外媒体报道，一个名为"Team GhostShell "的黑客团伙在 Twitter 上宣布，该组织入侵了全球 100 所大学的服务器，共窃取了近 12 个万账户信息，并将这些信息公布于众。

该黑客组织称，他们入侵这些学校的服务器并非出于商业或者恶意目的，只是为了引起大学重视安全问题，他们入侵时发现许多服务器早就藏有恶意软件，安全意识很淡薄，入侵目的是提醒大众注重大学的信息安全问题，并指责当前的教育政策等相关问题。

英国的剑桥大学、美国的哈佛大学、斯坦福大学、普林斯顿大学，以及日本的东北大学、东京大学、名古屋大学、京都大学、大阪大学等多所世界著名大学的服务器都遭到入侵。

安全公司 Identity Finde 分析黑客的资料发现，这些资料含有 3.6 万笔电子邮件账号，大约一万笔资料包含姓名、电话、地址、生日、婚姻状态、种族等，不过并没有信用卡、身份证号、银行账号等敏感信息。部分账号的密码仍为 Hash 加密状态，但大部分的密码为明码方式呈现。

该公司认为遭入侵的服务器可能遭受典型的 SQL Injection 攻击而导致资料外泄，且遭攻击的服务器都位于分支机构，而这些大学的中央网络系统可能都未被入侵。

 ## 实践训练

1．课堂讨论

（1）你认为网络威胁离我们远吗？
（2）如何保护好个人隐私信息不被网络泄露？
（3）你觉得应该如何提高组织或机构的系统安全性？

2．案例分析

微软携手支付宝打造更智能网络支付安全环境

2012 年 6 月，微软同支付宝联手就开发和部署"设备健康模型"展开积极合作，让网上支付的安全保护进入了一个更智能的阶段。

合作共创安全网络支付环境

作为微软"设备健康模式"的一次延伸，微软与支付宝的合作也是为了解决中国用户网络安全意识匮乏，以及电子商务安全威胁加速蔓延的难题。"设备健康模型"的概念最早由微软在 2011 年旧金山信息安全大会上率先提出，它的目标是通过个人、行业和政策制定者的三方协作，保证用户设备不被恶意软件等感染，进而减少受感染设备的数量，提升用户使用网络服务的安全性。而支付宝与微软的合作，是全球范围内首次运用"设备健康模型"为消费者提供主动式安全防护的实例。

简单来说，当用户使用 Windows Vista 以上操作系统中的任何版本 IE 浏览器登录支付宝时，Windows 安全中心会将用户计算机的健康状态传递给支付宝。如果用户的防火墙没有打开，或者没有安装有效的病毒防护软件，支付宝会主动提醒用户，并引导用户打开防火墙或安装病毒防护。这将帮助用户有效地提升自身设备的安全性，并减少因缺乏安全保护导致感染的设备数量。此外，若用户没有按照提示去提升设备的安全防护级别，在进行网上支付时，支付宝会自动提升对该用户账号的安全保护级别，例如，要求用户在支付时额外接收并输入手机校验码等。同时，类似的服务将于近期扩展到 Windows Phone 移动设备上来，使用户能够通过本地信用卡、借记卡或支付宝，在 Windows Phone 应用商店更加安全地购买应用软件。

多项 IE10 新技术保障网络支付安全

提及计算机设备的安全防护，相信多数用户首先想到的是杀毒软件等传统安全保护工具。诚然，这些传统软件在保护计算机和用户信息中扮演着重要角色，但仅凭这些工具的安全机制并不完善。因此在全新的 IE10 浏览器中，改进并扩展了基于信用评级技术的 SmartScreen 安全筛选器技术：当用户浏览网页时，后台运行的 SmartScreen 筛选器能够分析网页并确定这些网页是否有值得怀疑的安全威胁特征。一旦发现可疑网页，SmartScreen 筛选器会即刻出现提示消息，提醒用户谨慎处理。此外，筛选器本身会自动对照由微软定期更新的钓鱼网站和恶意软件动态列表，检查当前用户访问的站点和从网络下载的文件是否与高危列表匹配，一旦 SmartScreen 筛选器找到匹配项将显示红色警告并通知用户该网站已被阻止。而对于网络支付安全来说，作为当前中国规模最大在线支付解决方案提供商的支付宝，一直以来都不断地提供安全名单给 IE 安全团队以丰富其下的 SmartScreen 列表，进一步提升用户网络支付时的安全基础。

仔细探索 IE10 的用户还会发现，在设置里多处开启"增强保护模式"的选项，进一步对浏览器权限加以限制，助力于保护用户网络支付安全。为了提供给用户一个更为纯净的支付环境，IE10 浏览器中添加了"请勿追踪（Do Not Track）"安全按钮，用户能够自行在浏览某些网站的时选择 DNT 模式，向服务器表明用户不希望被追踪，遵守该规则的网站就不会通过追踪用户的个人信息，来投放更加精准的在线广告，在互联网隐私被用户日渐重视的今天，此举为 IE10 赢得了更多的掌声。

值得一提的是，通过支付宝网站提供的安全联盟页面（https://securitycenter.alipay.com/sc/partner/browser.htm），IE10 用户在浏览器环境下即可独享通过 Windows 安全中心技术带来的现有支付环境安全检测，进一步确保支付前的安全条件。配合 IE 浏览器独有的 InPrivate 私密浏览模式，浏览历史、Cookies、网页临时文件及其他数据都不会被泄露。

支付宝和微软的这次合作，作为将目前计算机安全保护模式中被动修复转变为主动防御的关键一步，对网络支付平台的用户来说极为重要。当然，保障支付安全的决定权仍然掌握在用户自己手中，只有从源头上采取足够的安全措施，才能确保网络支付过程远离危险。

讨论与分析

根据上述案例，微软与支付宝构建的网络安全体系有何优势？而网络支付环境又存在哪些安全隐患？需要哪些措施来加强？

3．实务训练

（1）注册开通支付宝第三方支付平台账户。
（2）到支付宝网站查看支付的安全保障措施。
（3）到财付通和快钱网站查看支付的安全保障措施，并和支付宝进行对比。

实训说明

（1）本部分实训在课后进行。
（2）把财务通、支付宝和快钱网站的安全体系进行对比，记录成表格。

4．课后拓展

查询有关网络交易环境安全方面的新闻，看看最近的支付安全漏洞主要有哪些。

第 4 单元　网上支付的安全

 情景案例

张丽艳的困惑：既然网上支付过程中存在那么多的风险，那是不是应该拒绝网上交易呢？风险是不可避免的，要正确面对，及时预防，才可能提高网上支付的安全性，降低和避免损失。

任务思考

你是如何看待这些风险的？如何防范？

任务分析

网上支付的安全主要由银行等金融机构的安全体系水平决定。因此我们需要了解网上支付安全的风险有哪些，银行或第三方支付平台如何减少风险等知识，确保今后在操作过程中规范操作，理性地选择支付的支持机构。

本单元涉及的任务主要包括如何看待网上支付安全，哪里存在风险，如何减少危险等几方面。

相关链接

中国银行网银安全支招

安全性一直以来都是中国银行网银的首要考虑。为了保障客户的资金安全，中国银行网上银行采用了多重防护措施，形成了相对完善的安全机制，在国内业界处于领先水平。

登录安全：用户名+静态密码+验证码

交易安全：ETOKEN+手机交易码

交易安全：二代 USB Key

（1）在网上银行自助开通"中银 e 信"服务，定制网银登录、网银密码连续输错、转账汇款、预约指令结果通知等提醒短信，随时了解网银变动情况。

（2）在网上银行个人设定中设置"欢迎信息"，以有效识别真假网站。

（3）根据用户需求在网上银行个人设定中设定每日转账、缴费限额。

（4）每次使用网上银行后及时单击"退出"按钮，安全退出。

相关知识

1. 如何看待网上支付安全

网上支付对于很多人来说并不陌生。你也许通过某家商业银行的网上银行转账、支付交易保证金，或是通过一些专业的网上支付服务商（如"支付宝"）进行过网上购物在线支付。所有这些通过互联网进行的支付方式都是网上支付。

网上支付的受欢迎程度并不一致。一方面，很多人感受到互联网支付的快捷和方便，从而对网上支付情有独钟，他们觉得网上支付可以明显减少到银行的往来奔波之苦，可以免除排队的烦恼；另一方面，一部分人对网上支付退避三舍，不敢轻易尝试网上支付。经调查分析，不同人群对待网上支付的不同态度在很大程度上是由于他们对网上支付安全的担心程度不同所致。也就是说，对于后者，他们觉得网上支付需要更好的安全保障。

网上支付是在信息时代诞生的一种全新的支付结算方式。网上支付和其他新生事物一起，正悄悄地影响、改变着人们的生活方式和生活态度。任何新生事物刚刚出现的时候，由于人们对其了解甚少，容易产生排斥的心理。随着时间的推移，人们对这些新生事物了解的加深，将会逐渐习惯并接受。当前存在的不愿意使用网上支付的现象并不为怪。但是，人们对于网上支付的担忧折射出网上支付发展中还存在的缺陷，人们对网上支付安全的心理准备还不充分。客观地说，从目前网上支付的发展水平和出现的网上支付案例来看，现行的网上支付安全技术和手段已经比较成熟，绝大部分网上支付安全事件更多的是由于支付者缺乏必要的安全防范意识和技能所致。

2．哪里存在风险

人们对任何事物的关注点随该事物发展阶段变化而变化。在事物的不同发展阶段，风险点发生变化，社会对此的关注点也可能发生变化。对于网上支付，当前的主流方式是通过银行卡（包括信用卡、借记卡和支付卡等）这种支付工具，通过浏览器输入必要的支付认证信息，经发卡行认证授权后扣款完成在线支付。现阶段的支付风险主要存在于以下几方面。

（1）支付密码泄露。一旦攻击者通过某种方式得到支付密码，可以轻易地冒充持卡人通过互联网进行消费，给持卡人带来损失。这是人们对网上支付安全的主要担心所在。

（2）支付数据被篡改。在缺乏必要的安全防范措施情况下，攻击者可以通过修改互联网传输中的支付数据，达到谋利目的并制造互联网支付事件。例如，攻击者可以修改付款银行卡号、修改支付金额、修改收款人账号等。

（3）否认支付。网上支付是一个通过商业银行提供的网上结算服务将资金从付款人账户划拨到收款人账户的过程。对于资金划出操作，若付款人否认发出资金划出指令，商业银行将处于被动局面；对于资金划入操作，若商业银行否认资金划入操作，收款人将处于不利境地。

3．如何减少风险

降低风险需要根据风险点的不同特征采取不同的风险控制措施，由网上银行和第三方支付服务提供商为客户提供，具体包括客户动态密码、USB Key、数字证书（含第三方认证证书）、短信服务、预留信息验证、128 位 SSL 安全通信协议、图形码动态密码键盘等。其中，客户动态密码和 USB Key 为物理移动设备，难以被盗用，安全特征明显；短信服务是让客户了解账户变动情况；数字证书第三方认证是个人用户使用的电子签名安全认证，由第三方机构提供，主要是增强对交易过程中行为和责任的认定。通过几种方式的组合，增强了非法入侵和盗用的难度。另外还有一些其他的手段，一是加强实名验证，如淘宝（支付宝）实行了收款人身份证认证和银行卡认证，防范欺诈；二是第三方支付公司借鉴证券公司使用第三方存管，增强了客户资金安全性。

 相关链接

假冒 12306 网站又来了！网民订票惨遭欺诈

近日，一网民上网买动车票，不小心进入了一个钓鱼网站。该网友在微博上反映他的遭遇，不仅车票没买成，还被钓鱼网站骗走了 500 多元。据安全专家介绍，最近这类假冒 12306 网站、假冒火车票网站的钓鱼欺诈频发，专家提示：有购买火车票出行的网友，最好使用安全浏览器抢票，避免造成财产损失。

据该网友在微博上爆料,他是在某搜索引擎上输入"厦门动车网上订票"的关键词,随后单击第一条链接进入了一个与铁路部门订票官网极其相似的网站。很快就订了厦门至杭州的动车票,付了 283.5 元车费。随后客服发来短信,声称身份证填错,需重新付款,之前那笔会退款。网友仍未觉出异常,很快又按指示重新付了 283.5 元。直到去火车站,并没有订票的任何信息,他才发现被骗了。厦门火车站官方微博也于上午转发了这名网友的微博。

调查发现,这个调查网站似乎存在作息时间,白天搜索不到,只是到夜晚才又现身。据安全专家介绍,此类假冒 12306 的虚假购票网站,仿真度非常高,单从页面上很难甄别,往往是利用临近假期出行高峰作恶。据 360 互联网安全中心数据显示,近期由于中秋、国庆双节将至,此类虚假购票网站的数量大幅度提升,安全形势较为严峻。

安全专家表示,网购火车票时应避免直接使用搜索引擎提供的结果,在付款前要注意核对交易商户信息,并确保开启安全工具,配合鉴别交易网站的真伪。如果为图省心,可以选择直接登录中国铁路客户服务中心 www.12306.cn 购票。

 实践训练

1. 课堂讨论

(1)面对如此多的安全威胁,你还会选择网上支付吗?请说明理由。

(2)现阶段的支付风险主要有哪些?

(3)如何减少网上支付存在的风险?

2. 案例分析

国内网络支付风险低于万分之一

北京商报讯(记者 张绪旺),2013 年 5 月 31 日,国务院发展研究中心金融研究所副所长巴曙松在中国清算协会主办的"网络支付安全论坛"上指出,中国网络支付安全风险可控,而且趋势向好。

巴曙松认为,中国网络支付行业在短短十多年间从零自然增长到 4 万亿元规模,如果没有过硬的风险控制和强大的数据管理能力,这样的规模不可想象。

目前国内网络支付市场风险水平约为 0.01%,包括支付宝在内主流支付机构风险水平更是明显低于该水平,而这一风险水平在国际网络支付市场普遍为 1%~2%。而移动支付由于木马、病毒威胁更少,安全性要高于 PC 支付。

巴曙松指出,移动支付的快速崛起将给中国支付产业带来新一轮的机遇和挑战,安全与效率的平衡发展将成为中国未来支付实力的重要决定因素,国内支付企业的风险控制要注意安全与效率并重。

讨论与分析

网上支付给消费带来了很大的便利,同时消费者又必须面临层出不穷的安全威胁,那么网上支付与传统支付有哪些区别?

根据案例中的描述:"移动支付由于木马、病毒威胁更少,安全性要高于 PC 支付",你认同这句话吗?请阐述理由。

3．实务训练

（1）结合自身的实际情况，分析目前主要的网上支付安全威胁有哪些，如何避免？

（2）登录一些知名的电子商务网站，如京东商城、苏宁易购、当当网等，试着分析他们保证网上支付的安全管理策略。

实训说明

（1）本部分要求学生课后完成。

（2）课堂讨论自己周边的网上支付安全威胁问题。

4．课后拓展

上网查询中国和美国在网络安全交易方面的法律，并对两者进行比较。

知识小结

本章主要以各类案例为引导，介绍了网络交易面临的安全问题，以及现今主要的网络攻击，重点介绍了交易环境、交易对象、交易过程中的安全性问题，并说明了网上支付的安全措施。

网络支付要求具备：网络中资金流数据的保密性、网络中支付信息的完整性、信息的不可否认性和交易双方身份的真实性，才能保障安全。

网络攻击层出不穷，主要有病毒、口令破解、拒绝服务攻击和网络监听。

计算机病毒是编制者在计算机程序中插入的破坏计算机功能或者破坏数据，影响计算机使用并且能够自我复制的一组计算机指令或者程序代码，具有繁殖性、破坏性、传染性、潜伏性、隐蔽性和可触发性的特点。

口令破解是指黑客使用某些合法用户的账号和口令登录到目的主机，再实施攻击活动。

拒绝服务就是用超出被攻击目标处理能力的海量数据包消耗可用系统、带宽资源，致使网络服务瘫痪的一种攻击手段。

网络监听是一种监视网络状态、数据流程及网络上信息传输的管理工具，它可以将网络界面设定成监听模式，并且可以截获网络上所传输的信息。

交易环境的安全性要求客户机、通信信道和服务器都保障安全。

交易对象和交易过程的安全及网上支付的安全，都要求参与各方认清风险的主要来源，有的放矢地进行防范。

练习测试

1．名词解释

信息的保密性　信息的完整性　信息的不可否认性　口令入侵

拒绝服务攻击　网络监听　服务器　网上直接支付

2．选择题

（1）银行的安全风险主要包括（　　　）。

    A．经营风险   B．环境风险（如火灾、水灾）

    C．设备风险   D．技术风险

（2）计算机病毒的特点包括（　　　）。

    A．繁殖性   B．破坏性和传染性

    C．潜伏性和隐蔽性   D．可触发性

（3）Web 服务器上的漏洞主要有（　　　）。

    A．来自假冒交易网站的威胁   B．防火墙的攻击

    C．客户机已经成为"肉鸡"   D．用户操作不当

（4）电子商务交易的参与者不包括以下的（　　　）。

    A．支付网关   B．用户   C．商家   D．物流

（5）常见的网络攻击有（　　　）。

    A．网络监听   B．口令入侵   C．木马病毒   D．键盘记录器

3．简答题

（1）网络面临的安全问题有哪四类？

（2）电子商务交易系统中，支付网关的作用是怎样的？

（3）电子商务交易的流程是怎样的？

（4）现阶段的支付风险主要存在哪些方面？

（5）现阶段的支付风险如此多，如何减少风险呢？

4．论述题

（1）试分析网上交易安全的优势与劣势。

（2）请说明网上支付的安全性的未来发展趋势。

模块6

网络支付安全技术

学习目标

知 识 目 标

了解网上银行的产生历史、功能与应用

了解网上证券交易的内容及应用

了解网上保险的内容及应用

能 力 目 标

掌握在信息传递过程中使用安全加密技术的方法

能准确掌握数字证书的申请、下载和安装

素 质 目 标

养成严谨的职业道德素养

养成支付过程加强安全防护，采取安全技术的习惯

第 1 单元　网络安全防范

 情景案例

张丽艳同学所在的鹤乡职业技术学院开通了校园网，通过校园网可以进行选课、查询成绩和学习网上课程，校园网通过中国教育和科研计算机网（CERNET）与 Internet 互联，在享受 Internet 方便快捷的同时，也面临着遭遇攻击的风险。

电子商务更是在开放的互联网上进行的，其存在的安全隐患和漏洞更为严重。

 任务思考

面对日益猖獗的病毒黑客攻击，无论是移动端还是 PC 用户一旦中招，将遭遇无法挽回的损失，因此针对网络安全，应如何部署自己的安全防护网呢？

 任务分析

电子支付系统的安全性是用户能否放心网购的重要因素。无论是 PC 端，还是移动端，消费者都需要一个值得信赖的网络安全环境，因此从哪些方面构建安全网络就是非常重要的话题了。

构筑网络安全体系，要从两方面着手：一是采用一定的技术；二是不断改进管理方法。从技术角度看，目前常用的安全手段有内外网隔离技术、加密技术、身份认证、访问控制、安全路由等，这些技术对防止非法入侵系统起到了一定的防御作用。防火墙作为一种将内外网隔离的技术，普遍运用于校园网、电子商务网站等的安全建设中。

 相关知识

本单元主要描述网络安全规划的一般措施，如防火墙技术、病毒的防治与管理、物理安全控制，等等。

1. 网络安全规划

网络安全规划是在电子商务支付系统中对其安全性进行管理和保护敏感信息的资源而制定的一系列措施的总和。因为网络安全与网络应用是相互制约和影响的，网络应用需要安全措施的保护，但是安全措施过于严格，就会影响到应用的易用性。因此，部署网络安全措施之前，必须经过严格的规划。另外，网络安全的管理遍布网络的所有分支，包括设备安全、访问安全、服务器安全、客户端安全等。网络安全的具体措施有防火墙技术、病毒的防治与管理和物理安全控制。

2. 防火墙技术

1）防火墙的概念

防火墙是位于两个（或多个）网络间，实施网络间访问控制的一组组件的集合。防火墙的

英文名为"FireWall"，它是最重要的网络防护设备之一。

　　防火墙必须做到不同安全级别的网络或安全域之间的唯一通道，只有被防火墙策略明确授权的通信才可以通过，如图6-1所示，系统自身具有高安全性和高可靠性。

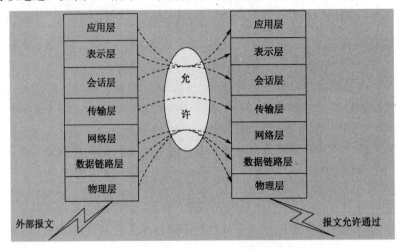

图6-1　防火墙策略授权通信通过

2）防火墙的功能

通俗来讲，防火墙的功能就是防火墙能做什么，不能做什么。

（1）防火墙能做什么。

① 实现安全策略：安全策略对哪些人和哪些行为被允许做出规定。例如，一个常见的安全策略是允许任何人访问公司服务器上的 Web 站点，但是不允许 Telnet 登录到服务器上。防火墙可以使用两种基本的安全策略：规则规定拒绝哪些访问，允许其余没规定的访问；规则规定允许哪些访问，拒绝其余没规定的访问。为了得到较高的安全性，一般采用第 2 个策略。

② 创建一个阻塞点：防火墙在一个公司私有网络和分网间建立一个检查点。这种实现要求所有的流量都要通过这个检查点。在该检查点防火墙设备就可以监视、过滤和检查所有进来和出去的流量。网络安全产业称这些检查点为阻塞点。

③ 记录网络活动：防火墙还能够监视并记录网络活动，并且提供警报功能。通过防火墙记录的数据，管理员可以发现网络中的各种问题。例如，通过查看安全日志，管理员可以找到非法入侵的相关记录，从而可以做出相应的措施。

④ 限制网络暴露：防火墙在网络周围创建了一个保护的边界，并且对于公网隐藏了内部系统的一些信息以增加保密性。当远程结点侦测你的网络时，他们仅仅能看到防火墙。远程设备将不会知道你内部网络的布局以及都有些什么。例如，防火墙的 NAT 功能可以隐藏内部的 IP 地址；代理服务器防火墙可以隐藏内部主机信息。

⑤ VPN 网关。虚拟专用网络（Virtual Private Network，VPN）是指在公用网络上建立专用网络的技术。校内网就是利用 VPN 网关与互联网相连接。

（2）防火墙不能做什么。防火墙并不能为网络防范一切，也不应该把它作为对所有安全问题的一个最终解决方案。除了懂得防火墙能保护什么非常重要外，懂得防火墙不能保护什么也是同等重要的。例如，不能控制不经防火墙的通信活动，无法控制内网中通信行为，不能进行深度的内容检测，不能控制物流故障，等等。

3）防火墙的种类

防火墙技术可根据防范的方式和侧重点的不同而分为很多种类型，但总体来讲可分为包过滤、应用级网关和代理服务器等几大类型。

（1）数据包过滤型防火墙。数据包过滤（Packet Filtering）技术是在网络层对数据包进行选择，选择的依据是系统内设置的过滤逻辑，被称为访问控制表（Access Control Table）。通过检查数据流中每个数据包的源地址、目的地址、所用的端口号、协议状态等因素，或它们的组合来确定是否允许该数据包通过。

数据包过滤型防火墙逻辑简单，价格便宜，易于安装和使用，网络性能和透明性好，它通常安装在路由器上。路由器是内部网络与 Internet 连接必不可少的设备，因此在原有网络上增加这样的防火墙几乎不需要任何额外的费用。

数据包过滤型防火墙的缺点：一是非法访问一旦突破防火墙，即可对主机上的软件和配置漏洞进行攻击；二是数据包的源地址、目的地址及 IP 的端口号都在数据包的头部，很有可能被窃听或假冒。

分组过滤或包过滤，是一种通用、廉价、有效的安全手段。之所以通用，是因为它不针对各个具体的网络服务采取特殊的处理方式；之所以廉价，是因为大多数路由器都提供分组过滤功能；之所以有效，是因为它能很大程度地满足企业的安全要求。

数据包过滤的优点是不用改动客户机和主机上的应用程序，因为它工作在网络层和传输层，与应用层无关。但其弱点也是明显的：据以过滤判别的只有网络层和传输层的有限信息，因而各种安全要求不可能充分满足；在许多过滤器中，过滤规则的数目是有限制的，且随着规则数目的增加，性能会受到很大的影响；由于缺少上下文关联信息，不能有效地过滤，如 UDP、RPC 一类的协议；另外，大多数过滤器中缺少审计和报警机制，且管理方式和用户界面较差；对安全管理人员素质要求高，建立安全规则时，必须对协议本身及其在不同应用程序中的作用有较深入的理解。因此，过滤器通常是和应用网关配合使用，共同组成防火墙系统。

（2）应用级网关型防火墙。应用级网关（Application Level Gateways）是在网络应用层上实现协议过滤和转发功能。它针对特定的网络应用服务协议使用指定的数据过滤逻辑，并在过滤的同时，对数据包进行必要的分析、登记和统计，形成报告。实际中的应用级网关通常安装在专用工作站系统上。

数据包过滤型和应用级网关型防火墙有一个共同的特点，就是它们仅仅依靠特定的逻辑判定是否允许数据包通过。一旦满足逻辑，则防火墙内、外的计算机系统建立直接联系，防火墙外部的用户便有可能直接了解防火墙内部的网络结构和运行状态，这有利于实施非法访问和攻击。

（3）代理服务器型防火墙。代理服务器（Proxy Service）也称链路级网关或 TCP 通道，也有人将它归于应用级网关一类。它是针对数据包过滤和应用级网关技术存在的缺点而引入的防火墙技术，其特点是将所有跨越防火墙的网络通信链路分为两段。防火墙内、外计算机系统间应用层的"链接"，由两个终止代理服务器上的"链接"来实现，外部计算机的网络链路只能到达代理服务器，从而起到了隔离防火墙内、外计算机系统的作用。

代理服务器也对过往的数据包进行分析、注册登记，形成报告，同时当发现被攻击迹象时会向网络管理员发出警报，并保留攻击痕迹。代理服务器型防火墙是内部网与外部网的隔离点，起着监视和隔绝应用层通信流的作用，同时也常结合过滤器的功能。它工作在 OSI 模型的最高层，掌握着应用系统中可用作安全决策的全部信息。

（4）复合型防火墙。由于对更高安全性的要求，常把基于包过滤的方法与基于应用代理的方法结合起来，形成复合型防火墙产品。这种结合通常是以下两种方案。

① 屏蔽主机防火墙体系结构：在该结构中，分组过滤路由器或防火墙与 Internet 相连，同时一个堡垒机安装在内部网络，通过在分组过滤路由器或防火墙上过滤规则的设置，使堡垒机成为 Internet 上其他结点所能到达的唯一结点，这确保了内部网络不受未授权外部用户的攻击。

② 屏蔽子网防火墙体系结构：堡垒机放在一个子网内，形成非军事化区，两个分组过滤路由器放在这一子网的两端，使这一子网与 Internet 及内部网络分离。在屏蔽子网防火墙体系结构中，堡垒机和分组过滤路由器共同构成了整个防火墙的安全基础。

3．病毒的防治与管理

预防计算机感染病毒，首先要明确病毒都有哪些种类，针对不同类型的病毒，治理的方法也不尽相同。

1）计算机病毒发作现象

怎样知道计算机感染了病毒呢？有以下几种现象。

（1）死机、黑屏、蓝屏或非法操作。

（2）应用软件不能运行。

（3）计算机速度明显下降。

（4）设备被禁用、数据不能保存。

（5）局域网环境下，能造成网络堵塞，服务器不能正常工作。

2）病毒的种类

大多数的病毒可以按照前缀名称不同分为以下几种。

（1）系统病毒。系统病毒的前缀为 Win32、PE、Win95、W32、W95 等。这些病毒的一般公有的特性是可以感染 Windows 操作系统的 *.exe 和 *.dll 文件，并通过这些文件进行传播，如 CIH 病毒。

（2）蠕虫病毒。蠕虫病毒的前缀是 Worm。这种病毒的公有特性是通过网络或者系统漏洞进行传播，很大部分的蠕虫病毒都有向外发送带毒邮件、阻塞网络的特性。例如，冲击波（阻塞网络），小邮差（发带毒邮件）等。

（3）木马病毒、黑客病毒。木马病毒前缀是 Trojan，黑客病毒前缀名一般为 Hack。木马病毒的公有特性是通过网络或者系统漏洞进入用户的系统并隐藏，然后向外界泄露用户的信息，而黑客病毒则有一个可视的界面，能对用户的计算机进行远程控制。木马、黑客病毒往往是成对出现的，即木马病毒负责侵入用户的计算机，而黑客病毒则会通过该木马病毒来进行控制，现在这两种类型都越来越趋向于整合。一般的木马，如 QQ 消息尾巴木马 Trojan.QQ3344，还有针对网络游戏的木马病毒，如 Trojan.LMir.PSW.60，都是整合木马病毒。这里补充一点，病毒名中有 PSW 或者 PWD 之类的，一般都表示这个病毒有盗取密码的功能（这些字母一般都为"密码"的英文"password"的缩写）。

（4）脚本病毒。脚本病毒的前缀是 Script。脚本病毒的公有特性是使用脚本语言编写，通过网页进行传播，如红色代码（Script.Redlof）。脚本病毒还会有如下前缀：VBS、Js（表明是何种脚本编写的），如欢乐时光（VBS.Happytime）、十四日（Js.Fortnight.c.s）等。

（5）宏病毒。其实宏病毒也是脚本病毒的一种，由于它的特殊性，因此在这里单独算成一类。宏病毒的第一前缀是 Macro，第二前缀是 Word、Word97、Excel、Excel97 其中之一。凡是只感染 Word97 及以前版本 Word 文档的病毒采用 Word97 作为第二前缀，格式是 Macro.Word97；凡是只感染 Word97 及以后版本 Word 文档的病毒采用 Word 作为第二前缀，格式是 Macro.Word；凡是只感染 Excel97 及以前版本 Excel 文档的病毒采用 Excel97 作为第二前缀，格式是 Macro.Excel97；凡是只感染 Excel97 及以后版本 Excel 文档的病毒采用 Excel 作为第二前缀，格式是 Macro.Excel，以此类推。该类病毒的公有特性是能感染 Office 系列文档，然后通过 Office 通用模板进行传播，如著名的美丽莎（Macro.Melissa）。

（6）后门病毒。后门病毒的前缀是 Backdoor。该类病毒的公有特性是通过网络传播，给系统开后门，给用户计算机带来安全隐患，如 IRC 后门 Backdoor.IRCBot。

（7）病毒种植程序病毒。这类病毒的公有特性是运行时会从体内释放出一个或几个新的病毒到系统目录下，由释放出来的新病毒产生破坏作用，如冰河播种者（Dropper.BingHe2.2C）、MSN 射手（Dropper.Worm.Smibag）等。

（8）破坏性程序病毒。破坏性程序病毒的前缀是 Harm。这类病毒的公有特性是本身具有好看的图标来诱惑用户点击，当用户点击这类病毒时，病毒便会直接对用户计算机产生破坏，如格式化 C 盘（Harm.formatC.f）、杀手命令（Harm.Command.Killer）等。

（9）玩笑病毒。玩笑病毒的前缀是 Joke，也称恶作剧病毒。这类病毒的公有特性是本身具有好看的图标来诱惑用户点击，当用户点击这类病毒时，病毒会做出各种破坏操作来吓唬用户，其实病毒并没有对用户计算机进行任何破坏，如女鬼（Joke.Girlghost）病毒。

（10）捆绑机病毒。捆绑机病毒的前缀是 Binder。这类病毒的公有特性是病毒作者会使用特定的捆绑程序将病毒与一些应用程序（如 QQ、IE）捆绑起来，表面上看是一个正常的文件，当用户运行这些捆绑病毒时，会表面上运行这些应用程序，然后隐藏运行捆绑在一起的病毒，从而给用户造成危害，如捆绑 QQ（Binder.QQPass.QQBin）、系统杀手（Binder.killsys）等。

3）计算机病毒的防治方法

要使计算机少中毒，必须遵循以下两个原则：一是安装一款好的防毒软件，如 360 杀毒软件，操作简单方便，对系统的病毒防护和修复功能都很好；二是养成良好的使用习惯，下载软件到官方网页，或者到自己熟悉的网站下载，不要浏览不良网站，不要随意打开陌生人的邮箱、网址链接等。

（1）防病毒软件。国内市场上主要有 360、瑞星、金山毒霸和 KV 杀毒软件。国外的防病毒软件有诺顿、卡巴斯基和 McAfee（俗称卖咖啡）等。国外的杀毒软件，内核强大，杀毒功能更强，界面简洁精干。国内的杀毒软件虽然在内核上无法与国外杀毒软件相媲美，但是在对付国产病毒、占用资源等方面又远远优于国外的杀毒软件。例如，卡巴斯基是国际上著名的老牌杀毒软件，杀毒功能强大，但是它占用的系统资源相对就要多一些，所以硬件配置不高的计算机用户并不适合使用卡巴斯基，使用占用资源很小的金山毒霸，效果反而会更好。

（2）查漏补缺。病毒能够轻松地进入用户的计算机，很大程度上是因为用户的计算机上没有任何的安全防御措施，并且该更新的补丁没有及时更新。因为病毒的作者必须要等待系统补丁发布以后才能对系统漏洞进行反编译，所以病毒一般是在补丁发布以后的一段时间才会出现。这个时候及时为系统打上补丁，成为了关键中的关键。因为在病毒肆虐之前为系统打上补丁，可以从根本上消除蠕虫病毒所带来的安全隐患。

（3）Windows Update 自动更新。Windows 例行检查可以保护计算机免受最新病毒和其他安全威胁攻击的更新。

（4）防止下载病毒。面对 Internet 如此海量的资源，特别是一些网络游戏的外挂中、小网站里的工具中和一些号称"免费"的网络资源中，经常隐藏有令人意料不到的东西。避免下载到病毒要养成良好的下载习惯，一般不要去一些小的网站下载，对任何下载的文件和程序都不要直接打开，而是先使用杀毒软件查毒后再打开。

 相关链接

钓鱼网站

根据国家互联网应急中心（CNCERT）在京举办的"2013 年我国互联网网络安全态势综述"发布会，跨平台钓鱼攻击出现并呈增长趋势，针对我国银行等境内网站的钓鱼页面数量和涉及的 IP 地址数量分别较 2012 年增长 35.4%和 64.6%，全年接收的钓鱼事件投诉和处置数量高达 10578 起和 10211 起，分别增长 11.8%和 55.3%。

曾一度被认为危害最高的网购木马却日趋衰落，钓鱼网站已取代了木马成网络安全头号杀手。业内人士表示，钓鱼网站数量的激增势头亟须相关部门尽快通过《网络信息保护的决定》议案。在网络安全问题日益严峻的情况下，国家相关部门正拟立法保护个人电子信息。

4．物理安全控制

物理安全面临的风险主要有几方面：因为水灾、火灾、地震等环境因素造成的系统安全风险；设备被盗、毁坏等造成的数据丢失风险；报警、治安等措施不力造成的安全风险。

相应的安全防范策略的主要目的是保护计算机系统、服务器、打印机等硬件实体和通信链路免受自然灾害、人为破坏和搭线攻击，确保计算机系统有一个良好的电磁兼容工作环境，防止非法进入计算机控制室和各种偷窃、破坏活动的发生。因此，建立完备的安全管理制度、具有良好的设备组合是物理安全要求的必要手段和措施。

那么，相应的安全防范策略有哪些呢？

（1）机房环境安全。为了使电子商务系统能正常运作，必须提供良好的工作场所，保证计算机机房的制度安全、建筑安全、设备防火和防盗措施等。

（2）对硬件的保护。计算机硬件系统是电子商务系统的组成部分之一。硬件防护非常重要，它一般是指在计算机硬件上采取相应措施或通过增加硬件设备来防护。例如，防静电、进行电磁屏蔽、存储器保护和输入/输出通道控制，等等。

 实践训练

1．课堂讨论

（1）网络安全规划有何意义？

（2）计算机病毒有哪些种类？

（3）常用的物理安全防范策略有哪些？

2．案例分析

"好声音"中奖背后的网络钓鱼陷阱

据 12321 举报中心监测，随着"中国好声音"第二季的热播，接到很多举报假冒"中国好声音"钓鱼的诈骗信息。不法分子往往通过欺诈短信发送虚假中奖钓鱼网站链接，谎称用户中巨奖，通过收取"手续费"等方式实施诈骗。更具隐蔽性的方式是通过发送诸如"中国好声音

征集选手通知"等信息进行诈骗。一旦用户轻信此类信息,就很容易被不法分子诱导进入钓鱼网站。

选秀节目的特殊性给网络钓鱼分子以更大的可乘之机:一方面,选秀节目注重节目与观众互动,常会有短信、微博互动,这些活动比较容易模仿,增加了甄别的难度;另一方面,现在不法分子的骗术越来越高明,制作的钓鱼网站也越来越逼真,用户的识别难度越来越大——例如,在最近检测到的一个钓鱼网站中,网站最左上角写的是江苏卫视官网,下边是"中国好声音"节目的图片,不仔细看很难发现其是一个钓鱼网站。

在点击这些网站之前,一定要保持理性的头脑,做好以下几点防护措施。

其一,大多数选秀节目组一直强调不会进行官方的抽奖活动,因此不要轻信所谓"中奖"、"抽奖"的信息。

其二,对于短信或网络上夹带的陌生链接,不要轻易点击,当需要了解节目信息时,应该尽量选择官方渠道。

其三,选择安装趋势科技 PC-cillin 2013 云安全版等具有钓鱼网站拦截技术的安全防护软件,规避相关风险。

讨论与分析

你是否遇到过钓鱼网站?面对网络钓鱼,网民应该如何防范?

3. 实务训练

访问网络银行网站,分析在网络银行所面临的种种风险中,你最看重哪种风险,并说明你的理由。

实训说明

(1)本实训教师可在课堂上进行演示,也可在授课后集中完成实训。

(2)比较一下各银行网站的安全体系级别,说说各自的优缺点。

4. 课后拓展

(1)上网查找电子商务安全技术,并思考这些技术的作用分别是什么。

(2)你的计算机中过病毒吗?你是如何解决此类问题的?

第 2 单元 加 密 技 术

情景案例

张丽艳同学在网上看到《纽约时报》网络版的一则报道:几年前,美国国家安全局(NSA)曾秘密地给一项国际性加密技术植入后门系统,让美国联邦特工可以破译任何采用该技术加密的数据。

报道称,2006 年美国国家标准技术局帮助开发了一项国际性加密技术,协助各国和各行各业防止其计算机系统遭到黑客攻击。但 NSA 在众多用户不知情的情况下,秘密地向这套技术植入了"后门系统"(Back Door),让联邦特工可以破译任何采用该技术加密的数据。

任务思考

防止计算机系统遭到黑客攻击的数据、信息的加密技术的原理是什么？如何保证信息的安全？光靠技术可行吗？

任务分析

数据加密的基本过程就是对原来为明文的文件或数据按某种算法进行处理，使其成为不可读的一段代码，通常称为"密文"，使其只能在输入相应的密钥之后才能显示出本来内容，通过这样的途径达到保护数据不被人非法窃取、阅读的目的。该过程的逆过程为解密，即将该编码信息转化为其原来数据的过程。

在互联网上进行文件传输、电子邮件商务往来存在许多不安全因素，尤其是一些机密文件在网络上传输时，除了加密外我们别无选择。而且这种不安全性是互联网存在基础——TCP/IP协议所固有的，包括一些基于 TCP/IP 的服务。解决上述难题的方案就是加密，加密后的口令即使被黑客获得也是不可读的，加密后的文件没有收件人的私钥无法解开，文件成为一大堆无任何实际意义的乱码。加密在网络上的作用就是防止有用或私有化信息在网络上被拦截和窃取。需要强调一点的就是，文件加密其实不只用于电子邮件或网络上的文件传输，也可应用于静态的文件保护，如 PIP 软件就可以对磁盘、硬盘中的文件或文件夹进行加密，以防他人窃取其中的信息。

相关知识

由于非法入侵者的侵入，造成商务信息被篡改、盗窃或丢失；商业机密在传输过程中被第三方获悉，甚至被恶意窃取、篡改和破坏；虚假身份的交易对象及虚假订单、合同；贸易对象的抵赖；由于计算机系统故障对交易过程和商业信息安全所造成的破坏。因此要解决信息安全问题，必须依靠信息安全技术。

1. 信息加密原理

（1）加密和解密。加密是指将数据进行编码，使它成为一种不可理解的形式，这种不可理解的内容称为密文。解密是加密的逆过程，即将密文还原成原来可理解的形式。在加密和解密过程中依靠两个元素，缺一不可，这就是算法和密钥。算法简单地说就是一步步的加密或一步步的解密过程，在这个过程中需要一串数字，这个数字就是密钥，如图 6-2 所示。

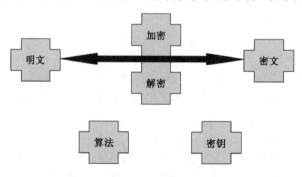

图 6-2　加密和解密

（2）密码系统的工作过程。发送方用加密密钥 K 和加密算法，对明文 M 进行加密，得到密文 M′，然后传输密文 M′。

接收方收到密文 M′，用解密密钥 K（与加密密钥成配对关系），对密文解密，得到原来的明文 M。而对于不知道密钥 K 的第三者，是无法破译密文的。而密码系统使用的密码体制，按密钥的形式可以分为两类：私有密钥密码技术和公开密钥密码技术。

 相关链接

古希腊人的加密方法

早在 4000 多年前，古希腊人就用一种名叫"天书"的器械来加密消息。该密码器械是用一条窄长的草纸缠绕在一个直径确定的圆筒上，明文逐行横写在纸带上，当取下纸带时，字母的次序就被打乱了，消息得以隐蔽。接收方阅读消息时，要将纸带重新绕在直径与原来相同的圆筒上，才能看到正确的消息。在这里圆筒就是加密器，起到了密钥的作用。

2. 私有密钥密码技术

私有密钥密码技术也称为对称加密技术，在这种体制中，发送方和接收方使用的密钥是相同的，即 $K_1=K_2$。

1）私有密钥密码技术体制的规则

（1）在首次通信前，双方必须通过另外的安全途径传递统一的密钥。

（2）当通信对象增多时，需要相应数量的密钥。

（3）对称加密是建立在共同保守秘密的基础之上的，在管理和分发密钥过程中，任何一方的泄密都会造成密钥的失效，存在着潜在的危险和复杂的管理难度。

2）私有密钥密码体制的代表算法

目前得到广泛应用的私有密钥密码体制的典型代表是 DES（Data Encryption Standard）算法。DES 是由"转置"方式和"换字"方式合成的私有密钥密码算法，其算法步骤如下所述。

（1）将明文分组，每个分组输入 64 位的明文。

（2）初始置换，初始置换过程与密钥无关，仅仅对 64 位码进行移位操作。

（3）迭代过程，共 16 轮运算，这是一个与密钥有关的对分组进行加密的运算。

（4）逆初始置换，它是第二步的逆变换，这个变换也不需要密钥。

（5）输出 64 位码的密文。

DES 算法在 1977 年作为数字化信息的加密标准，由美国商业部国家标准局制定，称为"数据加密标准"，并以"联邦信息处理标准公告"的名称于 1977 年 1 月 15 日正式公布。使用该标准，可以简单地生成 DES 密码。

3. 公开密钥密码技术

公开密钥密码技术也称为非对称加密技术，在这种体制中，加密密钥和解密密钥是不同的，即 $K_1 \neq K_2$，被称为公钥和私钥，私钥是发送者持有的，必须保密，而公钥是对外公开的，可以为接收方下载并使用。

1）公开密钥密码技术体制的规则

（1）非对称加密技术采用 RSA 算法，加密和解密使用两把密钥，一把称公钥，另一把称私钥。公钥对外公开，私钥由用户自己保密。

（2）解决密钥系统中密钥管理问题；可以与任何对象秘密通信；可以确认发送方的身份，具有"数字签名"的功能。

2）公开密钥密码体制的代表算法

公开密钥密码体制最早的代表算法是 1978 年出现的 RSA 算法，通常被称为 RSA 公钥加密算法。RSA 公钥加密算法是 1977 年由 Ron Rivest、Adi Shamirh 和 Len Adleman（在美国麻省理工学院）开发的。RSA 取名来自三位开发者的名字。

RSA 是目前最有影响力的公钥加密算法，它能够抵抗到目前为止已知的所有密码攻击，已被 ISO 推荐为公钥数据加密标准。RSA 算法基于一个十分简单的数论事实：将两个大素数相乘十分容易，但那时想要对其乘积进行因式分解却极其困难，因此可以将乘积公开作为加密密钥。目前，SET 协议中要求 CA 采用 2048 位长的密钥，其他实体使用 1024 位的密钥。

在公开密钥密码体制中，加密密钥（即公开密钥）PK 是公开信息，而解密密钥（即秘密密钥）IK 是需要保密的。加密算法和解密算法也都是公开的。虽然秘密密钥 IK 是由公开密钥 PK 决定的，但却不能根据 PK 计算出 IK。

 **实践训练**

1．课堂讨论

（1）数据加密技术的分类是怎样的？

（2）私有密钥密码技术的加密规则是什么？

（3）公开密钥密码技术的加密规则是什么？

2．案例分析

数据加密技术在加强 Twitter 全力应对安全威胁

据国外媒体报道，为了防范美国国安局（NSA）的监听入侵，保障自身和用户的数据安全，Twitter 在现有加密技术之外再增加名为 PFS（Perfect Forward Secrecy）技术，防止使用者和服务器之间的通信遭监听。

据悉，Twitter 早在 2011 年已采取全网站支持 HTTPS 加密，但是这种以密钥加密的方法有个问题，虽然外人或黑客看不到经过加密的信息，但只要录下通信内容，等日后找到密钥，还是能破解而读取到其中内容。

而 Twitter 使用的 PFS 是在 HTTPS 加密的基础上发展而成的。不同的是，HTTPS 之中服务器会发送一把公钥给用户端，未来它可和留在服务器的私钥配对而解密。但使用 PFS 加密的 HTTPS 信息中，服务器留存的私钥在用过一次后就会在特定时间内（如数分钟或数小时）被破坏，无法解密，而内容也会变成永远加密状态。因此即使 NSA 或黑客录下 Twitter 的资料，也无法单凭一把密钥破解全部内容。

作为最本源的防护手段之一，数据加密技术用来对抗监听入侵等数据窃取行为是最一劳永逸的做法。因为只要攻击者破译不了算法，拿到的就是一堆"废纸"。

讨论与分析

网络的各种应用给我们带来了极大的便利，但同时也使得我们的信息暴露在黑客攻击之下，如何加强这方面的保密工作，组织或机构应如何作为，让消费者放心？

3．实务训练

（1）上网或者查阅参考书，了解典型的数据加密算法。

（2）上网搜索下载 PGP 文件加密软件，了解其使用方法。

实训说明

（1）本部分要求学生课后完成。

（2）课堂讨论加密技术的优缺点。

4．课后拓展

利用 PGP 文件加密软件，进行文件加密和电子邮件加密发送。

第 3 单元 　数 字 签 名

 情景案例

张丽艳同学作为实习小组的组长，要协助老师做好有关实习的相关工作。一次实习结束后，老师给了张丽艳他们小组的实习补助费和一张明细表，请领取补助费的同学签名后交给老师。

 **任务思考**

张丽艳同学把实习补助费发给同学并请大家签名认可后，将实习补助费明细表交给了老师，签名的明细表可以证明补助费确实发放到了每位同学。那么，在网络的数据传输过程中，是否也可以采用类似的方法，实行签名来保障信息的真实呢？

 任务分析

在金融和商业等系统中，许多业务都要求在单据上进行签名或加盖印章，证实其真实性，以备日后检查，可是在利用计算机网络来传送报文时，显然不能用手签的方法，在计算机中可以采用数字签名的方法，利用公开密钥来实现数字签名，从而代替传统的签名。

为使数字签名能代替传统的签名，必须满足下面三个条件。

（1）接收者能够核实发送者对报文的签名。

（2）发送者事后不能抵赖对其报文的签名。

（3）接收者无法伪造对报文的签名。

相关知识

在传统交易过程中，双方可以通过公章和私章（或私人签名）来确保文件的不可抵赖的特性和法律效力，那么在计算机网络这个虚拟的世界中呢？又有什么样的方法来保证信息的不可抵赖特性和法律效力，本单元将讲述解决之道。

1. 数字签名

介绍数字签名技术之前，必须先解释一下数字指纹技术。

（1）数字指纹。数字指纹又称为数字摘要，该编码法采用单向 Hash 函数，将需加密的明文"摘要"成一串 128 位的密文。它有固定的长度，且不同的明文摘要成密文，结果总不同，而同样的明文其摘要必定一致，使不可修改性得以保证。这样，这串摘要便可成为验证明文真假的武器了。

（2）数字签名。数字签名技术的作用与书面文件签名有相同之处，能确认以下两点问题：其一，信息是由签名者发送的；其二，信息自签发后到收到为止未曾做过任何修改。这样，数字签名就可以用来防止电子信息因易被修改而有人伪造，或冒用他人名义发送信息，或发出信息后又加以否认等情况的发生。

数字签名的原理如图 6-3 所示。

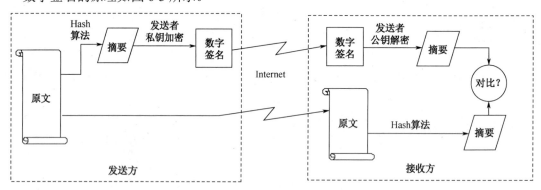

图 6-3　数字签名

（3）数字签名过程。

① 发送方用 Hash 编码加密产生 128 位的数字摘要。

② 发送方用自己的私钥对摘要加密，形成数字签名。

③ 将原文和加密的摘要同时传输给对方。

④ 接收方用授信方的公钥对摘要解密，同时对收到的信息用 Hash 编码加密产生又一摘要。

⑤ 将解密后的摘要与收到的信息在授信方重新加密后产生的摘要相互对比，若两者一致，则说明传输过程中信息没有被破坏或篡改过，否则不然。

另外，数字签名技术也可以用公开密钥密码技术实现，原理如下所述。

A→B:　PK_B　[　IK_A　（M）]

B→A:　IK_B　[　PK_A　（M）]

相关链接

越南海关开始使用数字签名技术

自 2013 年 11 月 1 日起，在越南办理电子海关手续时，必须使用自己在海关登记的数字签字在单据上进行数字签名。登记使用数字签名的所有企业、组织和个人，先要获得由越南信息传媒部所准许运作的数字签字供应商提供的数字签字，然后在越南海关总局电子门户网服务栏目注册，便可使用自己所注册的数字签字在越南全国各省市的海关局办理海关手续。

2. 数字时间戳

在电子商务交易中，时间和签名同等重要。数字时间戳 DTS（Digital Time Stamp）是由专门机构提供的电子商务安全服务项目，用于证明信息的发送时间。

用户将需要加上时间戳的文件用 Hash 算法加密形成摘要后，将摘要发送到 DTS，由 DTS在加入了收到文件摘要的日期和时间信息后，再对该文件加上数字签名即用自己的私钥加密，然后发回给用户。获得数字时间戳的用户就可以将它再发送给自己的商业伙伴以证明信息的发送时间。数字时间戳的获得过程如图 6-4 所示。

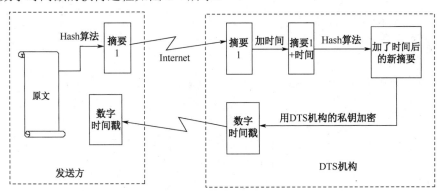

图 6-4　数字时间戳

实践训练

1. 课堂讨论

（1）为什么说 Hash 函数是数字签名的核心技术？
（2）数字签名能确认什么问题？
（3）数字时间戳的作用是怎样的？

2. 案例分析

电子签名开启保险移动服务新时代

随着科技不断进步，纸质保单逐渐向电子化演变，太平洋保险在国内率先推广电子签名技术以来，移动投保、移动理赔渐渐得以实现，目前国寿、平安、人保寿险等都在跟进研究或进行内部立项开发电子签名，该技术的应用将开启国内保险业移动服务的新时代。

过去保险投保与理赔，业务员都要拿上厚厚一沓单据，现在这种模式正在悄然改变。2012年11月，第一份通过电子签名的有效保单由太平洋保险签出，在短短一年时间内，电子签名已得到广泛应用，电子签名已在太平洋寿险全辖38家分公司全面上线。

太平洋寿险全功能移动应用平台"神行太保"在加载电子签名技术后，已催生移动销售、移动服务、移动理赔等多个业务领域的作业方式和服务模式，发生了根本性变革。值得一提的是，移动理赔在灾情发生的优势凸显，2013年"7·7"旧金山空难发生后，太平洋保险浙江衢州中心支公司借助电子签名功能，在理赔资料收集现场与客户确认了保险金理算结果与赔付方式，当场完成此次坠机事故国内"第一赔"。

客户在平板电脑上阅览确认《人身保险投保提示》、《电子投保单》等资料后，使用专业电容笔，在由国家法律认可的第三方数字认证机构提供的签名控件上签署姓名。控件把手写的电子签名影像化，再跟保单合同要素捆绑起来，交付给第三方认证机构实时进行数字化的加密和认证，该加密文件将同时保存在第三方数字认证机构和保险公司的系统内。

需要指出的是，这个电子文件并非正式合同，而是电子投保单，即客户的投保申请书。电子化认证以后，保险公司会再将其影像化，通过后台的集中出单中心把正式的保单打印出来，与手写保单一样。

电子签名将服务环节的手工纸质单证交接升级为电子化流转，可将原需三天才能完成的录单、收费、生效、制单、投递流程大大压缩，提升了客户的体验。电子签名技术的应用将进一步促进行业销售和服务模式转型，不仅实现投保全程无纸化，而且解决了传统纸质签名模式的安全性、时效性问题。对保险行业而言，这不仅是一项新的技术尝试，更是一场保险服务革命。

讨论与分析

电子签名应用领域具有广泛性吗？思考数字签名还可以应用在哪些方面。

3. 实务训练

（1）数字签名在现代电子商务交易中可以实现哪些作用？
（2）数字签名技术对保险服务行业的变革可以起到哪些作用？

实训说明

（1）本部分实训在课后进行。
（2）本实训主要以收集资料为主要的操作方法，随后可以在课堂讨论。

4. 课后拓展

上网了解各个国家数字签名技术的应用领域和应用水平。

第4单元 身份证明与认证技术

 情景案例

由于密码过于简单，张丽艳同学的QQ曾经被盗过，为了安全起见，她把密码设置成了字母和数字相结合的方式，又对邮箱、人人网等用户账号设置了不同的验证密码。无穷无尽且容

易被忘记的账号密码，是互联网繁荣带来的副产品，使用者都感到厌倦，渴望有一个密码之外的便捷验证手段。

谷歌最近加入一个身份验证新技术的联盟（FDIO），该联盟的宗旨是开发网民身份验证的新技术，用于登录网站或服务器，其中包括生物特征识别、语音识别、脸部识别、USB 验证令牌、NFC（近场通信技术）、一次性密码等。该联盟的成员还包括 PayPal、联想等。

谷歌研究人员描述了全新的身份识别技术，如可以用 USB 令牌插入计算机，代替账号密码登录网站。谷歌还表示未来的认证终端设备可以嵌入网民的戒指中。

 任务思考

你了解身份认证技术吗？平常生活中接触过吗？和传统的账号密码等身份认证技术相比，你会更喜欢这种身份认证技术吗？为什么？

 任务分析

身份认证是信息认证技术中十分重要的内容，它一般又涉及两方面的内容，一是识别，二是验证。所谓识别就是指要明确用户是谁，这就要求对每个合法的用户都要有识别能力。要保证识别的有效性，就需要保证任意两个不同的用户都具有不同的识别符。所谓验证就是指在用户声称自己的身份后，认证方还要对它所声称的身份进行验证，以防假冒。一般来说，用户身份认证可通过三种基本方式或其组合方式来实现。

（1）用户所知道的某种秘密信息，如用户知道自己的口令。

（2）用户持有的某种秘密信息（硬件），用户必须持有合法的随身携带的物理介质。例如，智能卡中存储用户的个人化参数，访问系统资源时必须要有智能卡。

（3）用户所具有的某些生物学特征，如指纹、声音、DNA 图案、视网膜，等等。

本单元涉及的任务主要包括了身份认证的分类、身份认证的具体方法。

 相关知识

1. 身份认证

身份认证是指在计算机网络中确认操作者身份的过程。身份认证可分为用户与主机间的认证和主机与主机之间的认证。用户与主机之间的认证可以基于如下一个或几个因素：用户所知道的，如口令、密码等；用户所拥有的，如印章、智能卡（如信用卡）等；用户所具有的生物特征，如指纹、声音、视网膜、签字、笔迹等。在网络交易过程中，身份认证对消费者和商家而言都是避免交易欺骗发生的重要保障。商家认证对于消费者来说，可以确保商品的来源、商品品质、商品售后服务等，使其放心地进行网上交易。消费者认证对于商家来说，可以确保货款的回收，交易过程顺利进行，等等。

1）身份认证的重要性

身份认证是证实用户的真实身份与其所声称的身份是否符合的过程。在计算机网络这个虚拟的数字世界中，一切信息包括用户的身份信息都是由一组特定的数据表示的，计算机只能识别用户的数字身份，给用户的授权也是针对用户数字身份进行的。如何保证以数字身份进行操

作的访问者就是这个数字身份的合法拥有者，即如何保证操作者的物理身份与数字身份相对应，就成为一个重要的安全问题。身份认证技术的诞生解决了这个问题。

2）身份认证技术的分类

（1）一般地，在信息系统中，身份认证技术可以分为以下几类。

① 根据是否使用硬件，可以分为软件认证和硬件认证。

② 根据认证需要验证的条件，可以分为单因子认证和双因子认证。

③ 根据认证信息可以分为静态认证和动态认证。

身份认证技术的发展，经历了从软件认证到硬件认证，从单因子认证到双因子认证，从静态认证到动态认证的过程。

（2）根据证明身份的认证信息不同，身份认证技术可以分为以下几类。

① 基于秘密信息的身份认证技术。所谓的秘密信息是指用户所拥有的秘密知识，如用户ID、口令、密钥等。其中用户名/口令是最常用的方式，也是一种极不安全的方式，口令设置通常过于简单，易受到攻击，口令传输也带来很大风险。为解决其安全传输，采用加密技术将其加密传输，包括基于账号和口令的身份认证、基于对称密钥的身份认证、基于密钥分配中心（KDC）的身份认证、基于公钥的身份认证、基于数字证书的身份认证等。

② 基于信物的身份认证技术。主要有基于信用卡、智能卡、令牌的身份认证等。智能卡也称为令牌卡，实质上是 IC 卡的一种。智能卡的组成部分与一台"普通"的计算机是相同的；包括作为智能部件的微处理器、存储器、输入/输出部分和软件资源。为了更好地提高性能，通常会有一个分离的加密处理器。程序和通用加密算法存放在 ROM 中。

③ 基于生物特征的身份认证技术。基于生理特征（如指纹、声音、虹膜等）的身份认证和基于行为特征（如步态、笔迹、签名等）的身份认证等。

3）身份认证技术的发展趋势

网络身份认证技术在未来的发展中应朝着高安全性、高速度、高稳定性、易用性、实用性及认证终端小型化等方向发展。其发展趋势可从以下几方面体现。

（1）生物认证技术。目前还没有一种生物特征认证技术的正确率能达到百分之百。如何通过提高硬件水平和改进识别算法来提高识别的正确率将是未来的研究热点。

（2）多因素认证。有效地结合各种单因素认证技术，可以提高身份认证的安全性能。基于Web 的口令认证与手机短信确认相结合双因素认证已投入应用；多种生物特征的多数据融合与识别技术也将是未来的发展方向。

（3）属性认证技术。属性认证技术主要是把基于属性证书的授权方案和认证技术相结合的认证授权方式，可以解决完全分布式的网络环境中身份认证与细粒度的权限分配问题。

身份认证是整个信息安全体系最基础的环节，身份安全是信息安全的基础。随着计算机技术的不断发展，在不久的将来会出现更多、更安全的身份认证技术。

2. 认证技术

身份认证的具体技术分为以下几种。

1）静态密码

用户密码由用户自己设定，在网络登录时输入正确的密码，计算机就认为操作者就是合法用户。实际上，由于许多用户为了防止忘记密码，经常采用诸如生日、电话号码等容易被猜测的字符串作为密码，或者把密码抄在纸上放在一个自认为安全的地方，这样很容易造成密码泄露。如果密码是静态的数据，在验证过程中，计算机内存和传输过程可能会被木马程序或在网络中被截获。因此，静态密码机制无论是使用还是部署都非常简单，但从安全性上讲，用户名/密码方式是一种不安全的身份认证方式。

2）智能卡

一种内置集成电路的芯片，芯片中存有与用户身份相关的数据，智能卡由专门的厂商通过专门的设备生产，是不可复制的硬件。智能卡由合法用户随身携带，登录时必须将智能卡插入专用的读卡器读取其中的信息，以验证用户的身份。

智能卡认证是通过智能卡硬件不可复制来保证用户身份不会被仿冒。然而由于每次从智能卡中读取的数据是静态的，通过内存扫描或网络监听等技术很容易截取到用户的身份验证信息，因此还存在安全隐患。

3）短信密码

短信密码以手机短信形式请求包含 6 位随机数的动态密码，身份认证系统以短信形式发送随机的 6 位密码到客户的手机上。客户在登录或者交易认证时候输入此动态密码，从而确保系统身份认证的安全性。短信验证具有以下优点。

（1）安全性。由于手机与客户绑定比较紧密，短信密码生成与使用场景是物理隔绝的，因此密码在通路上被截取的几率降至最低。

（2）普及性。只要会接收短信即可使用，大大降低了短信密码技术的使用门槛，学习成本几乎为零，所以在市场接受度上面不存在阻力。

（3）易收费。由于移动互联网用户天然养成了付费的习惯，这是和 PC 时代互联网截然不同的理念，而且收费通道非常发达，如果是网银、第三方支付、电子商务可将短信密码作为一项增值业务，每月通过 SP 收费不会有阻力，因此也可增加收益。

（4）易维护。由于短信网关技术非常成熟，大大降低短信密码系统上线的复杂度和风险，短信密码业务后期客服成本低，稳定的系统在提升安全性的同时也营造了良好的口碑效应，这也是银行大量采纳这项技术很重要的原因。

4）动态口令

目前最为安全的身份认证方式，是一种动态密码。动态口令牌是客户手持用来生成动态密码的终端，主流的动态口令是基于时间同步的，每 60 秒变换一次动态口令，口令一次有效，它产生 6 位动态数字进行一次一密的方式认证。

但是由于基于时间同步方式的动态口令牌存在 60 秒的时间窗口，导致该密码在这 60 秒内存在风险，现在已有基于事件同步的双向认证的动态口令牌。基于事件同步的动态口令，是以用户动作触发的同步原则，真正做到了一次一密，并且由于是双向认证，即服务器验证客户端，并且客户端也需要验证服务器，从而达到了彻底杜绝木马网站的目的。

由于它使用起来非常便捷，85%以上的世界 500 强企业运用它保护登录安全，广泛应用在 VPN、网上银行、电子政务、电子商务等领域。

5）USB Key

基于 USB Key 的身份认证方式是近几年发展起来的一种方便、安全的身份认证技术。它采用软硬件相结合、USB Key 一次一密的强双因子认证模式，很好地解决了安全性与易用性之间的矛盾。USB Key 是一种 USB 接口的硬件设备，它内置单片机或智能卡芯片，可以存储用户的密钥或数字证书，利用 USB Key 内置的密码算法实现对用户身份的认证。基于 USB Key

的身份认证系统主要有两种应用模式：一种是基于冲击/响应（挑战/应答）的认证模式；另一种是基于 PKI 体系的认证模式，运用于电子政务、网上银行。

6）生物识别

运用特定的技术，通过可测量的身体或行为等生物特征进行身份认证的一种技术。生物特征是指唯一的可以测量或可自动识别和验证的生理特征或行为方式。生物特征分为身体特征和行为特征两类。身体特征包括：指纹、掌型、视网膜、虹膜、人体气味、脸型、手的血管和DNA 等；行为特征包括：签名、语音、行走步态等。一般将视网膜识别、虹膜识别和指纹识别等归为高级生物识别技术；将掌型识别、脸型识别、语音识别和签名识别等归为次级生物识别技术；将血管纹理识别、人体气味识别、DNA 识别等归为"深奥的"生物识别技术。指纹识别技术应用广泛的领域有门禁系统、微型支付等。

 相关链接

USB Key 和动态口令产品

1）USB Key 的几种认证模式

（1）基于冲击/响应的认证模式。实际上就是对基于挑战/应答的动态口令机制的改进，将密钥存储在 USB Key 中，加密过程也在 USB Key 中进行，增大了安全性。

（2）基于 PKI 的数字证书的认证模式。USB Key 厂家将 USB Key 与 PKI 技术相结合，开发了符合 PKI 标准的安全中间件，利用 USB Key 来保存数字证书和用户私钥，并对应用开发商提供符合 PKI 标准的编程接口，以便开发基于 PKI 的应用程序。由于 USB Key 本身作为密钥存储器，其自身的硬件结构决定了用户只能通过厂商编程接口访问数据，这就保证了保存在USB Key 中的数字证书无法被复制。

（3）基于生物识别的认证模式。将 USB Key 与生物识别技术相结合，例如，指纹 USB Key，用指纹代替用户密钥。用户可选择将指纹模板存储于 Key 中或远程服务器端，分别采取 1：1或 1：N 比对模式，也可以两种认证模式同时采用，即先在 Key 中完成首次比对，再于服务器端完成二次比对，通过双重指纹认证，进一步提高安全级别。

2）动态口令产品

动态口令产品采用一种称为动态令牌的专用硬件，内置电源、密码生成芯片和显示屏。RSA SecurID 就是采用基于时间同步的动态口令生成技术。中国银行使用的动态口令产品就是 RSA SecurID700。

 实践训练

1．课堂讨论

（1）身份认证技术有哪些分类？

（2）身份认证技术的具体工具有哪些？

（3）USB Key 的作用是怎样的？

2. 案例分析

网银安全：USB Key 身份认证产品产生与发展

随着互联网和电子商务的发展，USB Key 作为网络用户身份识别和数据保护的"电子钥匙"，正在被越来越多的用户所认识和使用。目前市场上见到的 USB Key 按照硬件芯片不同可以分为使用智能卡芯片和不使用智能卡芯片两种，按照 CPU 是否内置加密算法又可以分为带算法和不带算法的 USB Key。一般我们把不带加密算法的称为存储型 USB Key，带加密算法的称为加密型 USB Key。

（1）软件保护思想的发展催生了 USB Key。USB Key 这个概念最早是由加密锁厂家提出来的，加密锁是用来防止软件盗版的硬件产品，加密锁的概念是使安装在计算机内的应用程序脱离加密锁硬件无法运行来达到保护软件不被盗版的目的。随着网络应用的不断深入和应用软件销售模式的改变，未来的软件用户可能不需要购买软件在本地计算机上安装运行，而是将要处理的数据通过网络上传到专门运行该软件服务的应用服务器上处理，再通过网络取得数据处理的结果，软件开发商通过提供该应用服务收取软件费用。这个时候，软件厂商面临的问题就不再是如何防止本地软件被复制，而是如何确认网络用户的身份和用户数据的安全。于是加密锁厂商提出了 USB Key 的概念，用于识别用户身份。

此后，随着电子商务和 PKI 应用的兴起，数字证书作为确认用户身份和保护用户数据的有效手段越来越被人们所接受。然而数字证书实质上表现为带有用户信息和密钥的一个数据文件，如何保护数字证书本身又成为 PKI 体系中最薄弱的环节。数字证书可以保存在各种存储介质上，如软盘、硬盘等。国内 CA 早期颁发的数字证书都是以软盘的形式发放，或者由用户从网络上下载，然后导入到系统中保存在硬盘上。然而，用软盘保存数据是非常不可靠和不安全的，软盘虽然便于携带，却非常容易损坏，而用硬盘保存数据虽然不容易损坏，但是不便于携带，更致命的是不论用硬盘还是用软盘保存数字证书都非常容易被复制或被病毒破坏。虽然一般数字证书都带有密码保护，然而一旦证书被非法复制，整个安全系统的安全性就降低到仅仅靠密码保护的级别。于是，专门用于存储秘密信息的 USB Key 就很自然地成为数字证书的最佳载体。

USB Key 厂家将 USB Key 与 PKI 技术相结合，开发出了符合 PKI 标准的安全中间件，利用 USB Key 来保存数字证书和用户私钥，并对应用开发商提供符合 PKI 标准的编程接口，如 PKCS#11 和 MSCAPI，以便于开发基于 PKI 的应用程序。由于 USB Key 本身作为密钥存储器，其自身的硬件结构决定了用户只能通过厂商编程接口访问数据，这就保证了保存在 USB Key 中的数字证书无法被复制，并且每一个 USB Key 都带有 PIN 码保护，这样 USB Key 的硬件和 PIN 码构成了可以使用证书的两个必要因子。如果用户 PIN 码被泄露，只要保存好 USB Key 的硬件就可以保护自己的证书不被盗用，如果用户的 USB Key 丢失，获得者由于不知道该硬件的 PIN 码，也无法盗用用户存在 USB Key 中的证书。与 PKI 技术的结合使 USB Key 的应用领域从仅确认用户身份，到可以使用数字证书的所有领域。

（2）与智能卡技术结合增强了 USB Token 的安全性。存储型的 USB Key 由于其硬件功能的限制，仅能实现简单的数据摘要算法，对于 PKI 中广泛使用的对称和非对称加密算法只能通过运行在 PC 上的中间件来实现，这样在加密和签名运算中用户的密钥就会出现在内存中，有可能被技术高超的黑客获取。随着用户对信息安全要求的提高，市场出现了由硬件实现加密运算的需求。智能卡技术的发展使得智能卡运算能力不断提高，出现了可以运行加密算法的智能卡。然而，以卡片形式存在的智能卡在使用时必须通过读卡器与计算机通信，非常不方便用户使用。于是出现了将智能卡芯片和读卡器结合在一起的 USB Key。带有智能卡芯片的 USB Key 可以通过内置的智能卡芯片在 Key 内部硬件实现 DES/3DES、RSA 加解密运算，并支持 Key 内生成 RSA 密钥对，杜绝了密钥在客户端内存中出现的可能性，大大提高了安全性。

随着电子政务和电子商务的发展，国内各地区和各行各业都建立了自己的 CA 并向各自的客户提供数字证书服务，使用数字证书的用户越来越多，由于 USB Key 在证书存储方面的优越性，越来越多的 CA 和用户选择了 USB Key 作为他们的证书存储介质。因此，随着 USB Key 市场的扩大，越来越多的厂家特别是原来的智能卡厂家进入 USB Key 的市场，从而带动了 USB Key 相关产业的发展和应用。

讨论与分析

USB Key 的使用对网上银行的操作有什么意义？你习惯使用 USB Key 吗？

3. 实务训练

（1）到银行柜台办理一个 USB Key 的网银账号。

（2）登录银行官方网站，使用 USB Key，并对比没有 USB Key 登录的区别。

实训说明

（1）本部分要求学生课后完成。

（2）进行课堂讨论。

4. 课后拓展

上网搜索一些身份识别的应用案例，了解身份识别的重要性，了解身份识别的应用领域和技术。

第 5 单元　数字证书与认证机构

情景案例

在前面的课程学习中，张丽艳同学发现"数字证书"的概念被反复提及。张丽艳同学课后在网上查询到了一些有关"数字证书"的信息。2013 年 11 月 26 日在北京召开了中国电子认证服务产业联盟工作年会暨电子签名应用创新研讨会，我国电子认证服务的范围不断扩大，CA 机构达到 33 家，覆盖范围扩大到各省市、自治区、直辖市。电子认证服务领域不断扩展，在包括网上报税、报关、土地交易监管等方面都有新的进展。截至目前，发放的数字证书数量达到 2.6 亿张。

任务思考

你用过数字证书吗？数字证书的作用是怎样的？如何使用呢？

任务分析

在电子商务网络交易中，数字证书是网络交易双方的身份证，拥有数字证书，就可以在网络中以规范严谨的身份进行信息的传递和商务交易，使得对方放心。而提供这种数字证书的机构称之为 CA（Certificate Authority）机构。

本单元涉及的任务主要包括数字证书的使用实例、数字证书的原理、CA 认证机构的作用功能。

相关知识

1．数字证书的概念

数字证书又称为数字标识，是一个经证书认证机构（CA）数字签名的包含用户身份信息及公开密钥信息的电子文件，即用电子手段来证实一个用户的身份和对网络资源访问的权限。它提供了一种在互联网上身份验证的方式，是用来标志和证明网络通信双方身份的数字信息文件。通俗地讲，数字证书就是个人或单位在互联网的身份证。

数字证书由作为第三方的法定数字认证中心（CA）签发，以数字证书为核心的加密技术可以对网络上传输的信息进行加密和解密、数字签名和签名验证，确保网上传递信息的机密性、完整性，以及交易实体身份的真实性、签名信息的不可否认性，从而保障网络应用的安全性。

数字证书的原理：数字证书采用公开密钥密码体制，即利用一对互相匹配的密钥进行加密、解密。每个用户自己设定一把特定的仅为本人所知的私有密钥，用它进行解密和签名；同时设定一把公共密钥并由本人公开，为一组用户所共享，用于加密和验证签名。当发送一份保密文件时，发送方使用接收方的公钥对数据加密，而接收方则使用自己的私钥解密。这样信息就可以安全无误地到达目的地了。

2．数字证书的内容

数字证书是一个经证书授权中心数字签名的包含公开密钥拥有者信息及公开密钥的文件。目前，证书的格式一般采用标准证书格式 X.509，数字证书包括以下内容。

（1）证书的版本信息。

（2）证书的序列号，每个证书都有一个唯一的证书序列号。

（3）证书所使用的签名算法。

（4）证书的发行机构名称。

（5）证书的有效期，现在通用的证书一般采用 UTC 时间格式，它的计时范围为 1950～2049。

（6）证书主题或使用者。

（7）证书所有人的公开密钥信息。

（8）其他额外的特别扩展信息。

（9）证书发行者对证书的数字签名。

在 Internet Explorer 浏览器中，可以查看数字证书的内容。其方法是：进入 IE 窗口，依次选择"工具→Internet→内容→证书"，然后选择一种证书类别，再在证书列表中选择一个证书，单击"详细信息"标签，即可查看所选数字证书的详细信息，如图 6-5 所示。

3．数字证书的安装

下面介绍如何在中国数字认证网进行数字证书的安装与导入。

中国数字认证网为个人或非营利性机构在线提供免费数字证书，供用户学习使用。免费数字证书的有效期限为一年，申请人无须支付证书使用费用，证书功能与正式证书一致。证书申请和发放采用在线处理的方式，用户可以在线完成证书的申请，并将证书下载安装到自己的计算机系统或数字证书存储介质中。免费数字证书所包含的内容是未经 CA 机构审核，不提供任何信用等级的保证，不适用于需要确认身份的商业行为，也不应该作为任何商业用途的依据。

（1）在电脑上将中国数字认证网设置成为"受信任的根证书颁发机构"。

中国数字认证网提供四种类型的数字证书："测试证书"、"免费证书"、"标准证书"和"企业证书"，使用不同的证书需要安装相应的根证书，设置"受信任的根证书颁发机构"的实质就是安装根证书。

访问中国数字认证网主页时，如果客户端没有安装根证书，系统会提示用户自动安装根证书，对于系统全部提示一定要选择确定安装（注意：浏览器 Internet 安全设置一定设置成默认的中级或以下安全级别，停止客户端的防火墙等工具中对 ActiveX 下载安装的拦截，如图 6-6 所示）。

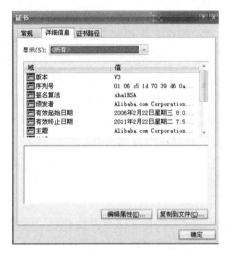
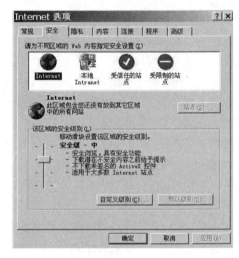

图 6-5　数字证书的详细信息　　　　　　　　图 6-6　Internet 安全设置

（2）登录中国数字认证网（www.ca365.com）。登录网站时会出现如图 6-7 所示的页面。

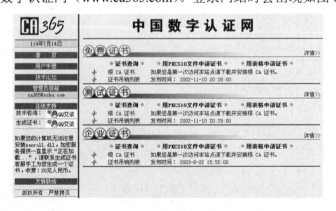

图 6-7　中国数字认证网

（3）首先下载根 CA 证书，如果之前根证书已经下载过，可以不必执行这一步，因为计算机已经有了认证所需要的根证书。如果没有下载过，首先单击左上角"根 CA 证书"，进行下载。然后选择"在文件的当前位置打开"。单击"确定"按钮，如图 6-8 所示。

（4）单击"安装证书"，如图 6-9 所示。

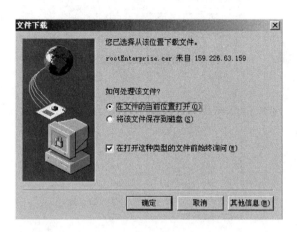

图 6-8　下载根证书

图 6-9　安装证书

（5）按照向导提示进行，在"根证书存储"窗口单击"是（Y）"按钮，如图 6-10 所示。

（6）根证书成功安装后成为"受信任的根证书颁发机构"。从浏览器的"工具"菜单中选择"Internet 选项"，然后选择"内容"标签，鼠标单击"证书"，然后选择"受信任的根证书颁发机构"标签，列表中应该有相应的根证书，如图 6-11 所示。

图 6-10　根证书储存

图 6-11　根证书安装成功

（7）证书成功申请后系统会返回您的证书"序列号"，需要提供证书的序列号，如图 6-12 所示。

（8）下载证书时选择"在文件的当前位置打开"，在"证书"窗口的"详细信息"里可以看到证书的"序列号"。或将证书保存到磁盘，在"资源管理器"里鼠标左键双击证书文件，也可以打开"证书"窗口，出现如图 6-13 所示的界面。

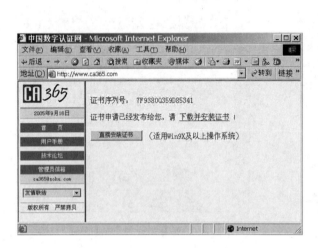 

图 6-12　获取证书序列号　　　　　　　　图 6-13　证书详细信息

（9）如果证书下载后成功安装，从浏览器的"工具"菜单中选择"Internet 选项"，然后选择"内容"标签，单击"证书"，然后选择"个人"标签，列表中应该有相应的根证书，如图 6-14 所示。

图 6-14　选择根证书

（10）选择所要证书，单击"导出"按钮，导出私钥，如图 6-15 所示。

（11）私钥为用户个人所有，不能给泄露其他人，否则别人可以用它以您的名义签名。如果是为了保留证书以备复制，选择"导出私钥"，如果为了给其他人您的公钥，为您发送加密邮件或其他用途，不要导出私钥。如果在申请证书时没有选择"标记密钥为可导出"，则不能导出私钥。如图 6-16 所示。

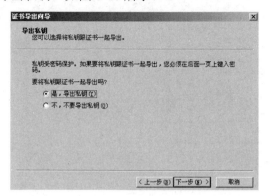 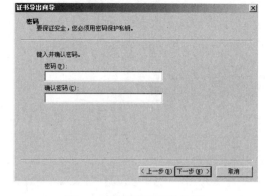

图 6-15　导出私钥　　　　　　　　　　图 6-16　设置密码保护私钥

（12）输入私钥保护密码，如果在申请证书时没有选择"启用严格密钥保护"，没有密码提示。输入文件名，按提示进行操作，如图 6-17 所示。

（13）按照"如何获得数字证书的序列号"介绍的方法，打开如图 6-14 所示的"选择根证书"窗口。单击"导入"按钮，输入文件名，按提示进行操作，就可以从数字证书文件中导入数字证书，如图 6-18 所示。

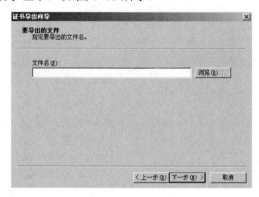 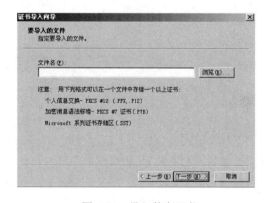

图 6-17　指定导出文件名　　　　　　　图 6-18　导入数字证书

4．数字证书的使用

下面通过一个存储在硬盘中的数字证书进行发送加密和签名电子邮件的演示。

（1）在 Outlook Express 中设定邮件。首先，打开 Outlook Express，然后选择菜单中的"工具"菜单中的"账户"选项，出现"Internet 账户"对话框，单击右边的"添加"按钮，选择"邮件"选项，如图 6-19 所示。

输入读者的邮件显示姓名，如"彭文波"；单击"下一步"按钮，输入读者的电子邮件地址（如 pwb2000@163.net）；单击"下一步"按钮，系统提示分别输入接收邮件服务器和发送邮件服务器的域名或 IP 地址，如本例分别为 163.net 和 smtp.163.net，如图 6-20 所示。关于 163 的邮件设置，可以参考 www.163.net 的站点邮件设置帮助文件。

继续单击"下一步"按钮，系统让读者输入登录到邮箱的账号和密码，如果是 163 账户，建议读者勾选"使用安全密码验证"。继续单击"下一步"按钮，可以看到成功设置了一个新的账户。

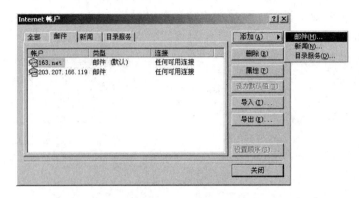

图 6-19　设定邮件

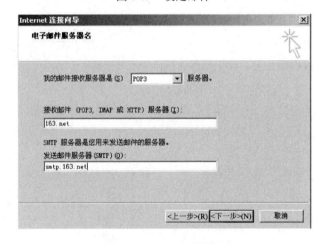

图 6-20　用户账号设置

（2）在 Outlook Express 中设置邮箱与数字证书的绑定。在 Outlook Express 6.0 中单击菜单中的"工具"，选择"账号"，选取"邮件"选项卡中的用于发送安全电子邮件的邮件账号，即刚才建立的账号"彭文波"，然后单击"属性"按钮，弹出"彭文波属性"对话框，如图 6-21 所示。

在图 6-22 中，选择"安全"标签，可以看到"签署证书"和"加密首选项"两栏，如图 6-22 所示。通过相关设置，可以进行邮件的签署和加密。

 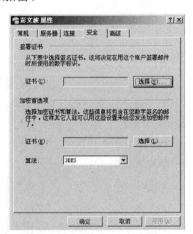

图 6-21　"彭文波属性"对话框　　　　图 6-22　签署和加密证书

继续图 6-22 中的设置，在"证书"选项后单击"选择"按钮。可以看到在 https：//testca.netca.net/上面申请的证书。选择数字证书，然后单击"确定"按钮完成邮箱与证书的绑定，也可以单击"查看证书"，了解自己证书的详细信息。

注意：如果单击"选择"按钮，没有相关的证书弹出来，请确认读者的证书已经正确安装且没有过期。同时要确认读者在 Outlook Express 中所设置的邮箱与读者在申请数字证书时所提供的邮箱一致。查看读者在申请数字证书时所提供的邮箱方法：在 Internet Explorer 中，依次单击"工具"中的"Internet 选项"，选择"内容"选项卡中的"证书"，选中读者的数字证书，单击"查看"，找到"详细信息"中的"主题"，就可以看到邮箱了。

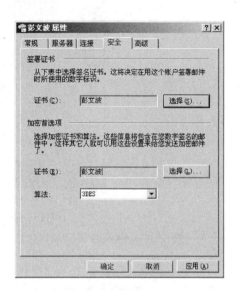

按照同样的方法，读者也可以在"加密首选项"中选中自己的证书。如图 6-23 所示，单击"确定"按钮，就可以准备发送加密电子邮件了。

（3）发送签名的电子邮件。发送加密邮件前必须先获得接收方的数字标识，可以首先让接收方发一份签名邮件来获取对方的数字标识，或者直接到电子商务安全认证中心的网站（如 http://www.cnca.net）去查询下载来获取对方的数字标识。

图 6-23　选中数字证书

启动 Outlook Express 6.0，单击"新邮件"按钮，撰写新邮件，如图 6-24 所示，同时选中右上方的"签名"或者"加密"选项。

单击"发送"按钮，签名邮件发送成功。当收件人收到并打开有数字签名的邮件时，将看到数字签名邮件的提示信息，单击"继续"按钮后，才可阅读到该邮件的内容，如图 6-25 所示。

图 6-24　发送签名电子邮件

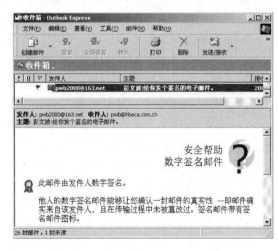

图 6-25　接收签名电子邮件

若邮件在传输过程中被他人篡改或发信人的数字证书有问题，将出现"安全警告"提示。收到邮件后，可以看到邮件的右边中间有一个小图标，单击即可看到相关的数字证书信息，包括把查看他的相关信息、把发信人的数字证书添加到自己的通讯簿等，如图 6-26 所示。

发送加密邮件的方法与发送签名邮件的方法类似，收取电子邮件实际上就是一个解密的过程，算法已经隐藏在后台运行了。通过这些具体的操作，对加密和解密也有了更加深刻的认识。

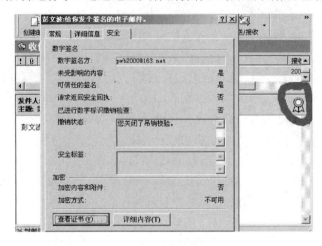

图 6-26 安全援助

5．数字证书的类型

从数字证书使用对象的角度分，目前的数字证书类型主要包括个人身份证书、企业或机构身份证书、支付网关证书、服务器证书、安全电子邮件证书、个人代码签名证书。这些数字证书特点各有不同。

从数字证书的技术角度分，CA 中心发放的证书分为两类：SSL 证书和 SET 证书。一般地说，SSL 证书（安全套接层）是服务于银行对企业或企业对企业的电子商务活动的；而 SET（安全电子交易）证书则服务于持卡消费、网上购物。虽然它们都是用于识别身份和数字签名的证书，但它们的信任体系完全不同，而且所符合的标准也不一样。简单地说，SSL 数字证书的功能作用是通过公开密钥证明持证人的身份。而 SET 证书的作用则是通过公开密钥证明持证人在指定银行确实拥有该信用卡账号，同时也证明了持证人的身份。

下面主要从对象角度介绍数字证书。

（1）个人身份证书。符合 X.509 标准的数字安全证书，证书中包含个人身份信息和个人的公钥，用于标识证书持有人的个人身份。数字安全证书和对应的私钥存储于 E-Key 中，用于个人在网上进行合同签订、订单、录入审核、操作权限、支付信息等活动中标明身份。

（2）企业或机构身份证书。符合 X.509 标准的数字安全证书，证书中包含企业信息和企业的公钥，用于标识证书持有企业的身份。数字安全证书和对应的私钥存储于 E-Key 或 IC 卡中，可以用于企业在电子商务方面的对外活动，如合同签订、网上证券交易、交易支付信息等方面。

（3）支付网关证书。支付网关证书是证书签发中心针对支付网关签发的数字证书，是支付网关实现数据加/解密的主要工具，用于数字签名和信息加密。支付网关证书仅用于支付网关提供的服务（Internet 上各种安全协议与银行现有网络数据格式的转换）。支付网关证书只能在有效状态下使用，支付网关证书不可被申请者转让。

（4）服务器证书。符合 X.509 标准的数字安全证书，证书中包含服务器信息和服务器的公钥，在网络通信中用于标识和验证服务器的身份。数字安全证书和对应的私钥存储于 E-Key 中。服务器软件利用证书机制保证与其他服务器或客户端通信时双方身份的真实性、安全性、可信任度等。

（5）企业或机构代码签名证书。代码签名证书是 CA 中心签发给软件提供商的数字证书，包含软件提供商的身份信息、公钥及 CA 的签名。软件提供商使用代码签名证书对软件进行签名后放到 Internet 上，当用户在 Internet 上下载该软件时，将会得到提示，从而可以确信：软件的来源；软件自签名后到下载前，没有遭到修改或破坏。代码签名证书可以对 32 位的.exe、.cab、.ocx、.class 等程序和文件进行签名。

（6）安全电子邮件证书。符合 X.509 标准的数字安全证书，通过 IE 或 Netscape 申请。用 IE 申请的证书存储于 Windows 的注册表中，用 Netscape 申请的存储于个人用户目录下的文件中。安全电子证书用于安全电子邮件或向需要客户验证的 Web 服务器表明身份。

（7）个人代码签名证书。个人代码签名证书是 CA 中心签发给软件提供人的数字证书，包含软件提供个人的身份信息、公钥及 CA 的签名。软件提供人使用代码签名证书对软件进行签名后放到 Internet 上，当用户在 Internet 上下载该软件时，将会得到提示，从而可以确信：软件的来源；软件自签名后到下载前，没有遭到修改或破坏。

6．认证机构

（1）基本概念。在电子交易中，数字证书的发放不是靠交易双方自己完成的，而是需要由一个具有权威性和公正性的第三方来完成。认证中心（CA）就是承担网上安全电子交易认证服务、签发数字证书并能够确认用户身份的服务机构。认证中心通常是企业性的服务机构，主要任务是受理数字证书的申请、签发数字证书及管理数字证书。认证中心依据认证操作规定，实施服务操作。

（2）认证中心举例。从 1999 年 8 月 3 日成立的我国第一家系统 CA 认证中心——中国电信 CA 安全认证系统起，目前我国已有 140 多家 CA 认证机构，但大都不具备合法身份。从 2004 年 8 月 8 日《中华人民共和国电子签名法》颁布以后，被工业和信息化部审批的合法 CA 机构已有 22 家。其中一些行业建成了自己的一套 CA 体系，如中国金融认证中心（CFCA）、中国电信 CA 安全认证系统（CTCA）等；还有一些地区建立了区域性的 CA 体系，如北京数字证书认证中心（BJCA）、上海电子商务 CA 认证中心（SHECA）、广东省电子商务认证中心（CNCA）、云南省电子商务认证中心（CNCA）等。

国外常见的 CA 有 VeriSign、GTE Cyber Trust、Thawte 等。

 **相关链接**

知名认证中心介绍

VeriSign（纳斯达克上市代码：VRSN）是一个提供智能信息基础设施服务的上市公司，总部位于美国加利福尼亚的山景（Mountain View）。

VeriSign 的数字信任服务通过 VeriSign 的域名登记、数字认证和网上支付三大核心业务，在全球范围内建立起了一个可信的虚拟环境，使任何人在任何地点都能放心地进行数字交易和沟通。而数字证书业务是其起家的核心业务，其 SSL 证书被全球 500 强中 93%的企业选用、在 EV SLL 中占有 75%的市场，全球前 40 大银行都选用，全球 50 大电子商务网站中有 47 个网站使用，共有超过 50 万个网站选用 VeriSign 的 SSL 证书来确保网站机密信息安全。VeriSign 面向网站、软件开发商和个人提供信任服务，这其中包括签发专门应对网站鉴别和加密的 SSL 服务器证书，VeriSign 通过强大的加密功能和严格的鉴权措施，保护着全世界超过 500 000 台 Web 服务器的安全，包括亚马逊、雅虎购物、美国在线在内的全球众多知名网站均安装了

VeriSign 的 SSL 服务器证书加强网站安全防护。

　　VeriSign 是全球最大的数字证书颁发机构，于 2000 年 1 月初以 5.76 亿美元完成收购 Thawte，当时 Thawte 已经占领了全球约 40%的市场分额。又于 2006 年 9 月以 1.25 亿美元完成收购 GeoTrust，当时 GeoTrust 约占全球 25%市场分额。VeriSign 通过与中国内地数字认证服务商天威诚信合作共同推进数字证书业务在国内的发展，提供包括服务器证书、代码签名证书、邮件证书等各类安全数字证书。国内众多网上银行、证券金融机构、购物网站均采用先进的数字认证技术保障网站信息的安全。

　　（3）认证中心的作用。

　　① 证书的颁发。认证中心接收、验证用户有关数字证书的申请，将申请的内容进行备案，并据此确定是否受理该数字证书的申请。如果中心接收该数字证书的申请，则进一步确定给用户颁发何种类型的证书。

　　② 证书的更新。认证中心可以定期或者根据用户的请求来更新用户的证书。

　　③ 证书的查询。证书的查询分为两类：一是证书申请的查询；二是用户证书的查询。

　　④ 证书的作废。当用户的私钥由于泄密等原因造成用户证书需要申请作废时，用户需要向认证中心提出证书作废的申请请求，认证中心根据用户的请求确定是否将该证书作废。另外一种情况是证书已经过了有效期，认证中心自动将该证书作废。

　　⑤ 证书的归档。证书具有一定的有效期，过了有效期之后就将作废，但不能将作废的证书简单丢弃，因为有时用户可能需要验证以前某个交易过程中产生的数字签名，这就需要查询作废的证书。基于此类考虑，认证中心还应当具备管理作废证书和作废私钥的功能。

 **实践训练**

1. 课堂讨论

　　（1）数字证书的内容有哪些？
　　（2）什么是数字证书？
　　（3）认证中心的作用是什么？

2. 案例分析

浙江 8 成企业拥有数字证书　年检报税可"一证通"

　　截至 2013 年 11 月，浙江 8 成以上工商注册企业已申领企业数字证书，通过企业数字证书可进行网上办事，包括年检、报税和社保等 20 多个项目。

　　打开浙江晨泰科技股份有限公司的企业网站，网站首页的下端有一个"网络工商"红盾标识，点击进入，即是一张电子化的企业营业执照，公司注册信息、年检信息、经营范围、法定代表人等信息一览无余。

　　这是浙江省推出的企业数字证书，是嵌入企业基本注册信息的电子签名认证证书，它具有企业身份认证、电子签名、数据加密等基本功能。有了这种"电子营业执照"，客户或消费者在与企业进行网络交易时，就可确定这个网站是在工商部门注册的合法企业。

　　除了提高网络和电子商务信用度，企业申领"数字证书"，等于领到了一张网上"身份证"。企业只需"一证在手"，即可通过其电子签名功能，直接在提交的电子材料中加盖有法律效应的电子公章，实现网上审批、网上执法、电子招投标等政务事项。

统计显示，目前浙江已有 85% 以上的工商注册企业申领了企业数字证书，拥有了合法的网络通行证，其中，有 35 万家企业已通过企业数字证书进行网上办事。

据悉，浙江企业数字证书开通了在线银行账户年检业务，使电子政务的"一证通用"得到再次延伸，覆盖了电子政务、电子商务及电子金融领域。而其内嵌的企业电子执照与电子签章，还可以帮助企业实现跨地域签署电子合同。

讨论与分析

数字证书的应用和本身的分类有很大的关联，本案例中提到的企业数字证书，平常我们没有接触过，现在如果要求你去应用企业数字证书，你觉得应该怎样操作？企业数字证书又有什么作用？

3．实务训练

（1）访问数字证书 CA 机构网站。
（2）登录其中一个网站，如中国数字认证网站，申请个人免费数字证书。
（3）查看该数字证书的功能，并下载安装。
（4）和同学之间进行加密签名电子邮件的发送。

实训说明

（1）本部分要求学生课后完成。
（2）课堂讨论解决遇到的问题。

4．课后拓展

上网搜索一些 CA 认证机构，了解 CA 认证机构提供的产品主要有哪些，有什么作用。

第 6 单元　公钥基础设施 PKI

 ## 情景案例

张丽艳同学想将一份文件通过 Internet 发给远在国外的亲戚，此文件对双方异常重要，不能有丝毫差错，不能让其他人得知其内容。通过上面的学习，张丽艳同学想用加密的方法进行发送，为了提高 E-mail 通信的安全性，可利用 PKI 的私钥、公钥来对 E-mail 通信进行加密、解密。

 ## 任务思考

公钥基础设施 PKI 是做什么的？有什么优势？

 ## 任务分析

自 1976 年第一个正式的公共密钥加密算法诞生后，20 世纪 80 年代初期出现了非对称密

钥密码体制，即公钥基础设施 PKI（Public Key Infrastructure）。

　　PKI 技术采用证书管理公钥，通过第三方的可信任机构——认证中心 CA，把用户的公钥和用户的其他标识信息（如名称、E-mail、身份证号等）捆绑在一起，在 Internet 上验证用户的身份。通用的办法是采用基于 PKI 结构结合数字证书，证书中含有公钥和私钥信息。PKI 的用户都拥有自己的一对公钥和私钥，利用私钥签发发出信息或者私钥解密接收信息，而其他用户利用对应公钥发送或接收信息。通过把要传输的数字信息进行加密，保证信息传输的保密性、完整性，签名保证身份的真实性和抗抵赖性。

　　本单元涉及的任务主要包括 PKI 的组成、PKI 的原理、PKI 的功能和优势。

相关知识

1．PKI 组成部分

　　PKI 即"公钥基础设施"，是一种遵循既定标准的密钥管理平台，它能够为所有网络应用提供加密和数字签名等密码服务及所必需的密钥和证书管理体系，简单来说，PKI 就是利用公钥理论和技术建立的提供安全服务的基础设施。PKI 技术是信息安全技术的核心，也是电子商务的关键和基础技术。

　　PKI 是提供公钥加密和数字签名服务的系统或平台，目的是为了管理密钥和证书。一个机构通过采用 PKI 框架管理密钥和证书可以建立一个安全的网络环境。PKI 主要包括五部分：X.509 格式的证书（X.509 V3）和证书废止列表 CRL（X.509 V2）；CA 操作协议；CA 管理协议；CA 政策制定。一个典型、完整、有效的 PKI 应用系统至少应具有以下五部分。

　　（1）认证中心 CA。CA 是 PKI 的核心，CA 负责管理 PKI 结构下的所有用户（包括各种应用程序）的证书，把用户的公钥和用户的其他信息捆绑在一起，在网上验证用户的身份，CA 还要负责用户证书的黑名单登记和黑名单发布。

　　（2）X.500 目录服务器。X.500 目录服务器用于发布用户的证书和黑名单信息，用户可通过标准的 LDAP 协议查询自己或其他人的证书和下载黑名单信息。

　　（3）具有高强度密码算法（SSL）的安全。WWW 服务器 Secure Socket Layer（SSL）协议最初由 Netscape 企业发布，现已成为网络用来鉴别网站和网页浏览者身份，以及在浏览器使用者及网页服务器之间进行加密通信的全球化标准。

　　（4）Web（安全通信平台）。Web 有 Web Client 端和 Web Server 端两部分，分别安装在客户端和服务器端，通过具有高强度密码算法的 SSL 协议保证客户端和服务器端数据的机密性、完整性、身份验证。

　　（5）自开发安全应用系统。自开发安全应用系统是指各行业自开发的各种具体应用系统，如银行、证券的应用系统等。完整的 PKI 包括认证政策的制定（包括遵循的技术标准、各 CA 之间的上下级或同级关系、安全策略、安全程度、服务对象、管理原则和框架等），认证规则、运作制度的制定，所涉及的各方法律关系内容，以及技术的实现，等等。

2．PKI 的原理

　　公钥基础设施 PKI 的原理，顾名思义 PKI 是基于公钥密码技术的。对于普通的对称密码学，加密运算与解密运算使用同样的密钥。通常，使用的加密算法比较简便高效，密钥简短，破译极其困难，由于系统的保密性主要取决于密钥的安全性，所以，在公开的计算机网络上安全地

传送和保管密钥是一个严峻的问题。正是由于对称密码学中双方都使用相同的密钥，因此无法实现数据签名和不可否认性等功能。而与此不同的是非对称密码学，具有两个密钥，一个是公钥，另一个是私钥。它们具有这种性质：用公钥加密的文件只能用私钥解密，而私钥加密的文件只能用公钥解密。公钥顾名思义是公开的，所有人都可以得到它；私钥是私有的，不应被其他人得到，具有唯一性。这样就可以满足电子商务中需要的一些安全要求。例如，要证明某个文件是特定人的，特定人就可以用他的私钥对文件加密，别人如果能用他的公钥解密此文件，说明此文件就是这个人的，这就可以说是一种认证的实现。还有如果只想让某个人看到一个文件，就可以用此人的公钥加密文件然后传给他，这时只有他自己可以用私钥解密，这可以说是保密性的实现。基于这种原理还可以实现完整性，这就是 PKI 所依赖的核心思想。

在现实生活中，如果我们想给某个人在网上传送一个机密文件，该文件只想让那个人看到，我们可以用对称密码将文件加密，在我们把加密后的文件传送给他后，必须得让他知道解密用的密钥，这样就出现了一个新的问题，就是如何保密地传送该密钥，此时我们发现传输对称密钥也不可靠。若改用非对称密码的技术加密，问题就解决了。然而又有一个新的问题产生了，就是如何才能确定这个公钥就是这个人的，假如我们得到了一个虚假的公钥，例如，我们传给 A 一个文件，于是开始查找 A 的公钥，但是这时 B 从中捣乱，他用自己的公钥替换了 A 的公钥，让我们错误地认为 B 的公钥就是 A 的公钥，导致我们最终使用 B 的公钥加密文件，结果 A 无法打开文件，而 B 可以打开文件，这样 B 实现了对保密信息的窃取。因此就算是采用非对称密码技术，仍旧无法保证保密性的实现，那我们如何才能确定得到我们想要的公钥呢？这时我们自然想到需要一个仲裁机构，或者说是一个权威的机构，它能为我们准确无误地提供我们需要的公钥，这就是 CA。

这实际上也是应用公钥技术的关键，即如何确认某个人真正拥有公钥（及对应的私钥）。在 PKI 中，为了确保用户的身份及他所持有的密钥的正确匹配，公开密钥系统需要一个值得信赖而且独立的第三方机构充当认证中心（CA），来确定公钥拥有人的真正身份。就像公安局发放的身份证一样，认证中心发放一个称为"数字证书"的身份证明。这个身份证书包含了用户身份的部分信息及用户所持有的公钥。向公安局对身份证盖章一样，认证中心利用本身的私钥为数字证书加上数字签名。任何想发放自己公钥的用户，可以去认证中心申请自己的证书。认证中心在鉴定该人的真实身份后，颁发包含用户公钥的数字证书。其他用户只要能验证证书是真实的，并且信任颁发证书的认证中心，就可以确认用户的公钥。认证中心是公钥基础设施的核心，有了大家信任的认证中心，用户才能放心方便地使用公钥技术带来的安全服务。

3. PKI 的功能

一个完整的 PKI 产品应具备以下功能，如图 6-27 所示。根据 X.509 标准发放证书，证书与 CA 产生密钥对，密钥备份及恢复，证书、密钥对的自动更换，加密密钥和签名密钥的分隔，管理密钥和证书，支持对数字签名的不可抵赖性，密钥历史的管理，为用户提供 PKI 服务，例如，用户安全登录、增加和删除用户、

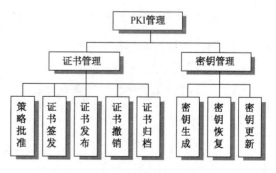

图 6-27 PKI 管理的功能模块

恢复密钥、检验证书等。其他相关功能还包括交叉认证、支持 LDAP 协议、支持用于认证的

智能卡等。此外，PKI 的特性融入各种应用（如防火墙、浏览器、电子邮件、群件、网络操作系统）也正在成为趋势。

4．PKI 的优势

PKI 作为一种安全技术，已经深入到网络的各个层面。这从一个侧面反映了 PKI 强大的生命力和无与伦比的技术优势。PKI 的灵魂来源于公钥密码技术，使得网络上的数字签名有了理论上的安全保障。围绕着如何用好这种非对称密码技术，数字证书破壳而出，并成为 PKI 中最为核心的元素。PKI 的优势主要表现在以下几方面。

（1）采用公开密钥密码技术，能够支持可公开验证并无法仿冒的数字签名，从而在支持可追究的服务上具有不可替代的优势。这种可追究的服务也为原发数据完整性提供了更高级别的担保。支持可以公开地进行验证，或者说任意的第三方可进行验证，能更好地保护弱势个体，完善平等的网络系统间的信息和操作的可追究性。

（2）由于密码技术的采用，保护机密性是 PKI 最得天独厚的优点。PKI 不仅能够为相互认识的实体之间提供机密性服务，同时也可以为陌生的用户之间的通信提供保密支持。

（3）由于数字证书可以由用户独立验证，无须在线查询，原理上能够保证服务范围的无限制扩张，这使得 PKI 能够成为一种服务巨大用户群的基础设施。PKI 采用数字证书方式进行服务，即通过第三方颁发的数字证书证明末端实体的密钥，而不是在线查询或在线分发。这种密钥管理方式突破了过去安全验证服务必须在线的限制。

（4）PKI 提供了证书的撤销机制，从而使得其应用领域不受具体应用的限制。撤销机制提供了在意外情况下的补救措施，在各种安全环境下都可以让用户更加放心。另外，因为有撤销技术，不论永远不变的身份，还是经常变换的角色，都可以得到 PKI 的服务而不用担心被窃后身份或角色被永远作废或被他人恶意盗用。为用户提供"改正错误"或"后悔"的途径是良好工程设计中必须的一环。

（5）PKI 具有极强的互联能力。不论是上下级的领导关系，还是平等的第三方信任关系，PKI 都能够按照人类世界的信任方式进行多种形式的互联互通，从而使 PKI 能够很好地服务于符合人类习惯的大型网络信息系统。PKI 中各种互联技术的结合使建设一个复杂的网络信任体系成为可能。PKI 的互联技术为消除网络世界的信任孤岛提供了充足的技术保障。

 实践训练

1．课堂讨论

（1）PKI 的组成有哪些部分？
（2）PKI 的原理是怎样的？
（3）PKI 的功能是什么？有哪些优势？

2．案例分析

国内 PKI 建设现状

我国的 PKI 技术从 1998 年开始起步，由于政府和各有关部门近年来对 PKI 产业的发展给予了高度重视，2001 年 PKI 技术被列为"十五"、"863 计划"信息安全主题重大项目，并于同

年 10 月成立了国家"863 计划"信息安全基础设施研究中心。我国也在制定新的计划来支持 PKI 产业的发展，在国家电子政务工程中明确提出了要构建 PKI 体系。2004 年 8 月 28 日，十届全国人大常委会第十一次会议表决通过了电子签名法，规定电子签名与手写签名或者盖章具有同等的法律效力。这部法律的诞生极大地推动了我国的 PKI 建设。

自从 1998 年国内第一家以实体形式运营的上海 CA 中心（SHECA）成立以来，PKI 技术在我国的商业银行、政府采购及网上购物中得到了广泛应用。目前，国内的 CA 机构分为区域型、行业型、商业型和企业型四类；各省市建立了区域 CA，部分部委建立了行业 CA。其中全国性的行业 CA 中心有中国金融认证中心 CFCA、中国电信认证中心 CTCA 等。区域型 CA 有上海 CA 中心、广东电子商务认证中心等。但是，我国的 PKI 建设还处于起步阶段，存在不少亟需解决的问题，主要有以下几方面。

（1）缺乏国家统一指导，管理问题突出，至今尚未建立权威的管理部门。分散的 CA 规模小，利用率低，低估了建设 CA 的社会责任和经济责任。

（2）各种来源不同、层次不齐的技术供应厂商大量涌现，亟待研究具有我国自主知识产权的基础技术和标准体系。在尚未确立国家标准的情况下，各家在建立 CA 的过程中对技术标准和管理规范的理解有较大差距，并且各家 CA 基本处于互相分割状态，成为互不关联的信任孤岛，尚未形成完整的国家 PKI 体系。

（3）缺乏有力的法律支持。可喜的是电子签名法的确立让我们看到了希望。

我国正在拟订全面发展国内 PKI 建设的规则，其中包括国家电子政务 PKI 体系和国家公共 PKI 体系的建设。我国将组建一个国家 PKI 协调管理委员会来统管国内的 PKI 建设，由它来负责制定国家 PKI 管理政策、国家 PKI 体系发展规划，监督、指导国家电子政务 PKI 体系和国家公共 PKI 体系的建设、运行和应用。据有关机构预测，电子政务的外网 PKI 体系建设即将展开，在电子政务之后，将迎来电子商务这个 PKI 建设的更大商机，中国的 PKI 建设即将迎来大发展。

讨论与分析

PKI 的未来发展前景如何？我国 PKI 体系在发展过程中面临什么问题？

3．实务训练

（1）上网搜索 PKI 的应用。
（2）探讨 PKI 发展的主要瓶颈。

实训说明

（1）本部分要求学生课后完成。
（2）课堂讨论。

4．课后拓展

上网搜索 PKI 发展历史，了解 PKI 对于电子商务的重要意义。

知识小结

本模块主要讲述了网络安全防范及常用的网络安全工具，介绍应对此类安全问题的安全技术、加密技术、数字签名技术、身份认证技术、数字证书技术及 PKI。在这些安全技术的作用下，网络交易过程中出现的安全风险相应地降低了很多，商家得到了信任，客户得到了保障。

安全认证是维持电子商务活动正常进行的保证，它涉及安全管理、加密处理、PKI 认证等重要内容，是解决电子商务交易安全与信任问题的基石。数字证书作为网上交易双方真实身份证明的依据，是一个经认证机构数字签名的、包含证书申请者（公开密钥拥有者）个人信息及公开密钥信息的电子文件，通过采用国际上最先进的安全保密技术对网络上的数据发送方、接收方进行身份、资信确认，保证交易各方信息的安全性、保密性和可靠性。

PKI 是一种新的安全技术，它由公开密钥密码技术、数字证书、证书发放机构（CA）和关于公开密钥的安全策略等基本成分共同组成的。PKI 是建立在公共密钥机制基础上，提供了密钥管理和数字签名的平台，为了保证其有效性，PKI 引入了第三方信任和证书的概念，第三方为通信双方提供信任的担保。PKI 是一种基础设施，网络通信、网上交易是利用它来保证安全的。本模块简单介绍了 PKI 的组成部分、PKI 的原理、功能及其优势。通过这些内容，能让大家对 PKI 有些初步的了解。

练习测试

1．名词解释

防火墙　病毒　信息加密　私有密钥密码技术　公开密钥密码技术　数字签名
身份认证　数字证书　认证机构　公钥基础设施 PKI

2．选择题

（1）认证中心的作用有哪些？（　　　）

　　A．证书颁发　　　　　　B．证书更新　　　　C．证书查询

　　D．证书作废　　　　　　E．证书归档

（2）数字证书采用（　　）体制，即利用一对互相匹配的密钥进行加密、解密。

　　A．私有密钥密码　　　B．对称加密算法　　C．公开密钥密码　　　D．DES

（3）身份认证的具体技术有哪些？（　　　）

　　A．静态密码和智能卡　B．短信密码　　　　C．动态口令　　　　D．USB Key

　　E．生物识别

（4）数字签名技术的作用与书面文件签名有相同之处，能确认以下两点问题：（　　　）

　　A．信息是由签名者发送的

　　B．信息是由接收者发送的

　　C．信息自签发后到收到为止未曾做过任何修改

　　D．信息自签发后未曾做过任何修改

（5）防火墙能做什么？（　　　）

　　A．实现安全策略　　　　　　　　　　B．防病毒与特洛伊木马

　　C．创建一个阻塞点　　　　　　　　　D．记录网络活动

E. 限制网络暴露

3. 简答题

（1）计算机病毒有哪些种类？

（2）常用的物理安全防范策略有哪些？

（3）身份认证技术的具体工具有哪些？

（4）数字证书的原理是什么？

（5）简述如何发送一份加密的文件。

4. 论述题

（1）试论述如何防御网络黑客对网上支付过程的攻击。

（2）简述数字证书可在哪些方面应用。

（3）简述 PKI 的原理。

模块 7

认证中心CA

学习目标

知识目标

了解认证中心（CA）的概念、特征、作用等

了解中国金融认证中心（CFCA）的概念、结构、功能等

掌握国内外主要认证中心（CA）及其特征

能力目标

能运用认证技术解决电子商务交易中的安全问题

能使用电子商务认证技术维护自身合法权益

素质目标

进一步提高互联网道德修养

认真履行证书持有人义务

第 1 单元　认 证 中 心

 情景案例

愉快的暑期实习生活即将结束，张丽艳作为实习 1 组的组长，这些天一直忙于本组同学实习报告的收集工作，即通过电子邮件方式接收同学发来的实习报告，以协助老师做后期的汇报交流。大量而烦琐的文字与数据统计令张丽艳焦头烂额，更令人气愤是大量来历不明的邮件和垃圾邮件严重影响了张丽艳的工作效率与工作热情。相信大家也面临过类似的问题，张丽艳同学利用上个模块的知识，下载了数字证书，使用电子邮件系统应用安全的方法解决了问题。

 任务思考

前面学习了如何借助安全电子邮件证书解决邮件安全性的问题，那么数字证书是谁颁发的？颁发机构——认证中心的作用是什么呢？都有哪些认证机构？用户和认证中心的权利义务是什么？认证中心是如何管理数字证书的？等等。

任务分析

随着办公自动化水平的提高，电子邮件作为一种快捷的通信手段已经成为人们生活、工作中不可缺少的组成部分。由于电子邮件应用的广泛性，随之而来的安全隐患也日渐暴露。例如，对于企业级用户来说，电子邮件这种内部的重要沟通方式会不可避免地涉及财务报表、法律文件、电子订单等重要信息。这些信息通过 Internet 在没有任何安全措施的情况下从一端传向另一端，将直接导致邮件完全以明文的方式发送和存储，那么用户邮件中的商业机密及个人隐私就会很容易被木马程序或者黑客窥视及修改。这使得电子邮件的安全保密问题越来越令人担忧。如何确保 E-mail 来源的真实性、信息的保密性已成为人们关注的焦点。利用什么技术手段可以保障电子邮件的真实性、完整性、权威性、合法性呢？安全电子邮件数字证书可以有效地解决上述问题。

安全电子邮件证书是认证中心专门为邮件用户发放的数字证书，邮件用户使用数字证书发送加密和签名邮件，可以让用户在所发电子邮件上签署独特的标识，这样接收方就可以确认邮件的发送者，并且邮件在传送过程中未被篡改；而对所发邮件进行加密有助于确保只有预定接收人才能在传送过程中读取该邮件。

针对上述张丽艳及同学所遇到的问题，考虑大家的使用习惯，现提供两种不同的解决方案。

一是在采用传统的邮件客户端软件（如 Outlook、Outlook Express、Netscape Messenger 和 Notes 等）收发电子邮件时，邮件客户端已经集成了安全邮件的应用，则只要用户获取了认证中心签发的数字证书并对邮件客户端进行安全设置，便能够发送安全电子邮件。

二是对于通过 Web 方式收发邮件，认证中心提供的安全邮件保障系统，在电子邮件系统配置安全保障系统后，将为 Web 邮件系统增加安全邮件的功能，用户通过 Web 方式就能够收发加密签名邮件。

无论采取何种方式，都要涉及数字证书的使用，而数字证书又是认证中心颁发和管理的，下面对认证中心的相关内容进行阐述。

相关知识

电子商务交易中，买卖双方在交易过程里是互不相见的，双方交易任何一笔生意，都是建立在彼此信任的基础之上的。这就需要有一种机制来表明各自的身份，以证明自己是一个合法的客户或商家。电子商务中的数字证书就是这样一种由权威机构发放的用来证明身份的数字标识。那么这个数字证书是由哪个权威机构发放、使用和管理的呢？

为了解决这个问题，在网络安全上引入了认证机制。认证机制包含两部分，即数字证书（Digital Certificates）和认证中心（Certificate Authorities，CA）。这里的 CA 又称证书授予机构，它是承担网上认证服务，签发数字证书并能确认用户身份的、受用户信任的第三方服务机构。CA 认证中心通常是企业性或是非营利性的中介服务机构，主要提供数字证书的申请、签发、审核、注销及对数字证书进行管理等服务。CA 是整个信任链的起点，是开展电子商务的关键。它为建立身份认证过程的权威性框架奠定了基础，为网上交易构筑了一个相互信任的交易环境，有效地解决了网上身份认证、公钥分发、私钥的产生及信息安全等一系列问题。

1. 认证中心概述

1）认证中心的概念与作用

所谓认证中心也称数字证书认证中心，类似于公证人的角色，是基于 Internet 平台建立的一个公正的、有权威的、独立的（第三方的）、广泛信赖的组织机构，作为电子商务交易中受信任的第三方，认证中心承担公钥体系中公钥的合法性检验的责任，主要负责数字证书的发行、管理及认证服务，以保证电子交易支付安全、可靠地运行。

认证中心是建立在电子签名技术之上的组织保障，其作用主要表现在两方面：对外防止欺诈；对内防止否认。防止欺诈，就是防范交易当事人以外的人，故意入侵而造成的危害；而防止否认，则是针对交易当事人之间可能产生的误解或抵赖而设置的，其目的是预防纠纷，降低风险。

认证中心具有以下特征。

（1）它是一个独立的法律实体，负有对资料保密和存储的法定义务，对未发出通知、通知有误、认证人虚假认证等承担相应的民事法律责任。

（2）它是一个具有中立性与可靠性的服务机构。

（3）它是用户数据电文的传递中心，被交易的当事人所接受。

（4）其营业的目的是提供安全、公正的交易环境。

一项完整安全的电子商务活动，必须要有 CA 的参与，CA 为每个使用公开密钥的用户发放一个数字证书，数字证书的作用是证明主体的身份，以及它与公钥的匹配关系。CA 的数字签名使得攻击者不能伪造和篡改证书，因此它是安全电子交易的核心环节。为了促进网上交易快速、良性的发展，在社会上必须建立起具有绝对权威性的认证中心，由电子商务参与方上网注册，加入已有的认证中心，这样，CA 中心就能够确保网上交易过程中各方的安全，从而高效地完成网上支付。

2）认证中心的功能

认证中心是一个负责发放和管理数字证书的权威机构。CA 认证的重要工具是认证中心为网上交易主体颁发的数字证书，因此 CA 的功能主要围绕其展开。认证中心通常采用多层次的

分级结构，上级认证中心负责签发和管理下级认证中心的证书，最下一级的认证中心直接面向最终用户。认证中心的功能一般包括证书的颁发、证书的更新、证书的查询、证书的作废、证书的归档。

以上功能中，最为重要的是证书的颁发。CA 对其签发的数字证书全部内容，包括证书用户姓名标识、公钥信息、颁发者标识、证书有效期、签名算法标识等信息进行数字签名，从而权威地验证了证书持有者和公钥的唯一匹配关系。

 相关链接

认证中心（CA）的分类

随着电子商务对网络安全要求的日益提高，网上交易秩序和交易环节越来越规范，同时也带来了巨大的商业机会。自 1998 年国内第一家以实体形式运营的上海 CA 成立以来，全国各地、各行业纷纷仿效，现已建成百家 CA。从 CA 中心建设的背景来看，国内的 CA 大体可以分为三类：第一类是行业性 CA，如中国金融认证中心（CFCA）、海关 CA、商务部 CA（国富安 CA）等，这些 CA 是由相应行业的主管部门牵头建立的；第二类是地方性 CA，如北京 CA、上海 CA、浙江 CA 等，这些 CA 是由当地政府牵头建立的；第三类是商业性 CA，如天威诚信 CA，这类 CA 通常进行商业化经营，不从属于任何行业或地域，但它们也必须具有良好的公信力，一般要经过国家主管部门审批才能投入运营。从 CA 的技术来源划分，CA 中心还可分为引进国外技术与完全自主开发两类。CFCA 和天威诚信属于前者，广东 CA 和上海 CA 则属于后者；CFCA 的 SET 系统由 IBM 公司承建，Non-SET 系统由德达/SUN/Entrust 集团承建，天威诚信的技术平台来自 VeriSign。但它们的密码模块却都是由国内自主开发，经国家安全部门认可的。各类 CA 认证中心的存在组成了整个电子商务的信任链。

3）认证中心的架构

CA 的角色至关重要，我们可以从不同的层面来理解 CA 体系的构成。CA 架构包括 PKI 结构、高强度抗攻击的公开加解密算法、数字签名技术、身份认证技术、运行安全管理技术、可靠的信任责任体系等。从 CA 的层次结构来看，可以分为认证中心（根 CA）、密钥管理中心（KMC）、认证下级中心（子 CA）、证书审批中心（RA 中心）、证书审批受理点（RAT）等；从业务流程涉及的角色看，可以分为认证机构、数字证书库和黑名单库、密钥托管处理系统、证书目录服务、证书审批和作废处理系统。另外 CA 在安全审计、运行监控、容灾备份、事故快速反应等方面也有完善的实施措施，在身份认证、访问控制、防病毒防攻击等方面更有强大的工具支撑。如图 7-1 所示为 CA 系统架构示意图。

4）认证中心的技术基础

CA 是电子商务交易和支付安全的中心环节，它的建立与运行除了要求第三方保持公正、良好的信誉之外，还要有强大的技术支持。CA 的技术基础是 PKI（Public Key Infrastructure）体系。PKI 是一套通过公钥密码算法原理与技术提供安全服务的具有通用性的安全基础设施，是能够为电子商务提供一套安全基础平台的技术规范。它通过数字证书管理公钥，通过第三方的可信机构 CA 把用户的公钥与用户的其他标识信息捆绑在一起，实现互联网上的用户身份验证。PKI 的基础技术包括加密、数字签名、数据完整性机制、数字信封、双重数字签名等。一个完整的 PKI 系统的基本构成包括权威的认证中心 CA、数字证书库、密钥备份及恢复系统、证书作废系统、应用接口等。PKI 弥补了 SSL 协议缺少数字签名、授权、存取控制和不支持不可抵赖性等功能的缺陷。目前，它已初步形成一整套的 Internet 安全解决方案，成为信息安全技术的核心和电子商务的安全基础。

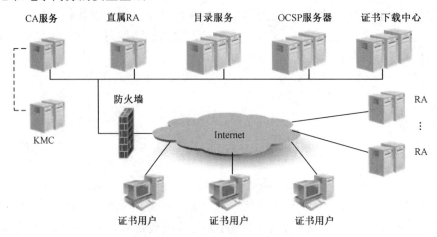

图 7-1　CA 系统架构示意图

 相关链接

CA 的运作

从权威性、公正性角度出发，大部分 CA 都是独立的运营机构，但也有一部分 CA 仅作为本系统的 IT 单位之一，为系统内提供证书认证服务。因为 CA 是 PKI 系统的核心，所以 CA 的运作一般要求较高。如果 CA 出现故障则停止对外服务，整个 PKI 系统就会处于瘫痪状态。因此保障 CA 自身的安全尤为重要。当然 CA 的安全是多方面的。从物理安全角度出发，要求 CA 机房建筑必须防火、防水、防震、防电磁辐射、防物理破坏和外人侵入等，为了达到这些目的，CA 机房墙面地板和天花板要专门设置。此外，还要有人工把守门禁，并安装双人双指纹检测的门禁系统及磁卡门禁记录系统。CA 系统重要的操作还必须要求两人以上同时在场。另外，CA 在网络安全防护上也要有强大的工具支持以防止病毒、非授权访问和恶意攻击。为了确保不间断服务，系统必须采取高冗余度的配置，要求部署灾难备份中心。其次，CA 在人事管理上也是很严格的，在 CA 工作的员工必须安全可靠，要签署保密协议。

另外，按照工业和信息化部《电子认证服务管理办法》的规定，CA 的密码方案必须经过国家密码管理局的审批认证，CA 信息系统必须通过国家信息安全产品的评测认证，取得国家认可的资质，才能投入运营。CA 的运作必须符合《认证运作规范（CPS）》。

5）国内外主要认证机构

（1）国外著名的认证机构随着电子交易支付活动在全球范围内的迅速发展，国内外已经建立了许多 CA，目前世界最著名的 CA 是美国的 VeriSign 公司。该公司成立于 1995 年 4 月，位于美国的加利福尼亚州。据统计它曾为全世界 50 个国家提供数字证书服务，有超过 45 000 个因特网服务器曾接受该公司的服务器数字证书，使用它提供的个人数字凭证的人数也已经超过 200 万人。其中世界 500 强企业中 93%的企业的网上业务，特别是网上支付业务都采用了 VeriSign 的认证服务。当前 VeriSign 公司的数字证书产品是市场上最完整的、支持最多应用和最多设备的数字证书产品，主要包括 SSL 证书和代码签名证书。

（2）国内主要认证中心。北京数字证书认证中心（BJCA）成立于 2001 年 2 月，是经北京市政府批准成立的数字证书认证机构，旨在为北京乃至全国用户提供高品质信息安全服务，创造安全可信的网络环境。BJCA 是首批获得工业和信息化部电子认证服务许可资质的电子认证服务商，是具有国家涉密集成资质和北京市信息安全服务能力一级资质的信息安全服务商，是当前国内提供网络安全认证服务的重要力量之一。在奥运筹办及召开期间，BJCA 充分发挥其优势，为涉及奥运和城市正常运行、社会稳定的重要信息系统提供安全保障服务，为平安奥运做出了积极贡献。

中国金融认证中心是国内唯一一家能够全面支持电子商务安全支付业务的第三方网上专业信任服务机构。

国内的 CA 认证机构还包括上海电子商务安全证书管理中心、广东省电子商务认证中心、山西省电子商务安全认证中心等一些区域认证机构。另外，我国还有其他一些省市和企业也在着手建立自己的电子商务认证中心，当前比较知名的认证中心有以下几个。

- ◆ 北京数字证书认证中心：http://www.bjca.org.cn
- ◆ 深圳市电子商务认证中心：http://www.szca.gov.cn
- ◆ 广东省电子商务认证中心：http://www.cnca.net
- ◆ 海南省电子商务认证中心：http://www.hnca.net
- ◆ 湖北省电子商务认证中心：http://www.hbeca.com.cn
- ◆ 上海电子商务安全证书管理中心：http://www.sheca.com
- ◆ 中国数字认证网：http://www.ca365.com
- ◆ 山西省电子商务安全认证中心：http://www.sxca.com.cn
- ◆ 中国金融认证中心：http://www.cfca.com.cn
- ◆ 天津电子商务运作中心：http://www.ectj.net/ca
- ◆ 天威诚信 CA 认证中心：http://www.itrus.com.cn

 相关链接

国内认证中心发展中存在的问题

近几年来我国电子商务得到了快速发展，CA 的概念已深入到电子商务的各个层面，但其应用仍旧不容乐观，还存在以下问题：在应用层面上，一些 CA 认证机构对证书的发放和审核不够严谨。例如，国内相关的 CA 在颁发证书时虽然竭力进行真实身份的审核，但由于参审的人员多是 CA 所属工作人员或其委托人员，从法理上讲不具备法律要求的审核证明人资格；另一方面，一些 CA 本身也是交易或合同的一方，难免存在不公正性。在技术层面上，由于受到美国出口限制的影响，国内的 CA 认证技术大多靠自己研发，由于参与部门多，致使标准不统一，缺乏统筹和协调，这必将导致交叉认证过程中出现"各自为政、独立发展"的局面。在分布格局上，很多 CA 认证机构依然存在明显的地域性和行业性，无法满足充当面向全社会的第三方权威认证机构的基本要求，就互联网而言不应该也不可能存在地域限制。在立法方面，行业整体缺乏有效的监督规范，相关法律还不够健全。随着《电子签名法》和《电子认证服务管理办法》的出台，中国电子商务的发展环境将得到一定的改善。

在电子商务迅速发展的今天，保证商务交易安全是实现电子商务的关键，CA 体系的建立是保证电子商务安全的重要环节。针对认证系统建设中出现的问题，政府部门应积极加以引导，逐步改善，促使中国的 CA 体系有序渐进地向更加理性、更切实际的方向发展。

2．证书订户的权利和义务

以中国金融认证中心 CFAC 为例，说明证书订户的权利和义务。

（1）订户应遵循诚实、信用原则，在向数字证书注册机构（以下简称 RA）申请数字证书时，应当提供真实、完整和准确的信息和资料，并在这些信息、资料发生改变时及时通知原 RA。若因订户故意或过失，提供的资料不真实或资料改变后未及时通知 CFCA 或原 RA，造成的损失由订户自己承担。

（2）在通过 RA 的审核、录入后，订户即可获得数字证书的下载凭证，订户应妥善保管下载凭证，亲自用其中的密码从相关网站下载数字证书。订户获得下载凭证密码为一次性使用，有效期为 14 天。如果在 14 天内没有下载数字证书，订户需要到 RA 重新办理。

（3）订户须使用经合法途径获得的相关软件。

（4）订户应合法使用 CFCA 发放的数字证书，并对使用数字证书的行为负责。

（5）订户应当妥善保管与数字证书关联的私钥和密码，不得泄露或交付他人。若因故意或过失导致他人盗用、冒用数字证书私钥和密码时，订户应承担由此产生的责任。

（6）若订户使用的数字证书私钥和密码泄露、丢失，或者订户不希望继续使用数字证书，或者订户主体不存在，订户或法定权利人应当立即到原 RA 申请废止该数字证书，相关手续遵循 RA 的规定。CFCA 收到 RA 的废止请求后，应在 4 小时之内废止该订户的数字证书。

（7）由于以下情况，订户损害 CFCA 利益的，订户须向 CFCA 赔偿全部损失。

① 订户在申请数字证书时没有提供真实、完整、准确信息，或在这些信息变更时未及时通知 RA。

② 订户知道自己的私钥已经失密或者可能已经失密，未及时告知有关各方并终止使用。

③ 订户有其他过错或未履行本协议的相关约定。

（8）订户有按期缴纳数字证书服务费的义务，费用标准可咨询 RA。

（9）随着技术的进步，CFCA 有权要求订户更换数字证书。订户在收到数字证书更换通知后，应在规定的期限内到原 RA 更换。

3．证书管理

CA 的主要任务是管理证书，具体表现在生成密钥对及证书、证书颁发、密钥备份与恢复、证书查询、证书更新、证书的撤销、证书归档等以下几方面。

（1）生成密钥对及证书。CA 向交易各方颁发证书，必须生成公钥体系中自己的密钥对，并对私钥进行有效保护，以便数字签名使用。作为自成体系的、封闭的 CA 系统，CA 必须生成自己的根密钥对，并在此基础上生成自己的根证书，方可以为各级 CA 及客户生成证书。

（2）证书颁发。当网上支付交易的各方向 CA 申请数字证书时，CA 通常要经过一套严格的身份认证流程，对其真实的身份进行认证、备案，以确信核实确实由其发送而来。

CA 在核实确认用户身份之后，将颁发给用户一个数字证书。该证书内包含用户的个人信息和他的公钥信息，同时还附有认证中心的签名信息。之后，用户便可使用自己的数字证书放心地在网上开展作业。数字证书通常由独立的证书发行机构发布。数字证书也各不相同，每种证书可提供不同级别的可信度，用户可以从证书发行机构获得自己需要的数字证书。颁发证书可以在线发送给申请者，也可以采用离线方式。

（3）密钥备份与恢复。在一些情况下，如果用户丢失了用于解密数据的密钥，数据将无法被解密，这些数据一旦不能恢复，可能会对用户的某项业务造成严重的损害。为避免类似情况的发生，CA 提供备份与恢复密钥的机制就能够解决上述问题。但须注意，密钥备份与恢复只能针对解密密钥，签名私钥为确保其唯一性而不能够做备份。

（4）证书查询。证书的查询分为对证书申请的查询和对用户证书状态及相关信息的查询。其中对证书申请的查询是指 CA 根据用户的查询请求，返回该用户的数字证书申请的处理过程，查询数字证书申请情况；对用户证书状态及相关信息的查询则由目录服务器来完成，目录服务器根据用户的请求返回所查询的证书。为保证证书查询 CA 必须保证无间断的跨区域服务，且需拥有足够的带宽以确保较快的查询速度。

（5）证书更新。基于理论原因或其他一些因素，一个证书的使用往往是有一定期限的。通常 CA 会定期记录所有颁发的证书和所被吊销的证书，以便交易各方的证书失效以后能得到及时更新使用。

（6）证书的撤销。证书的撤销一般分为两种情况：一是当用户的私钥泄密等原因造成用户证书需要申请撤销时，CA 会根据用户的请求确定是否将该证书撤销；二是数字证书已经过了有效期限，CA 会自动将该证书作废。通常 CA 会通过维护并定期发布证书撤销列表 CRL 来完成此项操作，让用户查询证书状态来了解证书撤销的情况。

（7）证书归档。作废的证书不能随便丢弃。因为有些时候可能会遇到需要验证以前某个交易过程中产生的数字签名等情况，所以 CA 会将作废证书和作废密钥进行归档，以便日后查询。

（8）制定相关的政策。CA 必须对信任它的交易各方负责，其责任主要体现在政策的制定和实施上。例如，在实现认证操作之前，必须生成各种认证策略以指导认证过程。策略主要包括操纵策略、签发策略等。

（9）保障证书的安全。CA 需要对数字证书服务器的安全采取相应保护措施，例如，加强对系统管理人员的教育与管理，对防火墙实施保护等，以保障数字证书安全。

 实践训练

1．课堂讨论

（1）认证中心（CA）的作用与分类。
（2）证书订户都有哪些权利和义务？
（3）认证中心（CA）的主要任务是管理证书，具体表现在哪些方面？

2．案例分析

网上炒股最好配"身份证"

随着股市热潮的兴起，许多新股民加速进入股市，据有关部门统计，目前每 13 个中国人中就有 1 个人在炒股，每天 A 股开户数新增 30 万户，我国已进入"全民皆股"时代。而网上炒股以其交易方便快捷、信息量大、紧跟行情、辅助分析系统强大等特点成为股民炒股的首选方式，同时使用银证通系统进行网络转账的交易量也大大增长。

网上炒股和网上银证转账是网上证券交易的常见方式，网上炒股是股民和证券公司之间发生的两方交易。网上银证转账是指股民通过 Internet 将资金在银行账户和证券公司账户之间的划入或划出，通常要涉及股民、证券公司、银行三方交易。股民在使用证书进行网上交易时，由于需要多次频繁地进行网上交易操作，通常会采用第三方安全认证机构颁发的数字证书。数字证书是包含个人身份信息的电子文件，是用户的"网络身份证"，能保证交易信息不被非法窃取和篡改，以确保交易数据的有效性、机密性、完整性和不可抵赖性。另一方面，网上证券交易对交易的实时性和方便性要求比较高，应用数字证书可以较好地解决安全和效率之间的矛盾。随着股市热潮的持续，股民网上炒股最好配"身份证"。如果用户不做好相应的防范工作，甚至可能给整个股市和网络银行系统的安全运行带来严重隐患。

讨论与分析

（1）文中提到的股民"身份证"是指什么？有何作用？

（2）股民网络炒股应做好哪些风险防范措施？

3．实务训练

访问我国各 CA 认证机构网站，浏览 CA 的相关介绍，选择一家 CA，参考网站流程，申请个人数字证书。

实训说明

（1）教师课堂现场演示。

（2）课后学生集中或者分散实训。

4．课后拓展

（1）上网访问广东 CA 及"网证通"（NETCA）系统，了解其服务对象及技术产品。

（2）登录 http://www.ca365.com/申请个人数字证书。

（3）网上了解认证机构设立的资质条件。

第 2 单元　中国金融认证中心

 情景案例

第 1 单元以中国金融认证中心（CFCA）为例，说明了证书订户的权利和义务。张丽艳同学课后对 CFCA 进行了预习，CFCA 主要服务于金融领域，对电子商务、网上银行、支付系统和管理信息系统等提供证书服务，了解了 CFCA 的功能、证书和证书的内容及用途。

 任务思考

与电子商务支付最为密切相关的 CFCA 的功能、证书和证书的内容及用途是什么呢？

 任务分析

中国金融认证中心（CFCA）是国内全面支持电子商务安全支付业务的第三方网上专业信任服务机构。CFCA 作为国家级权威的、可信赖的、公正的第三方信任机构，专门负责为金融

业的各种认证需求提供证书服务，包括电子商务、网上银行、支付系统和管理信息系统等。为参与网上交易的各方建立相互信任的机制，提供安全的保障，以实现互联网上电子交易信息传递的保密性、真实性、完整性和不可否认性。同时组织参与相关网上安全交易规则的制定，确立相应技术、运作等标准，特别是网上跨行支付的相互认证等服务。CFCA 的目标是要建立 SET CA 及 Non-SET CA 两大体系，发放 SET 和 Non-SET 两大类电子证书，以金融行业的权威性、可信赖性及公正性支持中国电子商务、网上银行业务及其他安全管理业务的应用。

CFCA 认证体系基于 PKI（公钥基础设施）技术的双密钥机制，具有完善的证书管理功能，主要提供证书申请、审核、生成、颁发、存储、查询、废止等全程自动审计服务，并已经通过国家信息安全产品测评认证中心的安全测评。CFCA 证书全面支持电子商务的各种业务运作模式。目前 CFCA 已在国内十余家核心商业银行、近 20 家券商建成覆盖全国的认证服务体系，业务领域已延伸至银行、证券、税务、保险、企业集团、政府机构、电子商务平台等金融和非金融行业。同时 CFCA 针对企业、个人还提供包括普通、高级、Web 站点、手机证书等在内的 15 种证书和多种的信息安全服务，以满足金融领域及其他各界用户的应用需求。此外 CFCA 证书实现了不同银行之间、银行与客户之间信任关系的连接与传递，为全面解决网上安全支付提供了有力支持。目前，CFCA 证书又实现了网上银行业务的跨行身份认证，用户只需持有一张 CFCA 证书，即可在多个银行的网银系统中进行身份鉴别。

相关知识

中国金融认证中心（CFCA）的网站界面，如图 7-2 所示。自 2000 年 6 月正式开始为全国用户提供证书服务以来，CFCA 累计发放证书 13 万张。CFCA 由中国人民银行负责统一规划管理，中国工商银行、中国银行、中国农业银行、中国建设银行、交通银行、招商银行、中信实业银行、华夏银行、广东发展银行、深圳发展银行、光大银行、民生银行、福建兴业银行和上海浦东发展银行十四家商业银行联合建设。在管理分工上，中国人民银行负责管理根认证中心 CFCA，并负责审批、认证统一的品牌认证中心。品牌认证中心则由成员银行接受中国人民银行的委托建设、运行和管理，建立对最终持卡人、商业用户和支付网关认证证书的审批、管理和认证等工作。CFCA 主要服务于金融领域。目前，中国银联、联想、一汽、中石油等企业都是其用户。

图 7-2　中国金融认证中心界面

作为国家级专业第三方信任机构，CFCA 在立足于技术、市场、管理与服务的基础上，力求卓越与创新，以贴近客户的专业化定制服务，不断强化已有品牌，并不断地为 CFCA 所涉领域带来勃勃生机。

 相关链接

中国金融认证中心（CFCA）的行业优势

（1）第三方的权威的 CA，由人民银行牵头，十四家商业银行参加联合共建的中国金融认证中心，立足于银行，为社会各界提供 PKI 服务。

（2）CFCA 采用国际主流的 PKI（Public Key Infrastructure，公钥基础设施）技术，技术水平领先，核心加密模块本地化。

（3）证书是一种权威性的电子文档，有灵活多样的证书和应用支持。（普通证书/高级证书等适应不同的应用环境；提供各种环境的证书应用 API；合作伙伴众多；完善的 PKI 服务支持等）。

（4）CFCA 在安全方面具有突出优势，较好地解决了电子商务中的安全问题和支付问题。CFCA 的机房采取了严格的符合国际标准的措施，在 CFCA 的网络安全策略上，将整个 CFCA 系统划分成不同安全等级的区域并安装了世界先进的黑客入侵检测预警系统，以抵御黑客的攻击。

（5）建立 CFCA 也包括制定"证书运作管理规范"（CPS），在当前我国电子商务法律尚不健全的情况下，CPS 的制定尤为重要，CPS 实际上是认证中心的法规中心。

（6）具有良好的背景和用户群。

银行领域：中国工商银行、中国农业银行、中国建设银行、交通银行、中信实业银行、中国光大银行、华夏银行、广东发展银行、深圳发展银行、中国民生银行、福建兴业银行、华一银行（合资银行）等 12 家银行 B2B/B2C 网上银行系统。

证券领域：港澳证券、蔚深证券、中信证券、山西证券、黄河证券、闽发证券、江门证券、湘财证券、华鑫证券、中富证券、国都证券、金信证券、兴业证券、新华证券等 14 家券商的网上证券交易系统；华安、华夏、国泰、长盛、中融、博时等 6 家开放式基金的网上数据管理系统。

其他金融机构的中央国债登记系统：中国银联网上差错查询系统、厦门卡中心网上认证系统、大连市信用卡中心/大连市信息产业局网上认证系统、北京票据清算中心数据管理系统、深圳金融电子结算中心网上认证系统、中国人民银行武汉分行国库系统。

税务领域：北京国税、无锡国税、大连地税（网上申报缴税系统）。

电子政务：人民银行天津分行金融监管、上海外汇管理局网上外汇申报系统。

企业集团和财务公司：主要有鞍钢、攀钢、湘钢、首钢、中油、中远、中煤、中铝、中航、一汽、上汽等企业集团财务。

1. 中国金融 CA 的结构

中国金融认证中心为了满足金融业在电子商务方面的多种需求，采用 PKI 技术，建立了 SET 和 Non-SET 两套系统，提供多种证书来支持各成员行相关电子商务的应用开发及证书的使用。

（1）SET 系统是为在网上购物时用银行卡来进行结算的业务而建立的。SET 系统为三层结

构，第一层为根 CA，简称 RCA；第二层为品牌 CA，简称 BCA；第三层为终端用户 CA，简称 ECA；根据证书使用者的不同分为 CCA（持卡人 CA）、MCA（商户 CA）、PCA（网关 CA）。结合今后的发展可在第二层 CA 和第三层 CA 之间扩展出 GCA（地区 CA）。

SET-CA 系统结构如图 7-3 所示。

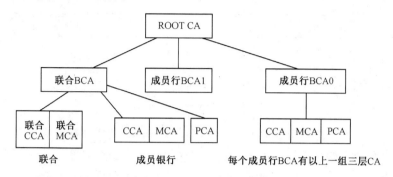

图 7-3　SET-CA 系统结构图

（2）Non-SET 系统。Non-SET CA 体系也称 PKI CA 系统，其服务宗旨是向各种用户颁发不同类型的数字证书，以金融行业的可信赖性及权威性支持中国电子商务、网上银行业务及其他安全管理业务的应用。Non-SET 对于业务应用的范围没有严格的定义，结合电子商务具体的、实际的应用，根据每个应用的风险程度不同可分为低风险值和高风险值两类证书（即个人/普通证书和高级/企业级证书），以支持 B2C、B2B 模式的应用。

Non-SET CA 系统分为三层结构：第一层为根 CA，第二层为政策 CA，第三层为运营 CA。其中第三层运营 CA 直接为各商业用户发证并与 RA 连接。

Non-SET CA 系统结构如图 7-4 所示。

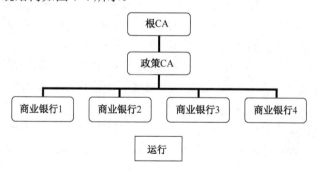

图 7-4　Non-SET CA 系统结构图

（3）RA 系统。RA（Registration Authority）是 CA 的延伸，是 CA 的组成部分。RA 分为本地 RA 和远程 RA。本地 RA 审批有关 CA 一级的证书、接收远程 RA 提交的已审批的资料。远程 RA 根据商业银行的管理体系可分为三级结构，即总行—分行—受理点。RA 系统结构如图 7-5 所示。

2．CFCA 的证书

1）CFCA 证书的分类

中国金融认证中心（CFCA）采用国际主流的 PKI 技术，能够提供多种证书及信息安全服务。其发布的证书除了根 CA、政策 CA、运营 CA 等各级 CA 的证书外，对于最终用户，按照证书使用对象及功能的不同，又可以分为以下类型。

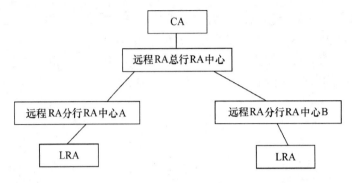

图 7-5　RA 系统结构图

（1）个人证书：也称客户数字证书，主要用于标识数字证书持有人的身份，证书中包含了个人的身份信息和个人的公钥，如用户姓名、证件号码、身份类型等，用于个人网上安全交易操作，如合同签订、订单、录入审核、操作权限、支付信息等活动。

（2）企业或机构证书：主要用于标识数字证书机构所有人的身份，包含企业的相关信息及其公钥，如企业名称、组织机构代码等，用于企业在电子商务、电子政务应用中进行合同签订、网上支付、行政审批、网上办公等各类活动。在 SET 中，企业可以持有一个或多个数字证书。

（3）网关证书：证书签发中心针对支付网关签发的数字证书，是支付网关实现数据加/解密的主要工具，用于数字签名和信息加密。支付网关证书仅用于支付网关提供的服务（Internet 上各种安全协议与银行现有网络数据格式的转换）。该证书只能在有效状态下使用，通常不可被申请者转让。

（4）服务器证书：主要用于网站交易服务器的身份识别，使得连接到服务器的用户确信服务器的真实身份。证书中包含服务器信息和服务器的公钥。证书主要颁发给 Web 站点或其他需要安全鉴别的服务器，证明服务器的真实身份信息。服务器软件利用证书机制保证与其他服务器或客户端通信时双方身份的真实性、安全性、可信任度等。

（5）安全电子邮件证书：用于安全电子邮件或向需要客户验证的 Web 服务器表明身份。安全电子邮件证书可以确保邮件的真实性和保密性。申请后通常是安装在客户的浏览器中使用，可以用它来发送签名或加密的安全电子邮件。

（6）代码签名证书：又称代码数字证书，包含了软件提供者的身份信息及其公钥，主要用于证明软件发布者所发行的软件代码来源于一个真实软件发布者，可以有效地防止软件代码被篡改。

2）证书的等级

在证书业务中，CFCA 会根据客户的需要提供不同等级的数字证书，即根据证书的等级、证书的政策等向其提供不同的服务。例如，在向企业和个人提供的数字证书中就分别设置了高级证书和普通证书两种不同级别的证书，由于证书级别的不同，证书使用的安全级别和适用范围也有所不同。高级证书，适用于企业或个人进行较大金额的网上交易，安全级别较高；而普通证书则适用于企业或个人较小金额的网上交易，安全级别较低。在认证机构框架范围内，一般存在着多重或多个认证机构，每个机构都支持一种或多种程度的服务。CFCA 也是如此。通常证书的等级与认证机构所承担的责任范围有紧密的联系。

3. CFCA 的功能

CFCA 采用目前国内外先进技术，按国际通用标准开发建设，能够提供具有世界先进水平认证中心的全部服务，以满足不同客户的需求。它具有对 CA 系统的管理功能、对 CA 自身密钥的管理功能及对用户证书的管理功能。以上功能中最重要的是对用户证书的管理功能，具体表现如下。

（1）实体鉴别与验证。通过 CFCA 签发的数字证书，使电子交易各方都具有了合法的身份。由此交易各方无论在交易的哪个环节都可验证对方数字证书的真实性，从而有效解决彼此的信任问题。

（2）确保电子交易中信息的保密性。通常情况下，电子交易双方的信息均有保密要求。信息在传递过程中一旦外露，商家就有可能丧失商机。因此在电子商务的信息传播中一般都要有加密的设置以确保信息的保密性。

（3）保证电子交易中数据真实性和完整性。电子交易信息在网络传输过程中，可能会被他人非法窃取篡改、删除等，针对上述问题，数字安全证书提供了一种在网上验证身份的方式。在使用数字证书时，通过运用对称和非对称密码体制等密码技术建立起一套严密的身份认证系统，从而保证信息除发送方和接收方外不被其他人窃取；信息在传输过程中不被篡改；发送方能够通过数字证书来确认接收方的身份；发送方对于自己的信息不能抵赖。

（4）支持不可否认性。市场商情千变万化，交易一旦达成即不可否认，否则会给对方带来重大损失。因此电子交易通信过程的各个环节必须是不可否认的。CFCA 高级证书中使用了一套专门用来进行签名/验证的密钥对来支持电子交往中的不可否认性。由于只有发文者拥有私钥，所以其无法否认该电子文件由其发送。

（5）密钥历史记录。CFCA 能无缝地管理密钥历史记录，并能检索以前加密的数据，还能透明地使用其相应的密钥进行解密，因此企业用户再也不必担心无法访问其历史数据或信息。

（6）密钥的备份与恢复。CFCA 可根据客户的需要为其提供密钥托管服务，备份和管理客户的加密密钥对。当客户需要时可以从密钥库中提出客户的加密密钥对，为客户恢复其加密密钥对，以解开先前加密的信息。密钥恢复时，采用相应的密钥恢复模块进行解密，以保证客户的私钥在恢复时没有任何风险和不安全因素。同时，CA 中心也有一套备份库，避免密钥数据库的意外毁坏而无法恢复客户私钥。

（7）密钥的自动更新。密钥更新通常有以下两种情况：密钥对到期、密钥泄露后需要启用新的密钥对。针对以上两种情况，CFCA 的 Non-SET 系统能实现完全透明的、自动的密钥更换及新证书的分发。

（8）CRL 查询。CRL 查询即证书作废止列表查询，用以检查用户的证书是否已经作废。当用户证书因私钥泄密等原因需要废止时，应及时向 CA 声明作废。CA 会适时地通过 LDAP 标准协议向证书库中以 X.500 的格式进行发布，以供用户进行开放式查询。在此系统中，证书作废是自动完成的，并且对用户是透明的。CRL 通常不存放作废证书的全部内容，而只存放作废证书的序列号，以便提高检索速度。

（9）时间戳。支持时间戳功能，确保所有用户的时间一致。

（10）交叉认证。CFCA 的 Non-SET 系统中所采用的网络信任域模型，使得单位除了可完全控制自己的信任域之外，也可通过接纳其他单位而扩充自己的信任域。

4．CFCA 证书的内容及用途

CFCA 所发放的证书均遵循 X.509V3 标准，其基本内容及用途如下。

（1）Certificate Format Version：证书版本号，用来指定证书格式用的 X.509 版本号，用于目录查询。

（2）Certificate Serial Number：证书序列号。证书颁发者指定证书唯一序列号，以标识 CA 发出的所有证书，用于目录查询。

（3）Signature Algorithm Identifier：签名算法标识，用来指定本证书所用的签名算法（如 SHA-1、RSA）。

（4）Issuer：签发此证书的 CA 名称，用来指定签发证书的 CA 的可识别的唯一名称（Distinguished Name，DN），用于认证。

（5）Validity Period：证书有效期，指定证书起始日期（Not Before）和终止日期（Not After），用于校验证书的有效性。

（6）Subject：用户主体名称，用来指定证书用户的 X.500 唯一名称（DN），用于认证。

（7）Subject Public Key Information：用户主体公钥信息。Algorithm Algorithm Identifier：算法标识，用来标识公钥使用的算法。Subject Public Key：用户主体公钥，用来标识公钥本身，用于加/解密和数字签名。

（8）Issuer Unique ID：颁发者可选唯一标识，很少用。

（9）Subject Unique ID：主体证书拥有者唯一标识，很少用。

（10）Extensions：证书扩充部分（扩展域），用来指定额外信息。

① Authority Key Identifier：签发者 CA 的公钥标识。

◆ Key Identifier：公钥标识；

◆ Cert Issuer：证书签发者的甄别名、电子邮件、IP 地址等；

◆ Cert Serial Number：签发证书的序列号，用于签发根证书及交叉认证。

② Subject Key Identifier：用户主体的公钥标识。证书主体所含密钥的唯一标识，用来区分一个证书拥有者的多对密钥，主要用于对由以前公钥加密过的文件进行解密。

③ CRL Distribution Point：CRL 分布，指明 CRL 分段的地点，用于分布式存放。

④ Key Usage：证书中的公钥用途，用来指定公钥用途、数字签名、加密等。

⑤ Private Key Usage Period：用户的私钥有效期，用来指定用户签名私钥的起始日期和终止日期。

⑥ Certificate Policies：CA 承认的证书政策列表，用来指定用户证书所适用的政策。证书政策可由对象标识符表示，一个详细提示（200 字符）。

⑦ Policy Mappings：策略映射。表明在两个 CA 之间一个或多个策略标识的等价映射关系——仅在 CA 证书里存在。

⑧ Subject Alt Name：用户的代用名，用来指定用户的代用名。

⑨ Issuer Alt Name：CA 的代用名，用来指定 CA 的代用名。

⑩ Basic Constraints：基本制约，用来表明证书用户是最终用户还是 CA，用于交易路径。

⑪ Subject Directory Attributes：用户主体目录属性，指出证书拥有者的一系列属性。

⑫ Signature Algorithm：CA 签名算法标识。

⑬ CA Signature：CA 签名。

 实践训练

1．课堂讨论

（1）当前中国金融认证中心（CFCA）所涉及的业务领域有哪些？

（2）中国金融认证中心（CFCA）的特色表现在哪些方面？

（3）中国金融认证中心（CFCA）的发展前景如何？

2. 案例分析

银企互联数据安全传输平台的建立

自 1995 年世界第一家网上银行在美国诞生以来，全球银行业在电子化道路上开始了爆发式的飞跃。网上银行在我国也得到了迅速发展。当前在银行与企业之间的业务交往与应用中，许多信息的传递都是通过互联网来完成的，但也有一些中小型企业与银行之间的交互或信息传递还停留在通过电子邮件、磁盘、纸质报表、拨号终端应用等方式，系统互联程度和安全级别相对较低。银行和企业还没有在数据传输方面做相应的保护或者是仅仅采用了一些简单的安全保护措施。这种网络安全隐患主要体现在以下几方面：① 信息的泄露。电信部门所提供的公用网络存在安全漏洞，无法保证网络中信息的隐秘性；网络攻击者也可能通过监听等方法，从传输信道窃取网络中传输的信息。② 信息假冒。由于攻击者可以窃取网络中传输的信息，也可以假冒通信，这为银企互联数据安全传输平台的建立提出了要求。

银企直联网络安全需求主要是在信息传输过程中解决以下几个问题：① 身份认证。防止网络被非授权实体使用，确保信息只能由授权实体知晓和使用。② 保密性。防止网络中的信息泄露，保证信息内容只有授权实体才能知晓。③ 完整性。系统的数据不被无意或蓄意地删除、修改、伪造、乱序、重放、插入或破坏。

当前中国金融认证中心（CFCA）提供了托管 RA 系统，为一些银行发放了 VPN 证书，并将证书应用在银行和企业用户之间的互联加密设备上。此系统利用数字证书有效地保障了用户登录身份的真实性、传输数据的保密性和不可否认性。

讨论与分析

中国金融认证中心（CFCA）可以向银行和企业提供哪些技术帮助，以满足银企电子交易安全的需要？

3. 实务训练

（1）访问山西省电子商务证书认证中心（http://www.sxca.com.cn），了解分析该认证中心的成功案例，进一步认知 CA 认证的过程。

（2）访问美国加利福尼亚州 VeriSign 公司（http://www.verisign.com/）的核心业务及数字证书产品，进一步了解著名的 CA 认证机构的主要服务内容、对象等。

实训说明

（1）本部分实训在课后进行。

（2）实训之后进行讨论与交流。

4. 课后拓展

了解中国协卡认证体系（http://www.sheca.com/default.aspx）作为全国第一家 CA 中心试点单位的发展过程、现状及其提出的跨地区、跨行业的协卡体系的内容、服务范围和产生的意义。

知识小结

　　认证中心（CA）是电子商务中对用户的电子签名颁发数字证书的机构，是保证电子商务交易和支付安全的核心。其作用主要表现在两方面：对外防止欺诈和对内防止否认。通常具有以下特征：① 它是一个独立的法律实体，负有对资料保密和存储的法定的义务，对未发出通知、通知有误、认证人虚假认证等承担相应的民事法律责任。② 它是一个具有中立性与可靠性的服务机构。③ 它是用户数据电文的传递中心，被交易的当事人所接收。④ 其营业的目的是提供安全、公正的交易环境。认证中心的功能一般包括证书的颁发、证书的更新、证书的查询、证书的作废、证书的归档。CA 认证的重要工具是认证中心为网上交易主体颁发的数字证书，其内容与格式遵循国际流行的 X.509 标准，根据这项标准，CA 证书由申请证书个人信息和发行 CA 证书中心的信息两部分组成。前者用于鉴别用户身份，后者用于保证通信双方的不可抵赖性及信息的完整性。CA 的主要任务是管理证书，具体表现在生成密钥对及证书、证书颁发、密钥备份与恢复、证书查询、证书更新、证书的撤销、证书归档等方面。

　　随着电子交易支付活动在全球范围内的迅速发展，国内外已经建立了许多 CA 认证中心，目前世界最著名的 CA 认证中心是美国的 VeriSign 公司。中国金融认证中心作为我国国家级权威的、可信赖的、公正的第三方信任机构，专门负责为金融业的各种认证需求提供证书服务，包括电子商务、网上银行、支付系统和管理信息系统等，为参与网上交易的各方建立相互信任的机制，提供安全的保障。CFCA 的目标是要建立 SET CA 及 Non-SET CA 两大体系，发放 SET 和 Non-SET 两大类电子证书，以金融行业的权威性、可信赖性及公正性支持中国电子商务、网上银行业务及其他安全管理业务的应用。CFCA 采用国际主流的 PKI（Public Key Infrastructure，公钥基础设施）技术，提供适用于企业、个人、Web 站点、VPN、安全 E-mail、手机应用等在内的十多种证书和各种信息安全服务，以确保网上银行、网上证券、网上保险、网上税务、电子商务、电子政务、企业集团等的信息安全。CFCA 是采用目前国内外先进技术，按国际通用标准开发建设的，它具有对用户证书的申请、审核、批准、签发证书及证书下载、证书注销、证书更新等证书管理功能。

练习测试

1. 名词解释

认证中心（CA）　　中国金融认证中心（CFCA）

2. 选择题

（1）认证机构就是承担（　　）的服务机构。

　　　A. 承担安全电子交易认证　　　　　B. 签发数字证书

　　　C. 确认用户身份　　　　　　　　　D. 提供商务信息

（2）采用数字签名和加密技术相结合的方法，可以很好地解决信息传输过程中的（　　）

等问题。

    A．有效性   B．防抵赖性   C．功能性   D．完整性

（3）电子认证具有以下功能。（   ）

    A．担保功能   B．技术中立功能   C．防止否认功能   D．功能等同功能

（4）认证中心具有以下特征。（   ）

    A．它是一个独立的法律实体

    B．它是一个具有中立性与可靠性的服务机构

    C．它是用户数据电文的传递中心

    D．其营业目的是提供安全、公正的交易环境

（5）广义的电子签名就是指包括各种电子手段在内的电子签名，通过签名，实现的目的是（   ）

    A．鉴别数据电文发送人的身份

    B．鉴别数据电文收件人的身份

    C．签署人与数据电文的内容具有法律关系

    D．数据电文的内容具有合法性

3．简答题

（1）CA 认证中心的作用与特点是什么？

（2）国内主要认证机构有哪些？它们是如何分类的？

（3）CA 证书管理的内容有哪些？

（4）CFCA 的主要功能有哪些？

（5）简述 CFCA 证书的种类及用途。

4．论述题

（1）中国金融认证中心对电子商务发展的作用。

（2）当前我国认证中心（CA）存在的主要问题是什么？如何进一步加强建设？

模块8

电子支付安全协议

学习目标

知 识 目 标
了解HTTP协议

掌握SSL协议流程

掌握SET协议流程

了解其他电子支付协议

能 力 目 标
掌握SSL协议的具体应用

掌握SET协议的具体应用

了解SSL协议与SET协议的优缺点

素 质 目 标
培养时刻关注互联网欺骗行为的习惯

培养并逐步具备管理、使用电子支付安全体系的能力

养成严谨、规范的遵守安全协议的工作习惯

第 1 单元 　安全协议概述

 **情景案例**

张丽艳同学在淘宝网购买一本《电子商务支付与安全》的参考书,选择好图书并下了订单后,利用支付宝,选择中国邮政储蓄银行卡进行网上实时支付。

张丽艳学习了"模块 5 　电子商务系统的安全"的内容后,知道了网上交易安全面临很多威胁,她担心银行卡资料会不会被支付平台、卖家看到?会不会被黑客通过技术手段盗取?电子商务网站如何保证数据传输的机密性、完整性和支付的安全性呢?

 **任务思考**

在这一电子交易的过程中,如何确保张丽艳同学付款资料的隐密性及完整性?对持卡人、特约商店、收单银行怎么认证,如何保证电子交易的安全?

不同厂商开发的应用程序、不同的银行卡在现存各种标准下应构建什么协定,允许在任何软硬件平台上执行,使标准达到相容性与接受性的目标?

本单元介绍的电子支付安全协议就可以解决上述问题。

 任务分析

安全是电子商务的基石,如何保证电子商务交易活动中信息的机密性、真实性、完整性、不可否认性和存取控制等是电子商务发展中迫切需要解决的问题。为了保障电子商务交易安全,人们开发了各种用于加强电子商务安全的协议。这些协议主要有安全套接层协议 SSL、安全电子交易协议 SET、超文本传输协议 SHTTP、3-D secure 协议和安全电子邮件协议(PEM、S/MIME)等。

安全协议可用于保障计算机网络信息系统中秘密信息的安全传递与处理,确保网络用户能够安全、方便、透明地使用系统中的密码资源。安全协议在金融系统、商务系统、政务系统、军事系统和社会生活中的应用日益普遍,而安全协议的安全性分析验证仍是一个悬而未决的问题。在实际社会中,有许多不安全的协议曾经被人们作为正确的协议长期使用,如果用于网络支付中,则会直接危害到资金的安全性,会造成无可估量的损失。这就需要对安全协议进行充分的分析、验证,判断其是否达到预期的安全目标。

 **相关知识**

1. 电子商务安全体系

计算机系统的安全措施从层次和内容上可分为安全立法、安全管理和安全技术三个层次。为了保证电子商务活动的安全性,必须有一套有效的安全机制作为保证,这就要求建立电子商务的安全体系基础结构。电子商务的安全控制体系结构是保证电子商务中数据安全的一个完整的逻辑结构。

（1）电子商务安全体系的构成。电子商务安全体系由五部分组成，如图8-1所示，分别是网络服务层、加密技术层、安全认证层、安全协议层、应用系统层。从图中的层次结构可以看出，下层是上层的基础，为上层提供技术支持；上层是下层的扩展与递进。各层次之间相互依赖、相互关联构成统一整体。各层通过控制技术的递进，实现电子商务系统的安全。

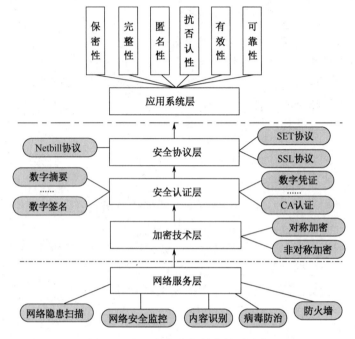

图 8-1　电子商务安全技术体系结构

为确保电子商务系统全面安全，必须建立完善的加密技术和认证机制。在图8-1所示的电子商务安全框架体系中，加密技术层、安全认证层、安全协议层，即为电子交易数据的安全而构筑。其中，安全协议层是加密技术层和安全认证层的安全控制技术的综合运用和完善。

（2）网络服务层存在的安全隐患。网络层为TCP/IP的Internet层或IP层。IP地址是一个32位的地址，可以在TCP/IP网络中唯一地指明一台主机。一个IP包头为20字节，其中包含一些信息和控制字段，如IP的版本号、长度、服务类型和其他配置。每一个IP数据报文都是单独的信息，从一台主机传递到另一台主机。IP标头中有来源（Source）、目的（Destination）地址、装载数据（Payload），而TCP只负责将信息切割成封包，若遗失封包TCP再重送，所以TCP/IP根本没有安全性可言，使用一般的Sniffing软件工具，即可一目了然地看到这些信息。这种开放式的构造使得IP层很容易成为黑客攻击的目标。

之所以会有这样的问题，可以说都是TCP/IP惹的祸，为了确保在任何IP网络上拥有安全的私密通信，也为了整合不同标准及不同厂商产品，必须制定一套开放标准网络安全协议IPSec（IP Security），将密码技术应用在网络层，以提供传送、接收端做数据的认证（Authentication）、完整性（Integrity）、存取控制（Access Control），以及机密性（Confidentiality）等安全服务。高层的应用协议也可以直接或间接地使用这些安全服务。

在早期的电子交易中，曾采用过一些简易的安全措施，例如，"部分告知"，即在网上交易中将关键的数据如信用卡号码及成交数额等略去，然后再用电话告之，以防泄密；再如，"另行确认"，即当在网上传输交易信息之后，应再用电子邮件对交易进行确认，才认为有效，等等。这些方法均有一定的局限性，且操作麻烦，不能实现真正的安全可靠性。

（3）安全协议。安全协议，有时也称作密码协议，是以密码学为基础的消息交换协议，其目的是在网络环境中提供各种安全服务。密码学是网络安全的基础，但网络安全不能单纯依靠安全的密码算法。安全协议是网络安全的一个重要组成部分，需要通过安全协议进行实体之间的认证、在实体之间安全地分配密钥或其他各种秘密、确认发送和接收的消息的非否认性，等等。

安全协议是建立在密码体制基础上的一种交互通信协议，它运用密码算法和协议逻辑来实现认证和密钥分配等目标。

近年来，针对电子交易安全的要求，IT 业界与金融行业一起推出了不少有效的安全交易标准，主要有安全超文本传输协议（S-HTTP）、"安全套接层"协议（Secure Sockets Layer，SSL）、安全交易技术协议、安全电子交易协议（Secure Electronic Transaction，SET）等。其中 SSL 协议和 SET 协议是两个典型协议。

2．HTTP 协议简介

 相关链接

什么是 HTTP？

当我们浏览一个网站的时候，只要在浏览器的地址栏里输入网站的地址就可以了，例如，我们要登录百度网站，只需输入：www.baidu.com，但是在浏览器的地址栏里面出现的却是 http://www.baidu.com/，你知道为什么会多出一个"http"吗？

（1）HTTP 协议。在浏览器的地址栏里输入的网站地址叫作 URL（Uniform Resource Locator，统一资源定位符）。就像每家每户都有一个门牌地址一样，每个网页也都有一个 Internet 地址。当在浏览器的地址框中输入一个 URL 或是单击一个超级链接时，URL 就确定了要浏览的地址。浏览器通过超文本传输协议（HTTP），将 Web 服务器上站点的网页代码提取出来，并翻译成漂亮的网页。因此，在认识 HTTP 之前，有必要先弄清楚 URL 的组成，例如，http://www.microsoft.com/china/index.htm，它的含义如下。

① http://：超文本传输协议，通知 microsoft.com 服务器显示 Web 页，通常不用输入；
② www：一个 Web（万维网）服务器；
③ microsoft.com/：这是装有网页的服务器的域名或站点服务器的名称；
④ china/：该服务器上的子目录，就好像我们的文件夹；
⑤ index.htm：文件夹中的一个 HTML 文件（网页）。

Internet 的基本协议是 TCP/IP 协议，然而在 TCP/IP 模型最上层的是应用层（Application Layer），它包含所有高层的协议。高层协议有文件传输协议 FTP、电子邮件传输协议 SMTP、域名系统服务 DNS、网络新闻传输协议 NNTP 和 HTTP 协议等。

HTTP 协议（Hypertext Transfer Protocol，超文本传输协议）是用于从 WWW 服务器传输超文本到本地浏览器的传送协议。它可以使浏览器更加高效，使网络传输减少。它不仅保证计算机正确快速地传输超文本文档，还确定传输文档中的哪一部分，以及哪部分内容首先显示（如文本先于图形）等。这就是为什么在浏览器中看到的网页地址都是以"http://"开头的原因。

自 WWW 诞生以来，一个多姿多彩的资讯和虚拟的世界便出现在我们眼前，可是我们怎么能够更加容易地找到我们需要的资讯呢？当决定使用超文本作为 WWW 文档的标准格式后，

于是在 1990 年，科学家们立即制定了能够快速查找这些超文本文档的协议，即 HTTP 协议。经过几年的使用与发展，得到不断的完善和扩展，目前在 WWW 中使用的是 HTTP/1.1 版。

（2）HTTP 协议工作原理。HTTP 协议是基于请求/响应范式的（相当于客户机/服务器），一个客户机与服务器建立连接后，发送一个请求给服务器，请求方式的格式为统一资源标识符（URL）、协议版本号，后边是 MIME 信息包括请求修饰符、客户机信息和可能的内容。服务器接到请求后，给予相应的响应信息，其格式为一个状态行，包括信息的协议版本号、一个成功或错误的代码，后边是 MIME 信息包括服务器信息、实体信息和可能的内容。

许多 HTTP 通信是由一个用户代理初始化的并且包括一个申请在源服务器上资源的请求。最简单的情况可能是在用户代理和服务器之间通过一个单独的连接来完成。在 Internet 上，HTTP 通信通常发生在 TCP/IP 连接之上。默认端口是 TCP80，但其他的端口也是可用的。但这并不预示着 HTTP 协议在 Internet 或其他网络的其他协议之上才能完成。HTTP 只预示着一个可靠的传输。

这个过程就好像打电话订货一样，我们可以打电话给商家，告诉他我们需要什么规格的商品，然后商家再告诉我们什么商品有货，什么商品缺货。这些我们是通过电话线用电话联系（HTTP 是通过 TCP/IP），当然我们也可以通过传真，只要商家那边也有传真。

（3）HTTP 协议操作过程。以上简要介绍了 HTTP 协议的宏观运作方式，下面介绍一下 HTTP 协议的内部操作过程。

在 WWW 中，"客户"与"服务器"是一个相对的概念，只存在于一个特定的连接期间，即在某个连接中的客户在另一个连接中可能作为服务器。基于 HTTP 协议的客户/服务器模式的信息交换过程分为四个过程：建立连接、发送请求信息、发送响应信息、关闭连接。这就好像上面的电话订货的全过程。

其实简单说，任何服务器除了包括 HTML 文件以外，还有一个 HTTP 驻留程序，用于响应用户请求。你的浏览器是 HTTP 客户，向服务器发送请求，当浏览器中输入了一个开始文件或单击了一个超级链接时，浏览器就向服务器发送了 HTTP 请求，此请求被送往由 IP 地址指定的 URL。驻留程序接收到请求，在进行必要的操作后回送所要求的文件。在这一过程中，在网络上发送和接收的数据已经被分成一个或多个数据包（packet），每个数据包包括：要传送的数据；控制信息，即告诉网络怎样处理数据包。TCP/IP 决定了每个数据包的格式。如果事先不告诉你，你可能不会知道信息被分成用于传输和再重新组合起来的许多小块。

也就是说商家除了拥有商品之外，它也有一个职员在接听你的电话，当你打电话的时候，你的声音转换成各种复杂的数据，通过电话线传输到对方的电话机，对方的电话机又把各种复杂的数据转换成声音，使得对方商家的职员能够明白你的请求。这个过程你不需要明白声音是怎么转换成复杂的数据的。

 实践训练

1. 课堂讨论

（1）电子商务安全体系由哪几部分构成？
（2）什么是安全协议？
（3）什么是 HTTP 协议？其工作原理是什么？

2. 案例分析

安全超文本转移协议（Secure Hypertext Transfer Protocol, S-HTTP）是一种结合 HTTP 而设计的消息的安全通信协议。S-HTTP 协议为 HTTP 客户和服务器提供了多种安全机制，这些安全服务选项是适用于 Web 上各类用户的，还为客户和服务器提供了对称能力（及时处理请求和恢复，以及两者的参数选择），同时维持 HTTP 的通信模型和实施特征。

S-HTTP 不需要客户方的公用密钥证明，但它支持对称密钥的操作模式。这意味着在没有要求用户个人建立公用密钥的情况下，会自发地发生私人交易。它支持端对端安全传输，客户机可能首先启动安全传输（使用报头的信息），用来支持加密技术。

在语法上，S-HTTP 报文与 HTTP 相同，由请求行或状态行组成，后面是信息头和主体。请求报文的格式由请求行、通用信息头、请求头、实体头、信息主体组成。响应报文由响应行、通用信息头、响应头、实体头、信息主体组成。

目前有两种方法来建立连接：HTTPS URI 方案（RFC 2818[14]）和 HTTP 1.1 请求头（由 RFC2817[15]引入）。由于浏览器对后者几乎没有任何支持，因此 HTTPS URI 方案仍是建立安全超文本协议连接的主要手段。安全超文本连接协议使用 https://代替 http://。

讨论与分析

HTTP 协议存在哪些不足？需要做哪些改进？S-HTTP 协议有哪些优势？

3. 实务训练

请上网查询 HTTP/1.1 协议的特点和 8 种请求方法。

实训说明

（1）本部分实训可在授课后集中或者分散进行实训。

（2）讨论 HTTP 协议的优缺点。

4. 课后拓展

上网查询 HTTP 协议的详细工作流程，进一步对 HTTP 协议有所了解。

第 2 单元 安全套接层协议 SSL

 情景案例

上个单元的案例讨论与分析中提出了一个问题：HTTP 协议存在哪些不足？张丽艳同学课后学习发现，HTTP 协议虽然使用极为广泛，但是却存在不小的安全缺陷，主要是其数据的明文传送和消息的完整性检测的缺乏，而这两点恰好是网络支付、网络交易应用中安全方面最需要关注的。

如何为通信双方提供安全可靠的通信协议服务，在通信双方间建立一个传输层安全通道，安全套接层协议 SSL 弥补了 HTTP 协议存在的不足，是保证通信安全、支付安全的重要协议。

任务思考

那么，什么是安全套接层协议 SSL？它的工作流程是什么？SSL 是如何保证通信安全的呢？

任务分析

从互联网诞生开始，Web 服务就是互联网上最重要的、最广泛的应用之一。而 HTTP 协议作为 Web 服务数据的传输通道，也成为互联网上最常见，最重要的应用层协议之一。随着网络交易、网络支付、网络银行等的兴起，以及 Web 的发展，拓展了 Web 应用的领域，Web 服务的安全性问题日益突出。因此，对传输通道的 HTTP 协议的安全性的要求，也达到了前所未有的高度。

关于 HTTP 协议的明文数据传输，攻击者最常用的攻击手法就是网络嗅探，试图从传输过程当中分析出敏感的数据，例如，管理员对 Web 程序后台的登录过程等，从而获取网站管理权限。即使无法获取到后台登录信息，攻击者也可以从网络中获取普通用户的隐私信息，包括手机号码、身份证号码、信用卡卡号等重要资料，导致严重的安全事故。

另外，HTTP 协议在传输客户端请求和服务器响应时，唯一的时间完整性检验就是在报文头部包含了本次传输数据的长度，而对内容是否被篡改不做确认。因此，攻击者可以轻易地发动中间人攻击，修改客户端和服务端传输的数据，甚至在传输数据中插入恶意代码，导致客户端被引导至恶意网站而被植入木马。

HTTP 协议先天固有的安全缺陷可对 Web 服务器的安全性造成重大的影响，有可能导致服务器被入侵、传输信息被截取、客户端被攻击、服务被拒绝等情况。

为了加强 Web 服务的安全性，最初有 Netscape 提出了 HTTPS 协议，用来提供安全可靠的数据传输。针对 HTTP 协议的安全缺陷，HTTPS 通过在 TCP 层与 HTTP 层之间增加了一个 SSL（Secure Socket Layer）来加强安全性。数据传输过程中，加密解密均由 SSL 进行，与上层的 HTTP 无关，对 HTTP 来说是透明的。HTTPS 增强的安全性表现在其双向的身份认证确保身份都是真实可靠的，其数据传输的机密性提高，数据完整性检验更严格，数据报被重放攻击的可能性降低。

相关知识

1．SSL 协议概述

由于 Web 上有时要传输重要或敏感的数据，因此 Netscape 公司在推出 Web 浏览器首版的同时，提出了安全通信协议 SSL。SSL 采用公开密钥技术，其目标是通过在浏览器软件和 WWW 服务器上建立一条安全通道，保证两个应用间通信的保密性和可靠性，从而实现在 Internet 中传输保密文件，该协议可在服务器和客户机两端同时实现支持。目前，利用公开密钥技术的 SSL 协议已经成为 Internet 上保密通信的工业标准。现行 Web 浏览器普遍将 HTTP 和 SSL 相结合，从而实现安全通信。

SSL 协议是建立在 TCP/IP 协议之上的开发协议，它可以为应用层协议（如 HTTP、Telnet、FTP）和 TCP/IP 之间提供数据安全性。SSL 协议主要用于提高应用程序之间数据的安全性。该

安全协议主要提供对用户和服务器的认证；对传送的数据进行加密和隐藏；确保数据在传送中不被改变。它能使客户/服务器应用之间的通信不被攻击者窃听。SSL 采用 TCP 作为传输协议提供数据的可靠传送和接收。SSL 工作在 SOCKET 层上，因此独立于更高层应用，可为更高层协议，如 Telnet、FTP 和 THHP 提供安全服务。SSL 提供的安全业务和 TCP 层一样，采用了公开密钥和私人密钥两种加密体制对 Web 服务器和客户机的通信提供保密性、数据完整性和认证。

1）SSL 协议构成

SSL 实际上是由共同工作的两层协议组成的，如图 8-2 所示。从体系结构图可以看出 SSL 安全协议实际是 SSL 握手协议、SSL 修改密文协议、SSL 警告协议和 SSL 记录协议组成的一个协议族。

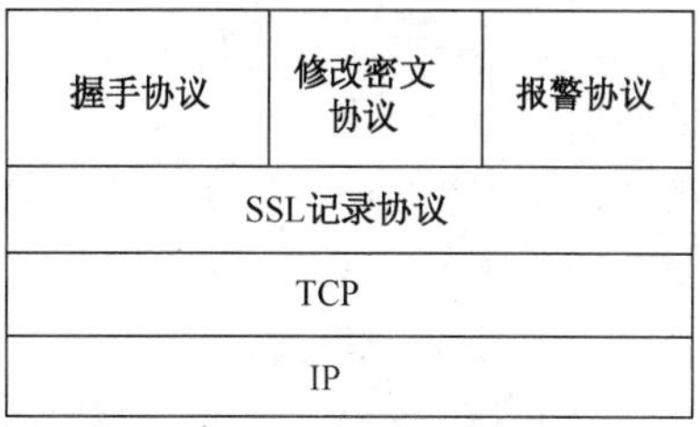

（1）SSL 修改密文协议。SSL 修改密文协议是使用 SSL 记录协议服务的 SSL 高层协议的 3 个特定协议之一，也是其中最简单的一个。协议由单个消息组成，该消息只包含一个值为 1 的单个字节。

握手协议	修改密文协议	报警协议
SSL记录协议		
TCP		
IP		

图 8-2　SSL 体系结构

该消息的唯一作用就是使未决状态复制为当前状态，更新用于当前连接的密码组。为了保障 SSL 传输过程的安全性，双方应该每隔一段时间改变加密规范。

（2）SSL 报警协议。SSL 报警协议是用来为对等实体传递 SSL 的相关警告。如果在通信过程中某一方发现任何异常，就需要给对方发送一条警示消息通告。警示消息有两种：一种是 Fatal 错误，如传递数据过程中发现错误的 MAC，双方就需要立即中断会话，同时消除自己缓冲区相应的会话记录；另两种是 Warning 消息，这种情况，通信双方通常都只是记录日志，而对通信过程不造成任何影响。

（3）SSL 握手协议。SSL 握手协议允许通信实体在交换应用数据之前协商密钥的算法、加密密钥和对客户端进行认证（可选）的协议，为下一步记录协议要使用的密钥信息进行协商，使客户端和服务器建立并保持安全通信的状态信息。SSL 握手协议是在任何应用程序数据传输之前使用的。SSL 握手协议可以使得服务器和客户能够相互鉴别对方，协商具体的加密算法和 MAC 算法及保密密钥，用来保护在 SSL 记录中发送的数据。

SSL 中的握手协议，是在客户机和服务器之间交换消息强化安全性的协议，SSL 握手协议包含两个阶段：第一阶段用于建立私密性通信信道；第二阶段用于客户认证。

第一阶段是通信的初始化阶段，首先 SSL 要求服务器向浏览器出示证书。证书包含一个公钥，这个公钥是由一家可信证书授权机构签发的。通过内置的一些基础公共密钥，客户的浏览器可以判断服务器证书正确与否。然后，浏览器中的 SSL 软件发给服务器一个随机产生的传输密钥，此密钥由已验证过的公钥加密。由于传输密钥只能由对应的私有密钥来解密，这证实了该服务器属于一个认证过的公司。随机产生的传输密钥是核心机密，只有客户的浏览器和此公司的 Web 服务器知道这个数字序列。这个两方共享密钥的密文可以通过浏览器安全地抵达 Web 服务器，Internet 上的其他人无法解开它。

第二阶段的主要任务是对客户进行认证，此时服务器已经被认证了，服务器方向客户发出认证请求消息。客户收到服务器方的认证请求消息后，发出自己的证书，并且监听对方回送的认证结果。而当服务器收到客户的证书后，给客户回送认证成功消息，否则返回错误消息。到此为止，握手协议全部结束。

实际上 SSL 协议本身也是个分层的协议，它由消息子层及承载消息的记录子层组成。SSL 记录协议首先按照一定的原则，如性能最优原则把消息数据分成一定长度的片断；接着分别对这些片断进行消息摘要和 MAC 计算，得到 MAC 值；然后再对这些片断进行加密计算；最后把加密后的片断和 MAC 值连接起来，计算其长度，并打上记录头后发送到传输层。这是一般的消息数据到达后，记录层所做的工作。但有的特殊消息，如握手消息，由于发送时还没有完全建立好加密的通道，所以并不完全按照这个方式进行；而且有的消息比较短小，如警示消息（Alert），出于性能考虑也可能和其他的一些消息一起被打包成一个记录。消息子层是应用层和 SSL 记录层间的接口，负责标识并在应用层和 SSL 记录层间传输数据或者对握手信息和警示信息的逻辑进行处理，可以说是整个 SSL 层的核心。其中尤其关键的又是握手信息的处理，它是建立安全通道的关键，握手状态机运行在这一层上。警示消息的处理实现上也可以作为握手状态机的一部分。SSL 协议为了描述所有消息，引入了 SSL 规范语言，其语法结构主要仿照 C 语言，而且是无歧义、精简的。

　　（4）SSL 记录协议。在 SSL 协议中，所有的传输数据都被封装在记录中。记录是由记录头和长度不为零的记录数据组成的。所有的 SSL 通信（包括握手消息、安全空白记录和应用数据）都使用 SSL 记录层。SSL 记录协议包括了记录头和记录数据格式的规定。

　　① SSL 记录头格式。SSL 的记录头可以是 2 个或 3 个字节长的编码。SSL 记录头包含的信息包括记录头的长度、记录数据的长度、记录数据中是否有粘贴数据。其中粘贴数据是在使用块加密算法时，填充实际数据，使其长度恰好是块的整数倍。最高位为 1 时，不含有粘贴数据，记录头的长度为 2B，记录数据的最大长度为 32 767B；最高位为 0 时，含有粘贴数据，记录头的长度为 3 个字节，记录数据的最大长度为 16 383 个字节。

　　② SSL 记录数据的格式。SSL 的记录数据包含三部分：MAC 数据、实际数据和粘贴数据。MAC 数据用于数据完整性检查。计算 MAC 所用的散列函数由握手协议中的 CIPHER-CHOICE 消息确定。若使用 MD2 和 MD5 算法，则 MAC 数据长度是 16 个字节。

　　MAC 的计算公式：

$$MAC 数据＝HASH[密钥，实际数据，粘贴数据，序号]$$

　　当会话的客户端发送数据时，密钥是客户的写密钥（服务器用读密钥来验证 MAC 数据）；而当会话的客户端接收数据时，密钥是客户的读密钥（服务器用写密钥来产生 MAC 数据）。序号是一个可以被发送和接收双方递增的计数器。每个通信方向都会建立一对计数器，分别被发送者和接收者拥有。计数器有 32 位，计数值循环使用，每发送一个记录，计数值递增一次，序号的初始值为 0。

　　2）SSL 协议的服务

　　SSL 提供的服务可以归纳为以下三方面。

　　（1）用户和服务器的合法性认证。认证用户和服务器的合法性，使得它们能够确信数据将被发送到正确的客户机和服务器上。客户机和服务器都有各自的识别号，这些识别号由公开密钥进行编号，为了验证用户是否合法，安全套接层协议要求在握手交换数据进行数字认证，以此来确保用户的合法性。

　　（2）加密数据以隐藏被传送的数据。安全套接层协议所采用的加密技术既有对称密钥技术，也有公开密钥技术。具体是客户机与服务器进行数据交换之前，交换 SSL 初始握手信息，在 SSL 握手信息中采用了各种加密技术对其加密，以保证其机密性和数据的完整性，并且用数字证书进行鉴别。这样就可以防止非法用户进行破译。

　　（3）维护数据的完整性。安全套接层协议采用哈希函数和机密共享的方法来提供完整信息性的服务，来建立客户机与服务器之间的安全通道，使所有经过安全套接层协议处理的业务在传输过程中能全部完整、准确无误地到达目的地。

要说明的是，安全套接层协议是一个保证计算机通信安全的协议，对通信对话过程进行安全保护。例如，一台客户机与一台主机连接上了，首先是要初始化握手协议，然后就建立了一个 SSL。从对话开始，直到对话结束，安全套接层协议都会对整个通信过程加密，并且检查其完整性。这样一个对话时段算一次握手。而 HTTP 协议中的每一次连接就是一次握手，因此，与 HTTP 相比，安全套接层协议的通信效率会高一些。

2．SSL 协议流程

1）SSL 的运行步骤

在传统的邮购活动中，客户首先寻找商品信息，然后汇款给商家，商家再把商品寄给客户。这里，商家是可以信赖的，所以客户需先汇款给商家。在电子商务的开始阶段，商家也担心客户购买后不付款，或是使用过期作废的信用卡，因而希望银行予以认证，SSL 安全协议正是在这种背景下应用于电子商务的。

SSL 采用了公开密钥和专有密钥两种加密方式。在建立连接过程中采用公开密钥；在会话过程中使用专有密钥。加密的类型和强度则在两端之间建立连接的过程中判断决定。它保证了客户和服务器间事务的安全性。

SSL 安全协议的工作流程如图 8-3 所示。

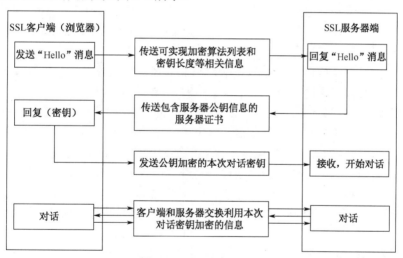

图 8-3　SSL 的工作流程

服务器认证阶段：① 客户端向服务器发送一个开始信息"Hello"以便开始一个新的会话连接；② 服务器根据客户的信息确定是否需要生成新的主密钥，例如，需要则服务器在响应客户的"Hello"信息时，生成主密钥所需的信息；③ 客户端根据收到的服务器响应信息，产生一个主密钥，并用服务器的公开密钥加密后传给服务器；④ 服务器恢复该主密钥，并返回给客户一个用主密钥认证的信息，以此让客户端认证服务器。

用户认证阶段：在此之前，服务器已经通过了客户认证，这一阶段主要完成对客户的认证。经认证的服务器发送一个提问给客户，客户则返回（数字）签名后的提问及其公开密钥，从而向服务器提供认证。

从 SSL 协议所提供的服务及其工作流程可以看出，SSL 协议运行的基础是商家对消费者信息保密的承诺，这就有利于商家而不利于消费者。在电子商务初级阶段，由于运作电子商务的企业大多是信誉较高的大公司，因此该问题还没有充分暴露出来。但随着电子商务的发展，各中小型公司也参与进来，这样在电子支付过程中的单一认证问题就越来越突出。虽然在 SSL3.0 中通过数字签名和数字证书可实现浏览器和 Web 服务器双方的身份验证，但是 SSL 协议仍存在一些问题，例如，只能提供交易中客户与服务器间的双方认证，在涉及多方的电子交易中，SSL 协议并不能协调各方间的安全传输和信任关系。在这种情况下，Visa 和 MasterCard 两大信用卡组织制定了 SET 协议，为网上信用卡支付提供了全球性的标准。

当上述动作完成之后，两者间的资料传送就会加上密码，等到另外一端收到资料后，再将编码后的资料还原。即使盗窃者在网络上取得编码后的资料，如果没有原先编制的密码算法，也不能获得可读的有用资料。电子商务交易过程中，由于有银行参与，按照 SSL 协议，客户购买的信息首先发往商家，商家再将信息转发给银行，银行验证客户信息的合法性后，通知商家付款成功，商家再通知客户购买成功，将商品寄送客户（图 8-3）。

2）SSL 协议的握手过程

为了便于更好地认识和理解 SSL 协议，介绍一下 SSL 协议的握手协议。SSL 协议既用到了公钥加密技术（非对称加密），又用到了对称加密技术，SSL 对传输内容的加密采用的是对称加密，然后将对称加密的密钥使用公钥进行非对称加密。这样做的好处是，对称加密技术比公钥加密技术的速度快，可用来加密较大的传输内容，公钥加密技术相对较慢，提供了更好的身份认证技术，可用来加密对称加密过程使用的密钥。

SSL 的握手协议非常有效地让客户和服务器之间完成相互之间的身份认证，其主要过程如下。

（1）客户端的浏览器向服务器传送客户端 SSL 协议的版本号、加密算法的种类、产生的随机数，以及其他服务器和客户端之间通信所需要的各种信息。

（2）服务器向客户端传送 SSL 协议的版本号、加密算法的种类、随机数及其他相关信息，同时服务器还将向客户端传送自己的证书。

（3）客户端利用服务器传过来的信息验证服务器的合法性。服务器的合法性包括：证书是否过期，发行服务器证书的 CA 是否可靠，发行者证书的公钥能否正确解开服务器证书的"发行者的数字签名"，服务器证书上的域名是否和服务器的实际域名相匹配。如果合法性验证没有通过，通信将断开；如果合法性验证通过，将继续进行第（4）步。

（4）用户端随机产生一个用于后面通信的"对称密码"，然后用服务器的公钥（服务器的公钥从步骤（2）中的服务器的证书中获得）对其加密，然后将加密后的"预主密码"传给服务器。

（5）如果服务器要求客户的身份认证（在握手过程中为可选），用户可以建立一个随机数然后对其进行数据签名，将这个含有签名的随机数和客户自己的证书及加密过的"预主密码"一起传给服务器。

（6）如果服务器要求客户的身份认证，服务器必须检验客户证书和签名随机数的合法性，具体的合法性验证过程包括：客户的证书使用日期是否有效，为客户提供证书的 CA 是否可靠，发行 CA 的公钥能否正确解开客户证书的发行 CA 的数字签名，检查客户的证书是否在证书废止列表（CRL）中。检验如果没有通过，通信立刻中断；如果验证通过，服务器将用自己的私钥解开加密的"预主密码"，然后执行一系列步骤来产生主通信密码（客户端也将通过同样的方法产生相同的主通信密码）。

（7）服务器和客户端用相同的主密码即"通话密码"，一个对称密钥用于 SSL 协议的安全数据通信的加解密通信。同时在 SSL 通信过程中还要完成数据通信的完整性，防止数据通信中的任何变化。

（8）客户端向服务器端发出信息，指明后面的数据通信将使用的步骤（7）中的主密码为对称密钥，同时通知服务器客户端的握手过程结束。

（9）服务器向客户端发出信息，指明后面的数据通信将使用的步骤（7）中的主密码为对称密钥，同时通知客户端服务器端的握手过程结束。

（10）SSL 的握手部分结束，SSL 安全通道的数据通信开始，客户端和服务器开始使用相同的对称密钥进行数据通信，同时进行通信完整性的检验。

3）SSL 应用情况

在 SSL 交易过程中，SSL 采用该密钥来保证数据的保密性和完整性，这就是 SSL 提供的安全连接。这时客户需要确认订购并输入信用卡号码，SSL 保证信用卡号码及其他信息只会被此公司获取。客户还可以打印屏幕上显示的已经被授权的订单，这样就可以得到这次交易的书面证据。大多数在线商店在得到客户的信用卡号码后出示收到的凭据，这是客户已付款的有效证据。至此，一个完整的 SSL 交易过程结束。

SSL 安全协议是国际上最早应用于电子商务的一种网络安全协议，至今仍然有许多网络商店在使用。当然，在使用时，SSL 协议根据邮购的原理进行了部分改进。SSL 安全协议正是在这种背景下应用于电子商务的。SSL 协议运行的基点是商家对客户信息保密的承诺。但在上述流程中我们注意到，SSL 协议有利于商家而不利于客户。客户的信息首先传到商家，商家阅读后再传到银行，这样，客户资料对于商家是完全透明的；商家认证客户是必要的，但整个过程中缺少了客户对商家的认证。随着电子商务参与的厂商迅速增加，对厂商的认证问题越来越突出，SSL 协议的缺点完全暴露出来。

SSL 提供的保密连接有很大的漏洞，SSL 除了传输过程以外不能提供任何安全保证，SSL 并不能使客户确信此公司接收信用卡支付是得到授权的。在 Internet 上，经常会出现一些陌生的店铺，正因如此，网上商店发生欺诈行为的可能性要比街头店铺大得多。进一步说，即使是一个诚实的网上商店，在收到客户的信用卡号码后如果没有采用好的方法保证其安全性，那么信用卡号也很容易被黑客通过商家服务器窃取。

另外，SSL 位于 TCP 层之上、应用层之下，它相对于应用层来说是独立的，应用层是直接建立在 SSL 上的。在实际应用中，SSL 可保证信息的真实性、完整性和保密性，却无法提供交易的不可否认性，这是由于 SSL 不对应用层的消息进行数字签名。为解决这一问题，Netscape 公司在推出 Web 浏览器 Communicator 3.0 版本时，在浏览器中引入"表单签名"功能，以弥补这一缺陷。

在国内，开展网上银行业务的银行对安全标准的选择也不一致，中国银行网上支付的安全协议采用的是 SET 标准，而建设银行、招商银行采用的是 SSL 协议。

实践训练

1．课堂讨论

（1）什么是 SSL 协议？它由哪几部分构成？
（2）SSL 协议的工作流程是什么？
（3）SSL 协议有哪些优缺点？

2. 案例分析

以往，电子商务的许多应用是不进行客户端认证的。不过，目前各公司都将 SSL 作为一项协议供数据中心里的新应用使用。对于基于 SSL 的 VPN，以及那些需要对终端用户进行额外认证的应用而言，客户端认证正在成为一种趋势。

客户端认证使得服务器可以使用与允许客户端对服务器进行认证相同的技术，在协议之内对用户身份进行确认。尽管两者认证的信息流极为不同，但是从概念上来看，其过程与服务器认证是相同的。这一过程同样也会在 SSL 握手子协议之内进行。在这种情况下，客户端必须向服务器提供有效的证书。服务器可以通过使用公共密钥密码学的标准技术对终端用户的有效性进行认证。

SSL 所具有的灵活性和强劲的生命力使其无所不在。可以预言的是，在 SSL 成为企业应用、无线访问设备、Web 服务及安全访问管理的关键性协议的同时，SSL 的应用将继续大幅度增长。

讨论与分析

什么是客户机认证？它对提高电子商务支付的安全性有何作用？

3. 实务训练

目前我国开发的许多电子支付系统，如中国银行的长城卡电子支付系统，为什么没有采用 SSL 协议？

实训说明

（1）本部分实训在授课后集中或者分散实训。

（2）上网查询相关知识，进行课堂讨论。

4. 课后拓展

SSL 还存在哪些不足？需要做哪些改进？

第 3 单元　SET 协议

情景案例

信用卡是最为常见的网上支付工具，信用卡的泄密、被盗等现象也是屡见不鲜。张丽艳同学在上个单元的学习中，对 SSL 协议有了较深的了解，但是中国银行的长城卡电子支付系统为什么没有采用 SSL 协议呢？

一定还会有其他的电子支付安全协议，通过课后学习，她了解到中国银行的长城卡电子支付系统采用的是 SET 协议。这是为什么呢？

任务思考

那么，什么是 SET 安全协议？它的特点是什么？SET 协议是如何保证通信安全的呢？SET 协议与 SSL 协议有什么不同？等等。

 **任务分析**

在开放的互联网上处理电子商务，保证买卖双方传输数据的安全成为电子商务的重要问题。为了克服 SSL 安全协议的缺点，满足电子交易持续不断增加的安全要求，达到交易安全及合乎成本效益的市场要求，VISA 国际组织及其他公司如 MasterCard、MicroSoft 和 IBM 等共同制定了安全电子交易 SET（Secure Electronic Transactions）协议。

SET 是为在线交易而设立的一个开放的以电子货币为基础的电子付款系统规范，它采用公钥密码体制和 X.509 数字证书标准，主要应用于在 B to C 模式中保障支付信息的安全性。SET 在保留对客户信用卡认证的前提下，又增加了对商家身份的认证，这对于需要支付货币的交易来讲是至关重要的。由于设计合理，SET 协议得到了许多大公司和消费者的支持，已成为全球网络的工业标准，其交易形态将成为未来"电子商务"的安全规范。

SET 主要使用电子认证技术，其认证过程使用 RSA 和 DES 算法。因此，可以为电子商务提供很强的安全保护。

SET 安全电子交易协议是一种基于消息流的协议，该协议主要是为了解决用户、商家和银行之间通过信用卡在线支付而设计的，以保证支付信息的机密、支付过程的完整、持卡人的合法身份及可操作性，SET 中的核心技术主要有公开密钥加密、数字签名、数字信封和数字证书等。

 **相关知识**

1．SET 协议简介

电子商务面临的最大挑战，即交易的安全问题。在网上购物的环境中，持卡人希望在交易中保密自己的账户信息，使之不被人盗用；商家则希望客户的订单不可抵赖，并且在交易过程中，交易各方都希望验明对方的身份，以防止被欺骗。

1995 年 10 月，包括 MasterCard、Netscape 和 IBM 在内的联盟开始着手进行安全电子支付协议（SEPP）的开发。随后，VISA 和微软组成的联盟开始开发另外一种不同的网络支付规范，叫作安全交易技术（Secure Electronic Transaction，SET）。由于两大信用卡组织 MasterCard 和 Visa 分别支持独立的网络支付解决方案，影响了网络支付的发展，所以 1996 年 1 月，VISA 和 MasterCard 联合发起并推动了"安全电子交易"SET 协议的制定、测试和实施，并于 1997 年 5 月发布正式的 1.0 版本标准。

安全电子交易规范为在互联网上进行安全的电子商务提供了一个开放的标准。SET 主要使用电子认证技术，其认证过程使用 RSA 和 DES 算法，因此，可以为电子商务提供很强的安全保护。可以说，SET 规范是目前电子商务中最重要的协议，它的推出大大促进了电子商务的繁荣和发展。SET 将建立一种能在因特网上安全使用银行卡进行购物的标准。安全电子交易规范是一种为基于信用卡而进行的电子交易提供安全措施的规则，是一种能广泛应用于因特网的安全电子付款协议，它能够将普遍应用的信用卡使用起始点从目前的商店扩展到消费者家里，扩展到消费者的个人计算机中。

SET 协议即安全电子交易标准，利用 RSA 和 DES 技术实现安全性，用于支持使用信用卡进行交易的在线电子支付。

它采用公钥密码体制和 X.509 数字证书标准，主要应用于 B to C 模式中保障支付信息的安全性。SET 提供了消费者、商家和银行之间的认证，确保了交易数据的安全性、完整可靠性和交易的不可否认性，特别是保证不将消费者银行卡号暴露给商家等优点，因此它成为了目前公认的信用卡/借记卡的网上交易的国际安全标准。

由于安全电子交易规范是由信用卡发卡公司参与制定的，一般认为，安全电子交易规范的认证系统是有效的。当一位供货商在计算机上收到一张有 SET 签证的订单时，供货商就可以确认该订单背后有一张合法的信用卡支持，这时他就能放心地接下这笔生意，同样，由于有 SET 做保障，发出订单的客户也会确认自己是在与一个诚实的供货商做买卖，因为该供货商受到 MasterCard 和 VISA 发卡组织的信赖。

中国银行是国内第一家使用 SET 协议的金融机构。

2．SET 协议的目标和特点

1）SET 协议的目标

（1）保证电子商务参与者信息的相互隔离，客户的资料加密或打包后经过商家到达银行，但是商家不能看到客户的账户和密码信息。

（2）保证信息在 Internet 上安全传输，防止数据被第三方窃取。

（3）解决多方认证问题，不仅要对消费者的信用卡认证，而且要对在线商店的信誉程度认证，同时还有消费者、在线商店与银行间的认证。

（4）保证了网上交易的实时性，使所有的支付过程都是在线的。

（5）规范协议和消息格式，促使不同厂家开发的软件具有兼容性和互操作功能，并且可以运行在不同的硬件和操作系统平台上。

2）SET 协议的特点

（1）保证信息在 Internet 上安全传输，保证网上传输的数据不被黑客窃听。

（2）订单信息和个人账号信息的隔离。在将包括持卡人账号信息的订单送到商家时，商家只能看到订货信息，而看不到持卡人的账户信息，从而保证电子商务参与者信息的相互隔离。

（3）持卡人和商家的相互认证，以确定通信双方的身份，一般由第三方机构负责为在线通信方双方提供信用担保，从而解决了多方认证问题。

（4）保证网上交易的实时性．使所有的支付过程都在网络上进行。

（5）要求软件遵循相同的协议和消息格式，使不同厂家开发的软件具有兼容和互操作功能，并且可以运行在不同的硬件和操作系统平台上。

3．SET 安全协议涉及的对象和技术范围

1）SET 协议规范的对象

（1）消费者：包括个人消费者和团体消费者，按照在线商店的要求填写订货单，通过由发卡银行发行的信用卡进行付款。

SET 支付系统中的网上消费者或客户首先必须是银行卡（信用卡或借记卡）的持卡人。持卡人要参与网上交易，首先要向发卡行提出申请，经发卡行认可后，持卡人从发卡行取得一套 SET 交易专用的持卡人软件（称为电子钱包软件），再由发卡行委托第三方中立机构——认证机构 SET CA 发给数字证书，持卡人才具备了上网交易的条件。持卡人上网交易是由嵌入在浏览器中的电子钱包软件来实现的。持卡人的电子钱包具有发送、接收信息，存储自身的公钥签名密钥和交易参与方的公开密钥交换密钥，申请、接收和保存认证等功能。除了这些功能外，

电子钱包还必须支持网上购物的其他功能，如增删改银行卡、检查证书状态、显示银行卡信息和交易历史记录等功能。

（2）在线商店：提供商品或服务，具备相应电子货币使用的条件。商户首先必须在收单银行开设账户，由收单银行负责交易中的清算工作。商户要取得网上交易的资格，首先要由收单银行对其审定和信用评估，并与收单银行达成协议，保证可以接收银行卡付款。商户的网上商店必须集成 SET 交易商家软件，商家软件必须能够处理持卡人的网上购物请求和与支付网关进行通信、存储自身的公钥签名密钥和交易参与方的公开密钥交换密钥、申请和接收认证、与后台数据库进行通信及保留交易记录。与持卡人一样，在开始交易之前，商户也必须向 SET CA 申请数字证书。

（3）支付网关：SET 支付系统中的支付网关首先必须由收单银行授权，再由 SET CA 发放数字证书，方可参与网上支付活动。支付网关具有确认商户身份，解密持卡人的支付指令，验证持卡人的证书与在购物中所使用的账号是否匹配，验证持卡人和商户信息的完整性、签署数字响应等功能。由于商户收到持卡人的购物请求后，要将持卡人账号和付款金额等信息传给收单银行，所以支付网关一般由收单银行来担任。但由于支付网关是一个相对独立的系统，只要保证支付网关到银行之间通信的安全，银行可以委托第三方担任网上交易的支付网关。

（4）收单银行：通过支付网关处理消费者和在线商店之间的交易付款问题。

（5）电子货币发行公司，以及某些兼有电子货币发行的银行：负责处理智能卡的审核和支付工作。

（6）认证中心（CA）：负责对交易对方的身份确认，对厂商的信誉度和消费者的支付手段进行认证。

在基于 SET 的认证中，按照 SET 交易中的角色不同，认证机构负责向持卡人颁发持卡人证书、向商户颁发商家证书、向支付网关颁发支付网关证书，利用这些证书可以验证持卡人、商户和支付网关的身份。

2）SET 协议规范的技术范围

（1）加密算法的应用（如 RSA 和 DES）。

（2）证书信息和对象格式。

（3）购买信息和对象格式。

（4）认可信息和对象格式。

（5）划账信息和对象格式。

（6）对话实体之间消息的传输协议。

4．SET 安全协议的工作原理

1）SET 协议的工作流程

（1）消费者在 Internet 上搜索所要购买的商品，通过计算机输入订单。

（2）通过电子商务服务器与有关在线商店联系，在线商店做出应答，以确认订单条款的准确性。

（3）消费者选择付款方式，确认订单，签发付款指令。

（4）消费者对订单和付款指令进行数字签名，同时利用双重签名技术保证商家看不到消费者的账号信息。

（5）在线商店接收订单后，向消费者所在银行请求支付认可。信息通过支付网关到收单银行，再到电子货币发行公司确认，批准交易后，返回确认信息给在线商店。

（6）在线商店发送订单确认信息给消费者。

（7）在线商店发送货物或提供服务，并通知收单银行进行转账，通知发卡行请求支付。

在认证操作和支付操作中间一般会有一个时间间隔，例如，在每天的下班前请求银行结一天的账。前两步与 SET 无关，从第三步开始 SET 起作用，一直到第 7 步。在处理过程中，通信协议、请求信息的格式、数据类型的定义等，SET 都有明确的规定。在操作的每一步，消费者、在线商店、支付网关都通过 CA 来验证通信主体的身份，以确保通信的对方不是冒名顶替的。

电子商务的工作流程与实际的购物流程非常接近，使得电子商务可以很容易与传统商务融合，用户使用起来也没有什么障碍。从顾客通过浏览器进入在线商店开始，一直到所订购的物品送货上门或所订的服务完成，以及账户上的资金转移，所有这些都是通过互联网完成的。如何保证网上传输数据的安全和交易双方的身份确认是电子商务能否得到推广的关键。这正是 SET 所要解决的最主要的问题。

2）SET 支付流程

如图 8-4 所示为一个完整的 SET 支付流程。

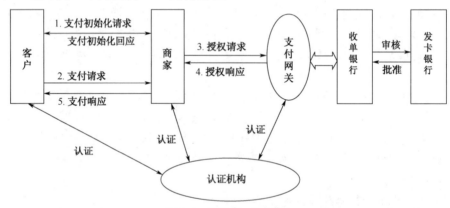

图 8-4　SET 的工作流程

（1）支付初始化请求和响应阶段。当客户决定要购买商家的商品并使用 SET 钱夹付钱时，商家服务器上 POS 软件发报文给客户的浏览器 SET 钱夹付钱，SET 钱夹则要求客户输入口令然后与商家服务器交换"握手"信息，使客户和商家相互确认，即客户确认商家被授权可以接受信用卡，同时商家也确认客户是一个合法的持卡人。

（2）支付请求阶段。客户发一报文，包括订单和支付命令。在订单和支付命令中必须有客户的数字签名，同时利用双重签名技术保证商家看不到客户的账号信息。只有位于商家开户行的被称为支付网关的另外一个服务器可以处理支付命令中的信息。

（3）授权请求阶段。商家收到订单后，POS 组织一个授权请求报文，其中包括客户的支付命令，发送给支付网关。支付网关是一个 Internet 服务器，是连接 Internet 和银行内部网络的接口。授权请求报文通过到达收单银行后，收单银行再到发卡银行确认。

（4）授权响应阶段。收单银行得到发卡银行的批准后，通过支付网关发给商家授权响应报文。

（5）支付响应阶段。商家发送订单确认信息给顾客，顾客端软件可记录交易日志，以备将来查询。同时商家给客户装运货物，或完成订购的服务。到此为止，一个购买过程已经结束。商家可以立即请求银行将钱从购物者的账号转移到商家账号，也可以等到某一时间，请求成批划账处理。

在上述的处理过程中，通信协议、请求信息的格式、数据类型的定义等，SET 都有明确的规定。在操作的每一步，持卡人、商家和支付网关都通过 CA 来验证通信主体的身份，以确保通信的对方不是冒名顶替。

5．SET 安全协议的不足之处

SET 协议的不足之处在于协议复杂，根据统计，在一个典型的 SET 交易过程中，需验证数字证书 9 次，验证数字签名 6 次；需传送证书 7 次，进行 5 次签名、4 次对称加密和 4 次非对称加密；整个交易过程可能会花费 1.5～2 分钟。SET 安全协议存在以下不足之处。

（1）协议并没有说明收单银行给在线商店付款前，是否必须收到消费者的货物接收证书，如果在线商店提供货物不符合质量标准，消费者提出疑义，责任该由谁来承担。

（2）协议没有担保"非拒绝行为"，这意味着在线商店没有办法证明订购是不是由签署证书的消费者发出的。

（3）SET 技术规范没有提及事务处理完成后，如何安全地保存或销毁此类数据，是否应当将数据保存在消费者、在线商店或收单银行的计算机里，这些漏洞可能使这些数据以后受到潜在的攻击。

（4）SET 协议过于复杂，使用麻烦，成本高，数据处理时间相对较长，而且只适用于客户具有电子钱包的场合。

（5）SET 的证书格式比较特殊，虽然也遵循 X.509 标准，但它主要是由 VISA 和 MasterCard 开发并按信用卡支付方式进行定义的，因而 SET 主要支持卡支付业务，对其他支付方式存在一定的限制。

（6）在 SET 协议中，虽然用户账号不会明文传递，通常采用 1024 位 RSA 不对称密钥加密，但在实际应用中发现大多数商户都收到了持卡人的账号，所以用户账号泄露问题仍然存在。

6．SSL 和 SET 协议的比较

事实上，SET 和 SSL 除了都采用 RSA 公钥算法以外，两者在其他技术方面没有任何相似之处。而 RSA 在两者中也被用来实现不同的安全目标。SET 是一个多方的报文协议，它定义了银行、商家、持卡人之间必需的报文规范，与此同时 SSL 只是简单地在两方之间建立了安全连接。SSL 是面向连接的，而 SET 允许各方之间的报文交换不是实时的。SET 报文能够在银行内部网或者其他网络上传输，而 SSL 之上的卡支付系统只能与 Web 浏览器捆绑在一起。SET 与 SSL 相比具有如下优点。

（1）SET 为商家提供了保护自己的手段，使商家免受欺诈的困扰，使商家的运营成本降低。

（2）对消费者而言，SET 保证了商家的合法性，并且用户的信用卡号不会被窃取，SET 替消费者保守了更多的秘密使其在线购物更加轻松。

（3）银行和发卡机构及各种信用卡组织来说，因为 SET 可以帮助它们将业务扩展到 Internet 这个广阔的空间，从而使得信用卡网上支付具有更低的欺骗概率，这使得它比其他支付方式具有更大的竞争力。

（4）SET 对于参与交易的各方定义了互操作接口，一个系统可以由不同厂商的产品构筑。

综上所述，在电子商务过程中，采用何种安全电子交易的协议是非常重要的，既要考虑安全性问题也要考虑实现过程的复杂程度和建设网站的成本。因此，发展电子商务需要根据实际

情况，在保证安全的前提下节省成本，以促进我国的网络贸易的快速发展。

 实践训练

1. 课堂讨论

（1）什么是 SET 协议？它有什么特点？

（2）SET 协议的工作流程是什么？

（3）SSL 协议有哪些优点和缺点？

2. 案例分析

SET 协议的扩展

（1）商家初始授权扩展（The Merchant Initiated Authorization Extension）版本。标准的 SET 协议，其授权是从持卡人采用 SET 协议开始的。而商家初始授权扩展允许一个商家为非 SET 的订购进行授权和请款（Capture Request）。这些订购是由持卡人采用非 SET 的传输方式完成的，如采用电话、传真、SSL 等方式通知商家支付信息，由商家采用 SET 协议向银行发出授权请求。该扩展拓宽了 SET 协议的应用场合，实现了现有电子商务的支付方式向 SET 模式的平滑过渡。

（2）在线个人识别号扩展（Online PIN Extension to SET 1.0）版本。个人识别号 PIN 是用户为支付卡设定的个人密码。SET 协议在线个人识别号扩展版本定义了两种使用 PIN 的扩展方式：一是持卡人通过任何方式（包括键盘）来输入 PIN；二是通过安全设备来输入 PIN。在实际应用中，根据支付卡的政策决定使用方式。该扩展版本增强了信用卡的认证信息，为借记卡和 IC 卡采用 SET 协议提供了新的用户信息识别方式。

（3）芯片卡扩展（Common Chip Extension）版本。芯片卡（如 IC 卡）与磁卡相比，具有存储信息容量大、安全性能高、使用快捷方便等优点。SET 1.0 标准出台时没有考虑对芯片卡的支持。1999 年 9 月，SET 协议标准组织 SETCo 批准公布了 Europe International、MasterCard International、VISA International 提交的"Common Chip Extension SET 1.0"，支持芯片卡采用 SET 协议进行安全电子交易，并使 SET 具有处理芯片卡数据的通用扩展性能。

讨论与分析

SET 协议的扩展对提高电子商务支付的安全性有何作用？

3. 实务训练

上网和查阅其他参考书，查找哪些银行使用 SSL 协议，哪些使用 SET 协议，比较两个协议的优缺点，说明两种协议并存的原因。

实训说明

本部分实训在授课后分散完成。

4. 课后拓展

SET 协议还存在哪些不足？需要做哪些改进？

第4单元　其他电子支付协议简介

 情景案例

张丽艳同学上网查找发现，中国工商银行网上银行采用的是 SSL 协议，而中国银行网上银行采用的是 SET 协议，是否还有其他电子支付协议呢？

 **任务思考**

除了上面学习的 SSL 协议和 SET 协议以外，其他的电子支付协议都有哪些？有什么特点？

 任务分析

SSL 协议和 SET 协议是应用最为广泛的电子支付安全协议，除此之外，像 Digicash 协议、First Virtual 协议、Netbill 协议和 iKP 协议等也是应用比较多的安全支付协议。在不同的交易方式、交易对象和交易额度方面有不同的优缺点。

 **相关知识**

除了 SSL 和 SET 外，在电子商务安全协议发展过程中，还先后出现了其他几个电子商务协议，主要包括以下几种。

1．Digicash 协议

Digicash 协议是位于荷兰的 Digicash 公司的产品，是一个数字现金系统，它的工作方式类似于普通的电话卡和地铁卡。在这种系统中，用户向支持 Digicash 系统的银行购买 Digicash。Digicash 可以远程地利用信用卡或在线传输购买。这些 Digicash 实际上是一些特殊编码的序列号，可以像真的现金一样使用：用来偿付购买的实体货物，交换非实物的信息，或者在个人之间完成贸易过程。任何时候都可以将 Digicash 存入银行，换成"真实"的现金。

支持 Digicash 的软件禁止 Digicash 被处理或使用一次以上。像真的现金一样，Digicash 能被匿名使用。在使用或收到 Digicash 前不必进行验证，它的使用也不留下任何可视的痕迹。这与基于信用卡的系统如 CyberCash 和 SET 不同。

Digicash 是一个匿名的数字现金协议。所谓匿名是指消费者在消费中不会暴露其身份，如现金交易（虽然钞票有号码，但交易中一般不会加以记录）。该协议的步骤如下：

（1）消费者从银行取款，他收到一个加密的数字现金（Token），此 Token 可以当钱用；

（2）消费者对该 Token 做加密变换，使之仍能被商家检验其有效性，但已不能追踪消费者的身份；

（3）消费者在某商家消费，即使用该 Token 购物或购买服务，消费者进一步对该 Token 密码变换以纳入商家的身份；

（4）商家检验该 Token 以确认以前未收到过此 Token；

（5）商家给消费者发货；

（6）商家将该电子 Token 送银行；

（7）银行检验该 Token 的唯一性，至此消费者的身份仍保密，除非银行查出该 Token 被消费者重复使用，则消费者的身份将会被暴露，消费者的欺诈行为也就暴露了。

在以上的第（3）步若发生了通信故障，则消费者无法判断商家究竟是否已收到该电子 Token。此时消费者有两种选择。

① 将其电子 Token 返回给银行或到另一商家处消费。如果消费者这样做了，而商家事实上在第（3）步已收到了该 Token，则当商家去银行将该 Token 兑现时会发现该 Token 的重复使用。

② 消费者不采取行动，既不另行消费也不退还给银行，如果消费者这样做了，而商家在第（3）步事实上未收到该 Token，则商家自然不会发货。这样一来，消费者既未收到所购之物，也未花费该电子货币，购物行为失败。

可见该数字现金协议存在一定的缺陷。

2. First Virtual 协议

First Visual 方案是为低中价软件销售、服务费信息购买、和其他类型的可通过 Internet 发送的"无形"货物设计的。它不是为像计算机硬件或图书这样的实体货物设计的。

在用 First Cirtual 系统购物之前，顾客先要到 First Virtual 的结点填写联机申请表，取得一个 First Cirtual 账号。然后顾客用电话完成整个过程。在申请时他提供信用卡号码和联系信息，并获得一个 First Virtual 个人识别码（PIN）。以后用户向某个在线厂商购买的时候，就提供他的 First Virtual PIN 来代替他的信用卡号码信息。之后 First Virtual 会用 E-mail 与他联系，在信用卡划账前给他一个同意或反悔的机会。客户只要一次性付 2.00 美元就可以开一个 First Virtual 账号，没有附加费用，在用户端也不需要特殊的软件。

想使用 First Virtual 付费的销售商要在 First Virtual 开一个账户，一次性付操作费 10.00 美元。First Virtual 会向销售商提供简单的软件，用来验证用户的 PIN 号码和在购买结束后通知 First Virtual。这些软件可以直接集成到"购物车"型的 CGI Script 中。除了一次性费用外，First Virtual 向销售商收取每次 0.29 美元的流通费，外加流通价格的 3%。

First Virtual 允许客户自由地购买商品，然后 First Virtual 使用 E-mail 同客户证实每一笔交易。First Virtual 对通信安全持怀疑态度并采取某种加密形式，并将每个电子商务交易转换为信用卡交易。First Virtual 比 Digicash 要好一些，但比其他电子商务系统要差。

3. Netbill 协议

卡内基·梅隆大学的 J.D.Tygar 教授的研究组开发了 Netbill 协议，并正和 CyberCash、Mellon Bank 和 Visa International 一起在卡内基·梅隆大学开发 Netbill 的 Alpha 版。该协议已获得 CyberCash 商业用途许可，CyberCash 的 CyberCoin 协议也使用 Netbill 方法。

Netbill 协议涉及三方：客户、商家及 Netbill 服务器。客户持有的 Netbill 账号等价于一个虚拟电子信用卡账号。协议按以下步骤实现。

（1）客户向商家查询某商品价格。

（2）商家向该客户报价。

（3）客户告知商家他是否接受该报价，如果接受则继续下一步。

（4）商家将所请求的信息商品用密钥 K 加密后发送给客户。

（5）客户准备一份电子采购订单（Electronic Purchase Order，EPO），即三元格式（价格、加密商品的密码单据、超时值）的数字签名值，客户将该已数字签名的 EPO 发送给商家。

（6）商家会签该 EPO，商家也签上 K 的值，然后将此两者送给 Netbill 服务器。

（7）Netbill 服务器验证 EPO 签名和会签，然后检查客户的账号，保证有足够的资金以便批准该交易，同时检查 EPO 上的超时值以验证其是否过期。确认没有问题时，Netbill 服务器即从客户的账号上将相当于商品价格的资金划往商家的账号上，并存储密钥 K 和加密商品的密码单据。然后准备一份包含 K 值的签好的收据，将该收据发给商家。

（8）商家记下该收据单传给客户，然后客户将第（4）步收到的加密信息商品解密。

Netbill 协议就这样传送信息商品的加密复制，并在 Netbill 服务器的契据中记下解密密钥。

 ## 实践训练

1．课堂讨论

其他的电子支付协议都有哪些？

2．案例分析

通过安全协议的学习，张丽艳的同学小王认为，有了上面的这些安全协议保驾护航，电子支付的安全性就高枕无忧了。你同意小王的看法吗？为什么？

每种网络安全协议都有各自的优缺点，实际应用中要根据不同情况选择恰当协议并注意加强协议间的互通与互补，以进一步提高网络的安全性。另外现在的网络安全协议虽已实现了安全服务，但无论哪种安全协议建立的安全系统都不可能抵抗所有攻击，要充分利用密码技术的新成果，在分析现有安全协议的基础上不断探索安全协议的应用模式和领域。

讨论与分析

你对小王有什么建议？

3．实务训练

上网查询了解 iKP 协议的相关内容。

实训说明

本部分实训在授课后分散完成。

4．课后拓展

说明为什么没有一个统一使用的安全协议？

知识小结

HTTP 协议是超文本传输协议，用于从 WWW 服务器传输超文本到本地浏览器的传送协议。

SSL 协议与 SET 协议是保证电子商务交易安全的有效标准，SSL 协议层包括两个协议子层：SSL 记录协议与 SSL 握手协议。它主要用于提高应用程序之间数据的安全性，

　　SSL 提供的服务可以归纳为如下三方面：用户和服务器的合法性认证、加密数据以隐藏被传送的数据和维护数据的完整性。SSL 安全协议的运行步骤包括六步：连接阶段、密码交换阶段、会谈密码阶段、检验阶段、客户认证阶段和结束阶段。

　　SET 协议是一个被 MasterCard、VISA 等众多知名公司所采用的安全电子交易协议，SET 协议比 SSL 协议有了很大改进。SET 协议用于支持使用信用卡进行交易的在线电子支付。一个完整的 SET 支付流程可分为五部分：支付初始化请求和响应阶段、支付请求阶段、授权请求阶段、授权响应阶段和支付响应阶段。最后还介绍了其他几个电子商务协议，如 Digicash、First Virtual 和 Netbill 协议。

练习测试

1. 名词解释

HTTP 协议　　SSL 协议　　SET 协议

2. 选择题

（1）SET 是 Secure Electronic Transaction，即安全电子交易的英文缩写。它是一个在互联网上实现安全电子交易的协议标准，它是（　　　）。

　　A. 会话层的网络标准协议

　　B. 规定了交易各方进行交易结算时的具体流程和安全控制策略

　　C. SET 通过使用公共密钥和对称密钥方式加密保证了数据的保密性

　　D. SET 通过使用数字签名来确定数据是否被篡改、保证数据的一致性和完整性，并可以完成交易防抵赖

（2）SET 通过使用（　　　）方式加密保证数据的保密性。

　　A. 对称密钥　　　　　B. 公共密钥　　　　　C. 哈希算法　　　　　D. 数字签名技术

（3）SET 协议所涉及的对象包括（　　　）

　　A. 消费者和在线商店　　　　　　　　B. 收单银行

　　C. 电子货币发行单位　　　　　　　　D. 认证中心

（4）SET 协议运行的目标主要有（　　　）。

　　A. 保证信息在互联网上安全传输

　　B. 保证电子商务参与者信息的相互隔离

　　C. 提供商品或服务

　　D. 通过支付网关处理消费者和在线商店之间的交易付款问题

（5）SSL 记录协议的基本特点（　　　）。

　　A. 连接是专用的　　　　　　　　B. 协商是可靠的

　　C. 进行协商的双方是秘密是安全的　　　　　　D. 连接是可靠的

（6）SSL 协议可用来对以下哪些协议进行加密？（　　　）

A．FTP 协议　　　　B．Telnet 协议　　　　C．HTTP 协议　　　　D．IP 协议

（7）当浏览器连接到一个安全网站时，URL 地址栏最可能出现的显示内容为（　　）。

A．http://www.somewhere.com

B．telnet://www.somewhere.com

C．ftp://www.somewhere.com

D．https://www.somewhere.com

3．简答题

（1）简述 HTTP 协议的工作原理。

（2）SSL 协议可以提供哪些服务？

（3）简述 SSL 协议的流程。

（4）SET 协议有哪些特点？

（5）简述 SET 协议支付流程。

4．论述题

试比较 SSL 协议和 SET 协议的优缺点。

电子商务支付与安全的法律保障

学习目标

知识目标

了解联合国《电子商务示范法》

了解中国《电子签名法》、《非金融机构支付服务管理办法》

掌握电子商务相关的法律知识

能力目标

运用相关法律有效防范电子支付过程中的各类风险

运用相关法律解决电子商务交易中的纠纷

素质目标

用法律武装头脑，做知法、守法公民

运用法律手段维护自身合法权益

第1单元　电子商务参与各方的法律关系

情景案例

张丽艳通过某购物网站"秒杀"购买了一款低价促销的手机。经使用后发现这款手机通话音质很差，有些时候根本听不清楚对方讲话，于是她要求商家退货。商家负责人回复："网站交易条款有明确规定，售出的产品只换不退"。张丽艳很犯愁，对自己能否要求该商家赔偿损失没有把握。

任务思考

张丽艳能否运用相关法律知识维护自身合法权益？与电子商务相关的法律有哪些？

任务分析

作为互联网发展的产物，网络购物具有快捷、方便、丰盛和廉价的优势，已经被越来越多的人所接受。但其虚拟性、开放性、流动性的特点，使得网络购物在迅速发展的同时也产生了大量的法律问题，甚至使消费者在网络购物时产生了恐惧和警惕心理。张丽艳所面临的问题即为其一。

张丽艳的损失能否得到赔偿呢？有网购经历的同学都清楚，网购是要遵守一定流程的。当前大多数购物网站一般都要求网购消费者必须经过注册并同意交易协议后方可成为网站会员，否则不具备交易资格。所以一些商家便以电子格式合同方式做出一些对消费者不公平、不合理的规定，以此来减轻、免除其义务或者排除、限制消费者权利，达到规避法律责任的目的。

《合同违法行为监督处理办法》第九条规定，经营者不得在格式条款中免除自己因违约依法应当承担的违约责任。诸如"只换不退"、"单方任意解除合同"等霸王条款。因为此举对消费者而言显失公平。商家提供的格式条款应该醒目，并应尽合理提示及说明义务，否则该条款不能作为合同条款。网购消费者在网购之前，应仔细认真阅读有关合同条款，消费者因"霸王条款"权利遭受侵害的，可要求法院确认该条款无效，并请求损害赔偿。

除此之外，当前网络购物在法律方面还存在其他一些问题，例如，网络交易环境下消费者对销售商的基本信息缺乏了解，一旦产生买卖纠纷，责任主体难以确认；消费者对网络产品仅享有极有限的知情权，易引发产品质量纠纷；对网络购物纠纷案件来讲，确认诉讼管辖法院也存在一定的困难，这会影响立案及案件审判进度和效率，另外诉讼成本高，司法资源浪费严重；在证据调取上，消费者往往处弱势群体地位，对网络欺诈如何适用法律问题界定不明，网络购物易引发隐私权纠纷等。为使消费者在网络购物中有一个放心、安全的环境，我们可以借鉴国外先进经验，制定专门的电子商务法，以完善投诉处理机制和社会信用体系。

相关知识

电子商务作为一种新兴的商务运作方式，它的成长不仅取决于计算机和网络技术的发展情况，也在很大程度上取决于政府如何为电子商务的发展营造一个良好的环境。联合国国际贸易法委员会（以下简称贸法会）1996 年 6 月提出的《电子商务示范法》，为各国电子商务立法提供了一个范本。其目的是向各国提供一套国际公认的法律规则，以供各国法律部门在制定本国电子商务法律规范时作为参考。2001 年联合国还通过了贸法会起草的《电子签章示范法》，该法已成为国际上关于电子签章的最重要的立法文件。

我国面对电子商务快速发展趋势，已很务实地着手对现行有关法律的调整，以使传统的商务法律能与新型的电子商务活动相协调。例如，1999 年 10 月 1 日起施行的《中华人民共和国合同法》，根据现实生活中出现的新情况，增添了一部分新的内容。其中第十一条明确规定：书面形式是指合同书、信件和数据电文（包括电报、电传、传真、电子数据交换和电子邮件）等可以有形地表现所载内容的形式。此外，合同法还对数据电文发出、收到的时间与地点及确认收讫等问题，都做出了相应的规定。2005 年 4 月 1 日我国出台的《中华人民共和国电子签名法》，赋予了电子签章和数据电文的法律效力，并设立电子认证服务市场的准入制度，明确由政府对认证机构实行资质管理。这些规定从法律上认定了以电子媒介为载体的交易合同的有效性和约束力，从而有力地保障在网络上实施民事行为的安全可靠性，促进了信息社会经济秩序的稳定及可持续发展。

1. 电子商务带来的法律问题

电子商务存在两种基本的交易流转程式，即网络商品直销的流转程式和网络商品中介交易的流转程式。在这些交易过程中，买卖双方、客户与交易中心、客户与银行、客户、交易中心、银行与认证中心都将彼此发生业务关系，从而产生相应的法律关系。

在法律世界里，不存在虚拟主体，而电子商务恰恰偏离了法律的要求，出现虚拟主体。电子商务法要解决的问题是确保网上交易的主体是真实存在的，且能够使当事人确认它的真实身份。这要依赖必要的工商管理和网上商务主体公示制度加以解决。而主体的管制实质上也是一个市场准入和网上商业的政府管制问题。

在现行法律体制下，任何长期固定地从事营利性事业的人（主体）必须进行登记。而网络具有开放性，电子商务因此也具有开放性，任何人均可以设立网站（主页）或设立在线商店或专卖店销售其生产或经销的商品。这样，哪些主体可以从事在线商务，如何规范在线商事行为等便成为电子商务法研究的问题。

（1）电子商务安全系统存在缺陷。按照现行法律的规定，重要商务文件（包括重要的合同、商业票据等）都须采用书面形式，否则不具有法律效力。但无纸化的电子商务以数据电文代替纸质媒介为信息载体，不采用传统的书面形式。以数据电文形式记载的交易信息是否真实、具有法律效力，需要予以明确。

电子商务必须依赖互联网，作为开展电子商务基础的网络必须安全、可靠，网络传输的错误及网络连接的故障率都应尽可能低。在电子商务全过程中，要保证数据信息的完整性和一致性，不管经由什么环节，采用什么技术，是否经过加密和解密都要确保。而目前一些电子商务网站在安全体系上没有设防，很容易受到计算机病毒和网络黑客的攻击，为电子商务的开展带来安全隐患。一旦由于非人为的因素造成交易失败或者出现问题，双方就会发生法律纠纷。

（2）电子支付问题。在电子商务交易形式下，支付虽然可以采用邮局汇款、货到付款方式等，而应用更多的则是在网上完成支付。网上支付是通过虚拟银行的电子资金划拨来完成的，而实现这一过程涉及网络银行与网络交易客户之间的协议、网络银行与网站之间的合作协议法律关系及安全保障问题。因此，需要制定相应的法律，明确电子支付的当事人包括付款人、收款人和银行之间的法律关系，制定相关的电子支付制度，认可电子签名的合法性。同时还应出台对于电子支付数据的伪造、变造、更改、涂销问题的处理办法。

电子商务在线支付在国外成熟的金融法律制度下得到了一定的发展。而我国是市场经济不太发达的发展中国家，金融法律还有待完善，信用卡制度还有待发展。

（3）电子合同问题。在传统商业模式下，通常大宗货物买卖的交易都要签订书面合同，以在对方失信不履约时作为凭证。而在在线交易的情况下，合同中所有的要约与承诺都要借助网络传输来完成，即所有当事人的意思表示均以电子化的形式存储于计算机硬盘或其他电子介质中。这种手段的变化导致电子合同与传统合同在合同法律行为要件的确定上有所区别，主要表现在几方面：意思的表达方式、当事人身份的确认、合同行为事实要素确定的方式，等等。而这一系列的问题都是传统合同法难以解决与回答的。由此针对电子合同的特点，要求我们必须研究制定新的合同法规则或建立电子商务法，以规避电子合同应用中的风险。

（4）隐私权问题。计算机和网络技术的开放性、互动性，为人们获取、传递、复制信息提供了方便。由于网络中的信息源头和流向很难掌握、复制和窃取个人信息非常容易，而且不留痕迹，这就给不法分子以可乘之机，产生各种侵害公民、法人及其他民事主体隐私权益的行为。

凡是进行在线消费（购物或接受信息服务）均须将个人资料留给商家，而对这些信息的再利用成为网络时代普遍的现象。根据一项有关电子商务隐私权方面的调查结果显示，大多数人担心个人隐私外泄，而且很多人把拒绝电子商务归咎于个人隐私权的无法保障上。如何规范商家的利用行为，保护消费者隐私权，就成为一个新问题。

（5）电子商务的税收问题。随着电子商务的迅猛发展，作为一种商业活动，电子商务是应当纳税的，从网络交易的客观实际来看，由于其逐步发展为全球范围内的交易，因此管理十分困难，致使税务管理部门来不及研究相应的征管对策，更没有系统的法律、法规来规范和约束企业的电子商务行为，出现了税收管理的漏洞，导致应征的税款白白流失。每天通过因特网所传递的资料数据相当大，其中某些信息就是商品，如果要监管所有的交易，必须对所有的信息都进行过滤，这在事实上是不可能的。因此，从法律的角度出发，制定相应的法律规范，构建完善而系统的法律机制势在必行。

2．买卖双方当事人的权利和义务

电子商务交易中买卖双方之间的法律关系，实质上表现为双方当事人的权力和义务。买卖双方的权力与义务是对等的。卖方的义务就是买方的权力，反之亦然。

1）卖方的义务

在电子商务条件下，卖方应当承担三项义务。

（1）按照合同的规定提交标的物及单据。提交标的物和单据是电子商务中卖方的一项主要义务。为划清双方的责任，标的物交付的时间、地点和方法应当明确规定。如果合同中对标的物的交付时间、地点和方法未做明确规定的，应按照有关合同法或国际公约的规定办理。

（2）对标的物的权利承担担保义务。与传统的买卖交易相同，卖方仍然应当是标的物的所有人或经营管理人，以保证将标的物的所有权或经营管理权转移给买方。卖方应保障对其所出售的标的物享有合法的权利，承担保障标的物的权利不被第三人追索的义务，以保护买方的权益。如果第三人提出对标的物的权利，并向买方提出收回该标的物时，卖方有义务证明第三人无权追索，必要时应当参加诉讼，出庭作证。

（3）对标的物的质量承担担保义务。卖方应保证标的物质量符合规定。卖方交付的标的物的质量应符合国家规定的质量标准或双方约定的质量标准，不应存在不符合质量标准的瑕疵，也不应出现与网络广告相悖的情况。卖方在网络上出售有瑕疵的物品，应当向买方说明。卖方隐瞒标的物的瑕疵，应承担责任。买方明知标的物有瑕疵而购买的，卖方对瑕疵不负责任。

2）买方的义务

在电子商务条件下，买方同样应当承担三项义务。

（1）买方应承担按照网络交易规定方式支付价款的义务。由于电子商务的特殊性，网络购买通常没有时间、地点的限制，支付价款通常采用信用卡、智能卡、电子钱包或其他电子支付等方式，这与传统的支付方式有所区别。但在电子交易合同中，采用哪种支付方式应明确规定。

（2）买方应承担按照合同规定的时间、地点和方式接收标的物的义务。由买方自提标的物的，买方应在卖方通知的时间内到预定的地点提取。由卖方代为托运的，买方应按照承运人通知的期限提取。由卖方运送的，买方应做好接收标的物的准备，及时接收标的物。买方迟延接收时，应负迟延责任。

（3）买方应当承担对标的物验收的义务。买方接收标的物后，应及时进行验收。规定有验收期限的，对表面瑕疵应在规定的期限内提出。发现标的物的表面瑕疵时，应立即通知卖方，瑕疵由卖方负责。买方不及时进行验收，事后再提出表面瑕疵，卖方不负责任。对隐蔽瑕疵和卖方故意隐瞒的瑕疵，买方发现后，应立即通知卖方，追究卖方的责任。

3）对买卖双方不履行合同义务的解决办法

卖方不履行合同义务主要指卖方不交付标的物、单据或交付迟延；交付的标的物不符合合同规定及第三者对交付的标的物存在权利或权利主张等。

（1）当发生上述违约行为时，买方可以选择以下解决方法：

① 要求卖方实际履行合同义务，交付替代物或对标的物进行修理；

② 减少支付价款；

③ 对迟延或不履行合同要求损失赔偿；

④ 解除合同，并要求损害赔偿。

（2）买方不履行合同义务，包括买方不按合同规定支付货款和不按规定收取货物，在这种情况下，卖方可以选择以下解决方法：

① 要求买方支付价款、收取货物或履行其他义务，并为此可以规定一段合理额外的延长期限，以便买方履行义务；

② 损害赔偿，要求买方支付合同价格与转售价之间的差额；

③ 解除合同。

3．网络交易中心的法律地位

网络交易中心在电子商务中介交易中扮演着介绍、促成和组织者的角色。这一角色决定了交易中心既不是买方的卖方，也不是卖方的买方，而是交易的中间人。它是按照法律的规定、买卖双方委托业务的范围和具体要求进行业务活动的。

网络交易中心的设立，根据《中华人民共和国计算机信息网络国际联网管理暂行规定》第八条，必须具备以下4个条件：

（1）是依法设立的企业法人或者事业法人；

（2）具有相应的计算机信息网络、装备及相应的技术人员和管理人员；

（3）具有健全的安全保密管理制度和技术保护措施；

（4）符合法律和国务院规定的其他条件。

网络交易中心应当认真负责地执行买卖双方委托的任务，并积极协助双方当事人成交。网络中心在进行介绍、联系活动时要诚实、公正、守信用，不得弄虚作假、招摇撞骗，否则须承担赔偿损失等法律责任。

网络交易中心必须在法律许可的范围内进行活动。网络交易中心经营的业务范围、物品的价格、收费标准等都应严格遵守国家的规定。法律规定禁止流通物不得作为合同标的物。对显然无支付能力的当事人或尚不确知具有合法地位的法人，不得为其进行中间活动。

在互联网上从事居间活动的网络交易中心还有一个对口管理的问题。按照《中华人民共和国计算机信息系统安全保护条例》规定，进行国际联网的计算机信息系统，由计算机信息系统的使用单位报省级以上的人民政府公安机关备案。拟建立接入网络的单位，应当报经互联单位的主管单位审批；办理审批手续时，应当提供其计算机网络的性质、应用范围和所需主机地址等资料。联网机构必须申请到经过国务院批准的因特网络的接入许可证，并且持有邮电部门核发的开放电信许可证，才可以面向社会提供网络接入服务。由于网络交易中心提供的服务性质上属于电信增值网络（Value-added Network）业，其所提供的服务不是单纯的交易撮合，而是同时提供许多经过特殊处理的信息于网络之上，故而增加了单纯网络传输的价值。所以，在业务上，网络交易中心还应接受各级网络管理中心的归口管理。

买卖双方之间各自因违约而产生的违约责任风险应由违约方承担，而不应由网络交易中心承担。因买卖双方的责任而产生的对社会第三人（包括广大消费者）的产品质量责任和其他经济（民事）、行政、刑事责任也概不应由网络交易中心承担。

4. 关于网站经营者侵权的法律责任

 相关链接

手机电子书侵权案

在电子书及数字阅读普及的同时，电子书侵权现象却屡见不鲜。2013 年 7 月，迈奔灵动科技（北京）有限公司因擅自传播著名作家余秋雨及二月河作品供手机阅读被判侵权。

迈奔灵动经营的"机锋论坛"网开辟 Android 手机电子书频道专供用户上传电子书籍。该频道招募、组织成立的"机锋电子书资源组"因擅自传播"余秋雨作品集"电子书（含《文化苦旅》、《山居笔记》等作品）及"二月河作品集"电子书（含《康熙大帝》、《雍正皇帝》等作品）而被该作品数字版权专有使用人北京中文在线数字出版股份有限公司诉至法院。海淀区人民法院已对两个案件分别做出一审判决，认定中文在线依法享有涉案作品的网络信息传播权，认定迈奔灵动在擅自传播余秋雨的作品案件中构成直接侵权，且存在教唆和帮助侵权行为，认定迈奔灵动在擅自传播二月河的作品案件中构成帮助侵权。

由于电子商务发展已是无所不包，经营及交易方式也是各具特色，所以使得网站经营者，无论是 ICP、IAP 还是 ISP，其可能承担的法律责任的范围相当广泛，从民事责任到刑事责任，从民事责任中的违约责任、侵权责任、连带责任到产品质量责任，从连带责任中为雇员承担的代替侵权责任到因内容提供者带来的继续侵权责任，可能都会涉及。正是因为电子商务与Internet 的发展一直是在缺乏政府管制的状态下进行的，而其发展之迅猛以至难以用一纸规定对其进行约束，所以网站经营者承担这种责任的风险是非常大的。

如果仅就网站经营者可能承担的侵权责任（如版权，商标权、名誉权等）而言，主要涉及的责任有两种：直接侵权责任与间接侵权责任。所谓直接侵权责任，是指由于直接从事了侵权行为所应承担的责任，并且这种责任的承担是不以行为人主观上是否有过错为前提的。而间接侵权责任的承担，主要是由于侵权人的行为是其他侵权行为的继续或是为其他侵权行为提供了条件等，是否承担责任以行为人是否有主观上的故意或过失为前提。在网站经营者中，如果是BBS、新闻组的主持人或 ISP，更多地适用这种责任；如果是由他人提供部分内容的 ICP，就这一部分内容，在一定的情况下，也可以适用这种责任。

5. 网络交易客户与网上银行间的法律关系

在完善的电子商务中，银行是网络银行。除少数邮局汇款或其他形式付款外，大多数交易都要通过网上银行的电子资金划拨来完成。电子资金的划拨是以网上银行与网络交易客户所订立的协议为依据的。这种协议属于标准格式合同，通常是由网上银行起草并作为开立账户的条件递交给网络交易客户的，并在网络交易客户接受合同条款后生效。所以，网络交易客户与网上银行之间的关系仍然是以合同为基础的。

在电子商务中，网上银行同时扮演发送银行和接收银行的角色。其基本义务是依照客户的指示，准确、及时地完成电子资金划拨。作为发送银行，在整个资金划拨的传送链中，承担着如约执行资金划拨指示的责任。一旦资金划拨失误或失败，发送银行应向客户进行赔付，除非在免责范围内。如果能够查出是哪个环节的过失，则由过失单位向发送银行进行赔付；如果不能查出差错的来源，则整个划拨系统分担损失。作为接收银行，其法律地位似乎较为模糊。一方面，接收银行与其客户的合同要求它妥当地接收所划拨来的资金，也就是说，它一接到发送银行传送来的资金划拨指示便应立即履行其义务。若有延误或失误，则应依接收银行与客户签订的合同处理。另一方面，资金划拨中发送银行与接收银行一般都是某一电子资金划拨系统的成员，相互负有合同义务，如果接收银行未能妥当地执行资金划拨指示，则应同时对发送银行和受让人负责。

在实践中，电子资金划拨中常常出现因过失或欺诈而致使资金划拨失误或迟延的现象。若系过失，自然适用于过错归责原则；若系欺诈所致，且网上银行安全程序在电子商务上是合理可靠的，则名义发送人需对支付命令承担责任。

银行承担责任的形式通常有三种。

（1）返还资金，支付利息。如果资金划拨未能及时完成，或者到位资金未能及时通知网络交易客户，网上银行有义务返还客户资金，并支付从原定支付日到返还当日的利息。

（2）补足差额，偿还余额。如果接收银行到位的资金金额小于支付指示所载数量，则接收银行有义务补足差额；如果接收银行到位的资金金额大于支付指示所载数量，则接收银行有权依照法律提供的其他方式从收益人处得到偿还。

（3）偿还汇率波动导致的损失。对于在国际贸易中，由于网上银行的失误造成的汇率损失，网络交易客户有权就此向网上银行提出索赔，而且可以在本应进行汇兑之日和实际汇兑之日之间选择对自己有利的汇率。

6. 认证机构在电子商务中的法律地位

随着 Internet 的广泛应用，认证机构及其所提供的信用服务越来越重要，与此同时，调整认证法律关系将成为电子商务法律制度规范的范畴。

1）认证中心

认证中心是电子商务运作中，对用户的电子签名颁发数字证书的机构，现已成为开放性电子商务活动中不可缺少的信用服务机构，扮演着一个买卖双方签约、履约的监督管理的角色。买卖双方有义务接受认证中心的监督管理。它不仅要对进行网络交易的买卖双方负责，还要对整个电子商务的交易秩序负责。因此，在整个电子商务交易过程中，包括电子支付过程中，认证中心都有着不可替代的地位和作用，其主要任务是受理数字凭证的申请、签发数字证书，以及对数字证书进行有效的管理。

2）认证机制

在采用公开密钥的电子商务系统中，对文件进行加密传输的过程包括六个步骤。

（1）买方从虚拟市场上寻找到欲购商品，确定需要联系的卖方，并从认证机构获得卖方的公开密钥。

（2）买方生成一个自己的私有密钥，并用从认证机构得到的卖方公开密钥对自己的私有密钥进行加密，然后通过网络传输给卖方。

（3）卖方用自己的公开密钥进行解密后得到买方的私有密钥。

（4）买方对需要传输的文件用自己的私有密钥进行加密，然后通过网络把加密后的文件传输到卖方。

（5）卖方用买方的私有密钥对文件进行解密得到文件的明文形式。

（6）卖方重复上述步骤向买方传输文件，实现相互沟通。

在上述过程中，只有卖方和认证中心才拥有卖方的公钥，或者说，只有买方和认证中心才拥有买方的公钥。所以，即使其他人得到了经过加密的买卖双方的私钥，也因为无法进行解密而保证了私钥的安全性，从而也保证了传输文件的安全性。

公开密钥系统在电子商务文件的传输中实现了两次加密/解密过程：私钥的加密和解密与文件本身的加密和解密，买卖双方的相互认证是通过认证中心提供的公钥来实现的。在实际交易时，认证中心需要向咨询方提交一个由 CA 签发的包括个人身份的证书，持卡人证书、商家证书、账户认证、支付网关证书、发卡机构证书等多项内容的电子证明文件，使交易双方彼此相信对方的身份。顾客向 CA 申请证书时，可提交自己的驾驶执照、身份证或护照，经 CA 验证后，颁发相应的证书，证书包含了顾客的名字和他的公开密钥，以此作为网上证明自己身份的依据。

这种认证过程同样可以运用在电子支付过程中。在电子支付过程中，持卡人要付款给商家，但持卡人无法确定商家是有信誉的而不是冒充的，于是持卡人可以向 CA 提出对商家身份进行认证的请求。CA 根据持卡人的请求，对商家进行调查、验证和鉴别后，将包含商家公钥的证书传给持卡人。同样，商家也可对持卡人进行验证。证书一般包含拥有者的标识名称和公钥，并且由 CA 进行过数字签名。

3）认证中心的设立与管理

电子商务认证机构的法律地位在现行的法律中尚未涉及。许多部门甚至一些有实力的企业都想设立这样一个机构，毕竟这样一个机构对于电子商务交易中的买卖双方来说都是至关重要的，而且有利可图。例如，工商行政管理部门是一个综合性的经济管理部门，在日常管理工作中所直接掌握的各类企业和个体工商户的登记档案及商标注册信息、交易行为信息、合同仲裁、动产抵押、案件查处、广告经营、消费者权益保护等信息，可以从多方面反映电子商务参与者的信用情况。工商行政管理部门拥有全国最具权威的经济主体数据库、覆盖面最广的市场信息数据库、最准确的商标数据库、最广泛的消费者保护网络。依靠这些数据库，可以很好地完成电子商务认证机构的各项任务。因此由工商行政管理部门设立一个认证中心是合理的，也是可行的。

隶属于国家工商局的电子商务认证机构的功能主要有：接受个人或法人的登记请求，审查、批准或拒绝请求，保存登记者登记档案信息和公钥，颁发电子证书等。

　　（1）电子商务认证机构对登记者履行下列监督管理职责。

　　① 监督登记者按照规定办理登记、变更、注销手续。

　　② 监督登记者按照电子商务的有关法律法规合法从事经营活动。

　　③ 制止和查处登记人的违法交易活动，保护交易人的合法权益。

　　（2）登记者有下列情况之一的，认证机构可以根据情况分别给予警告、报告国家工商管理局、撤销登记的处罚。

　　① 登记中隐瞒真实情况，弄虚作假的。

　　② 登记后非法侵入机构的计算机系统，擅自改变主要登记事项的。

　　③ 不按照规定办理注销登记或不按照规定报送年检报告书，办理年检的。

　　④ 利用认证机构提供的电子证书从事非法经营活动的。

实践训练

1．课堂讨论

（1）电子商务带来的法律问题有哪些？

（2）电子商务交易中，买卖双方的权利与义务是怎样的？

（3）网络交易客户与网上银行间存在怎样的法律关系？

2．案例分析

电子商务法律典型案件

　　中国电子商务研究中心（100ec.cn）正式发布了《2013—2014年度中国电子商务法律报告》。报告全面囊括了 B2B、网络购物、网络团购、互联网金融、物流快递、移动电子商务、O2O、海外代购等电子商务各细分领域，对出现的典型事件进行分析解读，并对年度立法进行聚焦。

　　据悉，报告对 2013—2014 年期间的电商典型法律案例进行解读，发布"2013—2014 年度十大电子商务领域典型法律案例"：天价 QQ 号归属案、离职空姐海外代购走私案终审、网购消费维权诉天猫卖家"假一赔万"案、当当网销售不达标保健品被判十倍赔偿案、大众点评网告百度侵权与不正当竞争索赔达 9000 万案、亚马逊中国"删除订单"案、首例比特币交易平台诈骗案、太平洋直购网网络传销案、酒仙网和也买酒等知名电商售卖假酒"赖茅"案、完美诉窝窝团侵犯注册商标专用权索赔 55 万元案。

　　讨论与分析

　　电子商务法律纠纷的根源是什么？如何有效解决？

3．实务训练

　　网上查找有关电子商务安全的法律法规。

　　实训说明

　　（1）课后收集整理。

　　（2）课堂交流讨论。

4. 课后拓展

（1）上网查找特殊形态（网络广告、网上拍卖、网上证券交易等）的电子商务规范问题。

（2）上网了解在线交易法律适用和管辖冲突问题。

（3）借助网络认识在线不正当竞争与网上无形财产保护问题。

第 2 单元　电子商务交易安全保护法

情景案例

张丽艳利用暑期实习的收入，通过银行信用卡向某网站一公司订购了一台数码相机，价格为 2500 元。一个多月过去了，张丽艳仍然没有收到数码相机，上网查询，却查不到该公司的住所地。后联系该网站，该网站也拒绝赔偿损失。感觉上当受骗的小张，想向法院提起诉讼，却不知道谁是责任承担主体。

任务思考

张艳丽的损失该由谁来承担？她如何进行维权呢？涉及哪些方面的法律法规？

任务分析

网上购物省时省力，足不出户就能搜罗到全国各地的好货、便宜货，但最遗憾的是世上没有完美的事物，网上购物的安全性成为广大买家最担心、最关心的问题。网络世界是个虚拟的世界，所有行为都可以虚拟身份掩盖，所以容易滋生欺诈等现象。近几年我国网上支付业务迅速发展，因网上购物而被诈骗的事情逐日增多，从政府到电子商务企业都开始重视这一问题，并陆续推出了一系列举措。例如，各认证机构推出的数字证书，即可通过数字证书的有效信息，查找到具体的犯罪嫌疑人；电子商务公司如易趣的实名注册，阿里巴巴的"诚信通"，以及一些网站实施的先行赔偿制度等，都在电子商务信用方面取得了一定成效；在银行方面有招商银行推出的"VISA 验证"服务等，都在力求加强网上交易与支付的安全性，最低限度地降低网上犯罪发生的可能性。

关于本案，我国《民事诉讼法》第 108 条规定起诉时"有明确的被告"。在网络交易环境下，网络销售商一般仅告知银行汇款账号，而不履行告知企业名称等义务。为了厘清出现纠纷时的责任主体，消费者在购物前应充分了解网络经销商的相关信息：①查清网络经销商的名称，住所地和公司注册地，实际联系地址及联系电话；②查清网络经销商的资质及资信能力，尽量选择具有相应网络经营资质、资产规模较大、信誉记录良好的网络经销商。如果消费者发现网络销售商涉嫌欺诈的，可以向公安部门举报或者向消费者协会投诉；如果发现网络销售商涉嫌诈骗犯罪的，可立即向公安部门提供线索报案。当遇到提供网络交易平台的网站因监管不力或网络销售商因提供虚假信息而侵犯消费者的知情权，甚至造成消费者人身损害或财产损失时，消费者可提起诉讼，要求该网站与网络销售商承担连带赔偿责任。

相关知识

电子商务交易安全的法律保护问题，涉及两个基本方面：第一，电子商务交易首先是一种商品交易，其安全问题应当通过民商法加以保护；第二，电子商务交易是通过计算机及其网络而实现的，其安全与否依赖于计算机及其网络自身的安全程度。虽然从 20 世纪 80 年代起，国家相关部门就已经开始着手制订涉及计算机安全的法律法规和维护经济秩序的相关法律法规，但到今天上述两方面的法律制度尚不完善，我国目前还没有出台专门针对电子商务交易的法律法规，因而面对迅速发展的电子商务新的交易形式难以出台较为完善的安全保障规范性法律条文。所以，如何充分利用已经公布的有关交易安全和计算机安全的法律法规，保护电子商务交易的正常进行，并在不断的探索中逐步建立适合中国国情的电子商务法律制度，就成为当前非常迫切的重要工作之一。

1. 联合国电子商务交易安全的法律保护

1）联合国《电子商务示范法》

（1）《电子商务示范法》的制定。电子商务所引发的法律问题主要是指传统的法律体制如何接纳、调整这种新型的贸易方式，从而使其合法化。从世界发展现状来看，电子商务无论从体系、组织、模式、法律、管理、技术上均还未完全成熟，各国也都处于摸索阶段。电子商务是无确定界限的商务活动，它在提供新的商机的同时，也带来了新的不确定因素。尽管电子商务是全球性的活动，但调整它的法律却属于国家范围内的，公司和企业面临的是不同国家法律体系的制约，而不同国家的法律体系间并不完全兼容，甚至有的是相互矛盾的。而各国法律均具有规制电子商务的可能性，这将会使电子商务的发展受到严重的阻碍。因此，联合国及各国政府均采取了相应的措施来规范电子商务活动，并逐步取得各国的认同，使其成为全球电子商务的法律规范。

为此，联合国国际贸易法委员会（UNCITRAL 以下简称"贸法会"）作为 EDI（Electronic Data Interchange，电子数据交换）国际立法的中心论坛，自 20 世纪 80 年代初期即开始探讨 EDI 的法律问题，因各国法律均有对单证必须签字和必须采用书面形式的规定，为此，贸法会建议各国政府：

① 重新审查涉及使用计算机记录作为诉讼举证的法律规则，以便消除对其使用所造成的不必要的障碍，确保这些规则符合技术的发展，并为法院提供适当的办法来评价这些记录具有法律上的可采纳性。

② 重新审查关于某些交易和与交易有关的文件要用书面形式的法律规定，以期酌情允许把该项交易或文件的计算机识读形式记录下来或予以发送。

③ 重新审查关于以亲笔签字或其他书面办法认证与贸易有关的文件的规定，以期酌情允许使用电子认证办法。

④ 重新审查关于提交给政府的文件须用书面形式并亲笔签字的法律规定，以期酌情允许以计算机识读形式向购置了必要设备并建立了必要程序的那些行政部门提交此类文件。

自 1990 年起，联合国贸法会就做出了题为《对利用电子方法拟定合同所涉及法律问题的初步研究》的报告，具有划时代的意义。该报告指出，在今后有关电子商务的工作中将用"电子数据交换"替代以往的"自动数据处理"，由此电子商务的概念正式出现在联合国贸法会论坛上。

贸法会在向各国政府做出上述建议后，为了给各国制定电子商务法律、法规提供相应的范

本，1996 年 5 月，贸法会召开了第 29 届会议，认为《电子数据交换电子商务及有关的数据传递手段法律事项示范法草案》通过以来的两年间，国际贸易形势发生了很大变化，电子商务的发展势头强劲，迫切需要统一的法律参考。

1996 年 6 月，贸法会提出了制定《电子商务示范法》设想。同年 12 月，贸法会将其多次修订的《电子数据交换和有关数据通信手段法律方面的统一规则草案修订条文》交由联合国大会讨论，并且以大会 51/162 号决议的形式通过，正式命名为《电子贸易示范法》（以下简称"《示范法》"），为各国电子商务立法提供了一个范本。《示范法》是迄今为止世界上第一个关于电子商务的法律。该示范法出台的目的是促进协调和统一国际贸易法、消除因贸易法不充分和差异而对国际贸易造成不必要的阻碍，为各国在制定相关法律时提供一个值得参考的示范法规。它不仅能够帮助那些在传递和存储信息的现行法规不够完善或者已经过时的国家去完善、健全其法律法规和惯例，也有助于所有国家增强他们使用的通信和信息通信的立法，并有利于那些目前尚无这种立法的国家制定相关的法律、法规。

随着信息高速公路和国际互联网技术的发展，电子邮件和电子数据交换等现代化通信手段在国际贸易中的使用正在迅速增多。然而，以非书面电文形式来传递具有法律意义的信息，可能会因使用这种电文所遇到的法律障碍或这种电文法律效力的不确定性而受到影响。《示范法》的目的即是要向各国立法者提供一套国际公认的规则，说明怎样去消除此类法律障碍，如何为电子商务创造一种比较可靠的法律环境。此外，《示范法》中表述的原则还可供电子商务的用户个人用来拟定为克服进一步使用电子商务所遇到的法律障碍可能所必需的某些合同解决方法。

《示范法》在规定数据电文的法律效力时，其基本原则是"对数据电文不加歧视"，不能仅仅以某项信息采用数据电文的形式为理由而否认其法律效力，但是《示范法》也没有承认任何数据电文都不加区分地一律具有法律效力，而是采用了"功能等同方法"，即当数据电文能够满足一些最低要求并能达到书面形式的基本功能时，就能与起着相同作用的相应书面文件一样，享受同等程度的法律认可。

作为示范法，该法的内容对各国不具有直接的法律效力，只有各国在立法过程中将这些内容明确规定于法律法规中时，方对各国当事人具有约束力。但它对于各国的电子商务立法具有很强的建议和指导作用，在电子商务法律领域具有不可忽视的重要作用。

（2）《电子商务示范法》的主要内容。《示范法》的内容包括两大部分。第一部分是电子商业总则（从第一条至第十五条），它是该法的核心。总则将纸面文件的基本功能提炼出来，对电子商务交易文件可视为或等同于书面文件签字效力等情况做了明确规定，保证交易双方通过电子手段传递信息、签订合同的合法性。第二部分是电子商务在特定领域中的运用，主要是货物运输方面的法律规定，明确指出只要交易双方确保电子提单的唯一性，就可以通过计算机网络通信转让货物的控制权和所有权。《示范法》主要解决了以下几方面的问题。

① 数据电文适用法律要求。《示范法》第 5 条规定，"不得仅仅以某项信息采用数据电文形式为理由而否定其法律效力、有效性或可执行性。"

② 书面形式。《示范法》第 6 条规定，"如法律要求须采用书面形式，则假若一项数据电文所含信息可以调取以备日后查用，即满足了该项要求。"第 6 条的不足是确立这样一项要求：在任何情况下，数据电文都应起到书面形式的全部功能。第 6 条并不注重于"书面形式"的某些特定功能，而是注重于信息可以复制和阅读这一基本概念。

③ 签字。为了确保须经过核证的电文不会仅仅由于未按照纸面文件特有的方式加以核证

而否认其法律价值，《示范法》第7条规定："如法律要求要有一个人签字，则对于一项数据电文而言，倘若情况如下，即满足了该项要求：

◆ 使用了一种方法，鉴定了该人的身份，并且表明该人认可了数据电文内含的信息；

◆ 从所有各种情况看来，包括根据任何相关协议，所用方法是可靠的，对生成或传递数据电文的目的来说也是适当的。

《示范法》第7条采用了一种综合办法，它确定了在何种一般情况下数据电文即可视为经过了具有足够可信度的核证，而且可以生效执行，视之达到了签字要求，此种签字要求目前构成了电子商业的障碍。第7条侧重于签字的两种基本功能：一是确定一份文件的作者；二是证实该作者同意了该文件的内容。其确立的原则是，在电子环境中，只要使用一种方法来鉴别数据电文的发件人并证实该发件人认可了该数据电文的内容，即可达到签字的基本法律功能。

在决定根据第一款所采用的方法是否适宜时，可予考虑的各种法律、技术及商业因素包括以下几方面：

◆ 每一当事方所使用设备的先进程度；

◆ 他们所从事的贸易活动的性质；

◆ 当事方之间进行商业交易的频度；

◆ 交易的种类和数额；

◆ 在特定的法规环境下签字要求的功能；

◆ 通信系统的能力；

◆ 是否遵行由中间人提出的核证程序；

◆ 可由中间人提供的各种核证程序；

◆ 是否遵行贸易惯例和做法；

◆ 有无防范未经授权而发出电文的保险机制；

◆ 数据电文所含信息的重要性和价值；

◆ 利用其他鉴别方法的可能性和实施费用；

◆ 有关行业或领域在商定该鉴别方法时及在数据电文被传递时，对于该鉴别方法的接受或不接受程度；

◆ 任何其他有关因素。

联合国贸法会电子商务工作组第35届会议通过的《电子商务统一规则草案》第2条，根据《电子商务示范法》第7条提出："'电子签名'系指在数据电文中，以电子形式所含、所附或在逻辑上与数据电文有联系的数据，和与数据电文有关的任何方法，它可用于数据电文有关的签字持有人和表明此人认可数据电文所含信息。"

④ 数据电文的可接受性和证据力。《示范法》第9条规定，"在任何法律诉讼中，证据规则的适用在任何方面均不得以下述任何理由否定一项数据电文作为证据的可接受性：

◆ 仅仅以它是一项数据电文为由。

◆ 如果它是举证人按合理预期所能得到的最佳证据，以它并不是原样为由。"

对于以数据电文为形式的信息，应给予应有的证据力。在评估一项数据电文的证据力时，应考虑到生成、储存或传递该数据电文的办法的可靠性，保持信息完整性的办法的可靠性，用以鉴别发信人的办法，以及任何其他相关因素。

⑤ 合同的订立和有效性。《示范法》第11条规定，"就合同的订立而言，除非当事各方另有协议，一项要约以及对要约的承诺均可通过数据电文的手段表示。如使用了一项数据电文来

订立合同，则不得仅仅以使用了数据电文为理由而否定该合同的有效性或可执行性"。第 12 条同时规定，"就一项数据电文的发件人和收件人之间而言，不得仅仅以意旨的声明或其他陈述采用数据电文形式为理由而否定其法律效力、有效性或可执行性。"

⑥ 数据电文的确认收讫。"收到"这一概念，在电子商务贸易过程中，具有相当重要的法律意义。联合国《示范法》第 15 条详细规定了收到和发出数据电文的时间和地点：

◆ 除非发件人与收件人另有协议，一项数据电文的发出时间以它进入发件人或代表发件人发送数据电文的人控制范围之外的某一信息系统的时间为准。

◆ 除非发件人与收件人另有协议，数据电文的收到时间按下述办法确定：如收件人为接收数据电文而指定了某一信息系统，则以数据电文进入该指定信息系统的时间为收到时间；如数据电文发给了收件人的一个信息系统但不是指定的信息系统，则以收件人检索到该数据电文的时间为收到时间。如收件人并未指定某一信息系统，则以数据电文进入收件人的任一信息系统的时间为收到时间。

◆ 即使设置信息系统的地点不同于根据第四款规定所视为的收到数据电文的地点，第二款的规定仍然适用。

◆ 除非发件人与收件人另有协议，数据电文应以发件人设有营业地的地点视为其发出地点，而以收件人设有营业地的地点视为其收到地点。具体操作中，如发件人或收件人有一个以上的营业地，应以对基础交易具有最密切关系的营业地为准，如果并无任何基础交易，则以其主要的营业地为准；如发件人或收件人没有营业地，则以其惯常居住地为准。

除《示范法》本身外，联合国国际贸易法委员会还颁布了《电子商务示范法指南》，内容包括守法背景和条文说明，将有助于向各国政府和学者解释做出这些规定的原因和考虑，并有助于各国考虑是否根据本国的特殊情况对《示范法》的某些条款做出更改。

2）联合国《电子签字示范法》

随着电子商务的大规模推广，交易安全问题越来越突出。电子签字作为保障电子商务交易安全的重要手段，受到国际社会和各国政府的高度重视。2001 年 3 月 23 日，联合国贸易法委员会通过了《电子签字示范法》，这是联合国贸易法委员会继《电子商务示范法》之后，又一部专门针对电子商务的示范法。该法将电子商务活动中的数字签字（Digital Signature）、电子签名等具有相同内容的不同表述统一起来，提出了一套完整的法律制度，为电子签字在电子商务交易中的广泛应用奠定了坚实的法律基础。

（1）电子签字（Electronic Signature）的概念。1999 年 9 月，联合国贸易法委员会电子商务工作组第 35 次会议曾经在《电子签字统一规则草案》中对电子签字的概念给出了一个表述，但在第 36 次会议上，第 35 次会议关于电子商务概念的条款没有通过，因为"强化电子签字"这一概念所引起的问题尚有待澄清。2001 年 3 月 23 日，联合国贸法会电子商务工作组第 38 次会议通过的《贸易法委员会电子签字示范法》重新给出了电子签字的定义："电子签字"是指在数据电文中，以电子形式所含、所附或在逻辑上与数据电文有联系的数据，它可用于鉴别与数据电文有关的签字人和表明此人认可数据电文所含信息。

《贸易法委员会电子签字示范法》提出的电子签字概念，将电子商务活动中的数字签字、电子签名等具有相同内容的不同表述统一起来，充分体现了不偏重任何技术的原则。在促进电子签字发展的同时，也考虑到公钥加密技术的替代问题，考虑到其他电子签字方式的发展问题。

（2）电子签字的功能。以纸张为基础的传统签字主要是为了履行下述功能：

① 确定一个人的身份；

② 肯定是该人自己的签字；

③ 使该人与文件内容发生关系。

由此可见，"签字"的目的是为了将签字人的身份、签字人的意向及所签发的文件内容成为一个不可分割的整体，以确保该文件内容是签字人真实意向的表达。

为了保证电子商务活动的正常进行，需要具有书面签字功能的电子签字。电子签字具有与传统手写签字同样的功能，不同的是它是通过电子技术来实现的，同时它还具有比手写签字更为宽泛的功能。

（3）电子签字中当事各方的基本行为规范。按照《电子签字示范法》，参与电子签字活动包括签字人、验证服务提供商和依赖方。"签字人"是指持有电子生成数据并以本人身份或以其所代表的人的名义行事的人；"验证服务提供商"是指签发证书或可以提供与电子签字相关的其他服务的人；"依赖方"是指可以根据证书或电子签字行事的人。

《电子签字示范法》制定了签字当事方（即签字人、依赖方和验证服务提供商）行为的评定标准。

① 签字人的行为。《电子签字示范法》第 8 条规定了签字人的行为。如果签字生成数据可用来生成具有法律效力的签字，则各签字人应当做到如下条款：

◆ 采取合理的防范措施，避免他人擅自使用其签字生成数据。

◆ 在发生下列情况时，毫无任何不适当的迟延，向签字人、按合理预计可能依赖电子签字或提供电子签字辅助服务的任何人员发出通知：签字人知悉签字生成数据已经失密；或签字人知悉的情况引起签字生成数据可能已经失密的很大风险。

◆ 在使用证书支持电子签字时，采取合理的谨慎措施，确保签字人做出的关于证书整个周期的或需要列入证书内的所有重大表述均精确无误和完整无缺。

若签字人未能满足上述要求，应承担责任。

② 依赖方的行为。《电子签字示范法》第 11 条规定了依赖方的行为。如果依赖方未能做到如下条款，应当负法律后果：

◆ 采取合理的步骤核查电子签字的可靠性；

◆ 在电子签字有证书证明时，采取合理的步骤；

◆ 核查证书的有效性或证书的吊销或撤销；

◆ 遵守对证书的任何限制。

③ 验证服务提供商的行为。《电子签字示范法》第 9 条规定了验证服务提供商的行为。如果验证服务提供商为证明一个作为签字使用可具有法律效力的电子签字而提供服务，则该验证服务提供商应当做到以下条款。

◆ 按其所做出的关于其政策和做法的表述行事。

◆ 采取合理的谨慎措施，确保其做出的有关证书整个周期的或需要列入证书内的所有重大表述均精确无误和完整无缺。

◆ 提供合理可行的手段，使依赖方得以证实下列内容：其一，验证服务提供商的身份；其二，证书中所指明的签字人在签发证书时拥有对签字生成数据的控制；其三，在证书签发之时或之前签字生成数据有效。

◆ 提供合理可行的手段，使依赖方能在适当情况下从证书或其他方面证实下列内容：其一，用以鉴别签字人的方法；其二，对签字生成数据或证书的可能用途或使用金额上的任何限制；其三，签字生成数据有效和未发生失密；其四，对验证服务提供商规定的责任范围或程度的任何限制；其五，是否存在签字人依照规定发出通知的途径；其六，是否提供了及时的撤销服务；其七，验证服务提供商应提供签字人依照规定发出通知的途径，应确保提供及时的撤销服务；应使用可信赖的系统、程序和人力资源提供其服务。

④ 符合电子签字的要求。《电子签字示范法》第 6 条阐述了符合电子签字的要求。

◆ 凡法律规定要求有某人的签字时，如果根据各种情况，包括根据任何有关协议，使用电子签字既适合生成或传送数据电文所要达到的目的，而且也同样可靠，则对于该数据电文而言，即满足了该项签字要求。

◆ 无论第一款提及的要求是否作为一项义务，或者法律只规定了没有签字的后果，第一款均适用。

◆ 就满足第一款所述要求而言，符合下列条件的电子签字视作可靠的电子签字：其一，签字生成数据在其使用的范围内与签字人而不是还与其他任何人相关联；其二，签字生成数据在签字时处于签字人而不是还处于其他任何人的控制之中；凡在签字后对电子签字的任何篡改均可被觉察；其四，如签字的法律要求目的是对签字涉及的信息的完整性提供保证，凡在签字后对该信息的任何篡改均可被觉察。

◆ 第三款并不限制任何人在下列任何方面的能力：其一，为满足第一款所述要求的目的，以任何其他方式确立某一电子签字的可靠性；其二，举出某一电子签字不可靠的证据。

第 6 条是《电子签字示范法》中的核心条款，该条款的目的是确保任何真实的电子签字具有与手写签字同样的法律后果。

⑤ 电子签字的法律地位。为了促进电子商务的发展，商务当事方在使用电子签字技术而不是将争端提交法院时，需要有确定性和可预见性。如果某项签字技术可满足高度可靠性和安全性的要求，就应该有对可靠性和安全性的技术特性进行评估的方法，这种签字技术也应相应地获得某种形式的承认。国家可以建立任何实体，如认证机构（CA），承认对电子签字的使用，确立其效力或以其他方式验证其质量。

若法律确定实行电子签字，则在确定某一证书或某一电子签字是否具有法律效力或在多大程度上具有法律效力时，不得考虑签发证书或生成或使用电子签字的地理地点、或签发人或签字人的营业地所在地。

相关链接

WTO 的三大突破性协议

1986 年开始的关贸总协定乌拉圭回合谈判最终制定了《服务贸易总协定》。《服务贸易总协定》的谈判产生了一个《电信业附录》。这一附录的制定开始了全球范围内电信市场的开放。WTO 建立后，立即开展了信息技术的谈判，并先后达成了如下的三大协议。

（1）《全球基础电信协议》，该协议于 1997 年 2 月 15 日达成，主要内容是要求各成员方向外国公司开放其电信市场并结束垄断行为。

（2）《信息技术协议（ITA）》，该协议于 1997 年 3 月 26 日达成，协议要求所有参加方自 1997 年 7 月 1 日起至 2000 年 1 月 1 日将主要的信息技术产品的关税降为零。

（3）《开放全球金融服务市场协议》，该协议于 1997 年 12 月 31 日达成，协议要求成员方对外开放银行、保险、证券和金融信息市场。在 WTO 历史上，一年内制定三项重要协议是史无前例的，这三项协议为电子商务和信息技术的稳步有序发展确立了新的法律基础。

2. 中国电子商务交易安全的法律保护

1）中国涉及计算机安全的法律法规

中国的计算机立法工作开始于 20 世纪 80 年代。1981 年，公安部成立计算机安全监察机构，并着手制定有关计算机安全方面的法律法规和规章制度。1986 年 4 月开始草拟《中华人民共和国计算机信息系统安全保护条例》征求意见稿。1988 年 9 月 5 日第七届全国人民代表大会常务委员会第三次会议通过的《中华人民共和国保守国家秘密法》，在第三章第十七条中第一次提出：采用电子信息等技术存取、处理、传递国家秘密的办法，由国家保密工作部门会同中央有关机关规定。1989 年，我国首次在重庆西南铝厂发现计算机病毒后，立即引起有关部门的重视。公安部发布了《计算机病毒控制规定（草案）》，开始推行"计算机病毒研究和销售许可证"制度。1991 年 5 月 24 日，国务院第八十三次常委会议通过了《计算机软件保护条例》。这一条例是为了保护计算机软件设计人的权益，调整计算机软件在开发、传播和使用中发生的利益关系，鼓励计算机软件的开发与流通，促进计算机应用事业的发展，依照《中华人民共和国著作权法》的规定而制定的。这是我国颁布的第一个有关计算机的法律。1991 年 12 月 23 日，国防科学技术工业委员会发布了《军队通用计算机系统使用安全要求》，对计算机实体（场地、设备，人身、媒体）的安全、病毒的预防及防止信息泄露提出了具体措施。1992 年 4 月 6 日原机械电子工业部发布了《计算机软件著作权登记办法》，规定了计算机软件著作权管理的细则。

1994 年 2 月 18 日，国务院第 147 号令发布了《中华人民共和国计算机信息系统安全保护条例》，为保护计算机信息系统的安全，促进计算机的应用和发展，保障经济建设的顺利进行提供了法律保障。这一条例于 1988 年 4 月着手起草，1988 年 8 月完成了条例草案，经过近四年的试运行后方才出台。这个条例的最大特点是既有安全管理，又有安全监察，以管理与监察相结合的办法保护计算机资产。

针对国际互联网的迅速普及，为保障国际计算机信息交流的健康发展，1996 年 2 月 1 日国务院发布了《中华人民共和国计算机信息网络国际联网管理暂行规定》，提出了对国际联网实行统筹规划、统一标准、分级管理、促进发展的基本原则。1997 年 5 月 20 日，国务院对这一规定进行了修改，设立了国际联网的主管部门，增加了经营许可证制度，并重新发布。1997 年 6 月 3 日，国务院信息化工作领导小组在北京主持召开了中国互联网络信息中心成立暨《中国互联网络域名注册暂行管理办法》发布大会，宣布中国互联网络信息中心（CNNIC）成立，并发布了《中国互联网络域名注册暂行管理办法》和《中国互联网络域名注册实施细则》。中国互联网络信息中心将负责我国境内的互联网络域名注册、IP 地址分配、自治系统号分配、反向域名登记等注册服务；协助国务院信息化工作领导小组制定我国互联网络的发展方针、政策，实施对中国互联网络的管理。1997 年 12 月 8 日，国务院信息化工作领导小组根据《中华人民共和国计算机信息网络国际联网管理暂行规定》，制定了《中华人民共和国计算机信息网络国际联网管理暂行规定实施办法》，详细规定国际互联网管理的具体办法。与此同时，公安部颁布了《计算机信息网络国际联网安全保护管理办法》，原邮电部也出台了《国际互联网出入信道管理办法》，旨在通过明确安全责任，严把信息出入关口，设立监测点等方式，加强对国际互联网使用的监督和管理。

1996 年 3 月 14 日，国家新闻出版署发布了电子出版物暂行规定，加强对包括软磁盘（FD）、只读光盘（CD-ROM）、交互式光盘（CD-I）、图文光盘（CD-G）、照片光盘（Photo-CD）、集成电路卡（IC-Card）和其他媒体形态的电子出版物的保护。

1997 年 10 月，我国实行的新刑法中，第一次增加了计算机犯罪的罪名，包括非法侵入计算机系统罪，破坏计算机系统功能罪，破坏计算机系统数据程序罪，制作、传播计算机破坏程序罪等。这表明我国计算机法制管理正在步入一个新阶段，并开始和世界接轨，计算机立法的时代已经到来。

2）中国保护计算机网络安全的法律法规

（1）加强国际互联网出入信道的管理的法律法规。《中华人民共和国计算机网络国际联网管理暂行规定》规定，我国境内的计算机互联网必须使用国家公用电信网提供的国际出入信道进行国际联网。任何单位和个人不得自行建立或者使用其他信道进行国际联网。除国际通信出入口局作为国家总关口外，原邮电部还将中国公用计算机互联网划分为全国骨干网和各省、市、自治区接入网进行分层管理，以便对入网信息进行有效地过滤、隔离和监测。

（2）市场准入制度。《中华人民共和国计算机网络国际联网管理暂行规定》中规定了从事国际互联网经营活动和从事非经营活动的接入单位必须具备的条件：

① 是依法设立的企业法人或者事业单位。

② 具备相应的计算机信息网络、装备及相应的技术人员和管理人员。

③ 具备健全的安全保密管理制度和技术保护措施。

④ 符合法律和国务院规定的其他条件。

《中华人民共和国计算机信息系统安全保护条例》规定，进行国际联网的计算机信息系统，有计算机信息系统的使用单位须报省级以上的人民政府公安机关备案。

（3）安全责任。从事国际互联网业务的单位和个人，应当遵守国家有关法律、行政法规，严格执行安全保密制度，不得利用国际互联网从事危害国家安全、泄露国家秘密等违法犯罪活动，不得制作、复制和传播妨碍社会治安的信息和淫秽色情等信息。

计算机网络系统运行管理部门必须设有安全组织或安全负责人，其基本职责包括：保障本部门计算机网络的安全运行；制定安全管理的方案和规章制度；定期检察安全规章制度的执行情况，负责系统工作人员的安全教育和管理；收集安全记录，及时发现薄弱环节并提出改进措施；向安全监督机关和上级主管部门报告本系统的安全情况。

每个工作站和每个终端都要建立健全网络操作的各项制度，加强对内部操作人员的安全教育和监督，网络工作人员严格遵守操作职责，加强密码、口令和授权的管理，及时更换有关密码、口令；重视软件和数据库的管理和维护工作，加强对磁盘文件和软盘的发放和保管，禁止在网上使用非法软件、软盘。

网络用户也应提高安全意识，注意保守秘密，并应对自己的资金、文件、情报等机要事宜经常检查，杜绝漏洞。

网络系统安全保障是一个复杂的系统工程，它涉及法律、技术、设备、人员、管理制度等方面的问题，需要在网络硬件及环境、软件和数据、网际通信等不同层次上实施一系列的保护措施。只有将技术保障措施和法律保障措施密切结合起来，才能实现网络系统的安全性，保证我国计算机网络的健康发展。

3）中国涉及电子商务和交易安全的法律法规

目前，中国还没有出台电子商务法和专门针对电子商务交易安全的法律法规，因而，面对这种迅速发展的商品交易与计算机网络技术结合的新交易形式，我们应当充分利用已经公布的有关交易安全和计算机安全的法律法规，保护电子商务交易的正常进行，并在不断的探索中逐步建立适合中国国情的电子商务的法律制度。国务院颁布的《中华人民共和国计算机信息网络国际联网管理暂行规定》和公安部颁发的《计算机信息网络国际联网安全保护管理办法》，就是两个对电子商务具有重大影响的重要行政法规。

除此以外，中国现行的涉及交易安全的法律法规主要有以下 4 类。

（1）综合性法律，主要是《民法通则》和《刑法》中有关保护交易安全的条文。

（2）规范交易主体的有关法律，如《公司法》、《国有企业法》、《集体企业法》、《合伙保险法》、《私营企业法》、《外资企业法》等。

（3）规范交易行为的有关法律，包括《经济合同法》、《产品质量法》、《财产保险法》、《价格法》、《消费者权益保护法》、《广告法》、《反不正当竞争法》等。

（4）监督交易行为的有关法律，如《会计法》、《审计法》、《票据法》、《银行法》等。

中国法律对交易安全的研究起步较晚，且长期以来注重对财产静态权属关系的确认和静态的安全保护，未能反映现代市场经济交易频繁、活跃、迅速的特点。虽然上述法律制度体现了部分交易安全的思想，但大都没有明确的交易安全的规定，在司法实践中制度的执行并未完全体现法律的严肃性，人治大于法治的现象还时有发生；一些法律条文在具体解释和操作上还存在一些瑕疵，如《民法通则》第六十六条规定的"本人知道他人以本人的名义实施民事行为而不做否认表示则视为同意"，体现了交易安全中表见代理的思想，但却没有形成一套清晰的表见代理制度；在立法和司法解释上，背离交易安全精神的规范大量存在。因此，尽快制定适合我国国情的电子商务安全交易法已成为当务之急。

2001 年 3 月，全国人大财经委有关负责人在回答记者关于电子商务安全交易立法时表示为推动电子商务的开发和应用，应当加强有利于电子商务发展的政策法规环境建设，目前已有的相关法律法规适用于电子商务的应遵从其规定，不适应的需进行修改和完善。国务院常务会议已审议通过了互联网信息服务管理办法，在此基础上，尽快制定一部关于电子商务与网络信息安全的法律十分必要。信息产业部正与相关部委加紧此项立法草案的拟订工作，争取近期完成并报送国务院。全国人大财经委员会已建议信息产业部在进行上述工作的同时，与有关部门一起进一步加强这方面的研究，为电子商务立法做好前期准备，并已建议全国人大常委会将电子商务立法适时列入立法规划。

2001 年 8 月 12 日，由武汉大学法学院教授黄进发起，联合中国人民大学、暨南大学、北京邮电大学共同完成的《中华人民共和国电子商务法》（示范法）第一稿正式成形并面向全国专家学者征求意见。这份初稿借鉴了欧美等发达国家的电子商务立法，从而减少了我国与国外电子商务立法的冲突，利于跨国电子商务的运行。

但由于我国目前电子商务发展的时间不长，交易额小，电子支付系统尚未建立，电子商务框架体系尚不成熟，目前直接进行电子商务立法的条件尚不具备。所以尽管这方面的要求十分强烈，但立法工作的进程并无显著突破。

4）电子商务安全保障法规的制定思路

电子商务的迅速发展，对交易安全提出了更高的要求。强化交易安全的法律保护已是立法的一项紧迫任务。在具体做法上，我们可以借鉴以下思路。

（1）在民法和基本法的立法上，应反映出交易安全的理念。为此，要大胆借鉴和移植发达国家电子商务保护交易安全的成功经验和制度，并结合我国的实际情况，构建一套强化交易安全保护的法律制度。

（2）在商事单行法的立法上，可以基于商法的特别法地位及其相对独立性，满足商法中商业行为较高的交易安全要求，在某些方面可以适当突破民法中的某些法律条文限制，以期强化这方面的交易安全保护。

（3）在计算机及其网络安全管理的立法上，应针对电子商务交易在虚拟环境中运行的特点，明确提出电子商务交易安全保护的法律措施。

（4）在法律解释上，必须全面清理最高人民法院所做出的司法解释，剔除不利于交易安全的结论，并在以后的解释中注重考虑交易安全的因素。

（5）尽快制定保证电子商务交易安全的专门法律法规文件。

电子商务是运用现代信息技术和网络技术，依托开放式的 Internet 进行营销宣传、业务洽谈及支付结算等商务活动的新型网上在线贸易方式。它是金融电子化、管理信息化、商贸网络化、办公无纸化的综合统一体。作为一项社会系统工程，它的发展涉及银行、保险、税务、交通、海关等各部门及政府管理职能的方方面面。各部门必须协调一致，统一规划，才能引导电子商务走向规范化道路。同时，电子商务作为一种全新的商业运作模式，它的发展必然对传统经济生活产生冲击，新情况、新问题的出现要求各相关部门及早拿出解决方案，积极主动地配合推动我国电子商务的发展。

 **实践训练**

1．课堂讨论

（1）了解《电子商务示范法》的主要内容，该法主要解决了哪方面的问题？

（2）传统签名的法律意义。

（3）电子签字中当事人各方的基本行为规范。

2．案例分析

《网络交易管理办法》

2014 年 2 月 13 日，国家工商行政管理总局公布了《网络交易管理办法》，消费者的网购"后悔权"在法律和部门规章层面都获得支持。《网络交易管理办法》（以下简称《办法》），自2014 年 3 月 15 日起施行。

《办法》明确规定，消费者有权自收到商品之日起 7 日内退货，且无须说明理由。《办法》还规定，尚不具备注册条件的自然人，需第三方交易平台登记此人的真实身份信息进行审查和登记，但未硬性规定必须办理营业执照。此外，《办法》对网络商品交易中"信用评价"、"推广"等必须如实披露信息，避免消费者误解等首次做出明确规定。

《办法》的四大亮点：

（1）通过微博有偿推广商品需进行明示；

（2）交易平台不得任意调整网店"评级"；

（3）在第三方平台开网店不强制办营业执照；

（4）经营者信息网站需保留至少两年。

《办法》中的相关细则让不少网络消费者"点赞"，也表明一个更加完善的政策法规是营造更加成熟、规范的网购环境的基础，并将由此带动更多人尝试网购。可以预见的是，随着中国网络交易政策法规的不断完善，网络购物环境将更加"清新"，网络交易也将迎来更加广阔的前景。

讨论与分析

《办法》虽然有很多可取之处，但是还存在一定缺陷，上网查阅《办法》的详细内容，指出其不足之处和重大意义。

3. 实务训练

网上查找我国电子商务的立法成果。

实训说明

（1）课后收集整理。

（2）课堂交流讨论。

4. 课后拓展

（1）借助网络进一步了解联合国《电子商务示范法》、《电子签字示范法》和《网络交易管理办法》。

（2）上网查询阅读《2013—2014年度中国电子商务法律报告》。

第3单元　《电子签名法》和《非金融机构支付服务管理办法》

情景案例

课堂上，张丽艳接到老师布置的一个案例分析作业，内容如下：张山兄弟二人，大学毕业后都在外地工作。老大已娶妻生子，生活较为宽裕。小弟工作在西北山区，条件艰苦，工资收入低，至今未婚。父母一直对他放心不下。今年父母双双病逝，逝世前他们通过电子邮箱分别给两个儿子发了一封关于房屋等价值 100 万遗产的处理函（遗嘱）。写明上述遗产在他们离世后归小儿子所有，并注明了年月日，并有亲笔签名。父母走后，兄弟二人在清理父母的遗物时，一直没有找到这份电子遗嘱的手稿。那么，这份电子遗嘱是否具有法律效力呢？

任务思考

什么是电子遗嘱，是否具有法律效力？电子签名有法律效力吗？

任务分析

电子邮件是指通过电子等方式产生、传递、接收或储存信息的方式，是国际互联网提供的通信方式之一。根据 2005 年 4 月 1 日起施行的《中华人民共和国电子签名法》第三条规定，民事活动中的合同或者其他文件、单证等文书，当事人可以约定使用或者不使用电子签名、数据电文。当事人约定使用电子签名、数据电文的文书，不得仅因为其采用电子签名、数据电文的形式而否定其法律效力。但前款规定不适用下列文书：一是涉及婚姻、收养、继承等人身关系的；二是涉及土地、房屋等不动产权益转让的；三是涉及停止供水、供热、供气、供电等公用事业服务的；四是法律、行政法规规定的不适用电子文书的其他情形。目前，我国继承法第十七条只规定了五种有效形式的遗嘱：公证遗嘱、自书遗嘱、代书遗嘱、录音遗嘱、口头遗嘱，没有电子遗嘱的规定。因此尽管电子邮件属于书面证据的一种，可靠的电子签名与手写签名或者盖章具有同等的法律效力，但电子邮件遗嘱是没有法律效力的，即便有立遗嘱人的亲笔签名，注有年月日，符合自书遗嘱的构成要件，电子签名已经第三方认证并非伪造，也不能认定该电子邮件遗嘱为有效的遗嘱。因此，张山父母的遗产应当按照继承法第十条法定继承办理，即由第一顺序继承人配偶、子女、父母继承。同时，根据第十三条规定，同一顺序继承人继承遗产的份额，一般应当均等。继承人协商同意的，也可以不均等。据此，本案可以由张山兄弟二人协商，尽量遵循其父母的遗愿处理。

 ## 相关知识

国际上第一部电子签名法制定于 1995 年，由美国的犹他州制定。此后，有关电子商务的法律开始在各个国家陆续制定。例如，新加坡于 1998 年颁布了《电子商务法》，该法主要涉及电子商务的三个核心问题，其中之一即是"电子签名"，其内容占据了大量篇幅，是该法的核心内容。日本政府于 2000 年 6 月颁布了《数字化日本之发端——行动纲领》，该纲领重申了电子签名认证系统对发展电子商务的重要意义，并分析了几类具体认证系统及日本应采取的态度，行动纲领建议立法要点有明确"电子签名"的法律地位，保障"电子签名"所使用技术的中立性等。1996 年联合国国际贸易法委员会推出的《电子商务示范法》，其中第 7 条对"签字"问题做了具体规定。此外，俄罗斯和欧盟及我国的台湾地区也都制定了相关的法律。截至目前，世界上已有 60 多个国家和地区制定了相关的法律法规。

世界各国和地区对电子签名方面的立法对规范电子签名活动，保障电子安全交易，维护电子交易各方的合法权益，促进电子商务的健康发展起到了重要作用。

1．中国《电子签名法》概述

1）《电子签名法》的出台

2005 年的 4 月 1 日，对我国信息化的发展来说意味着一个新时代的开始，因为从这一天起我国信息化将告别过去无法可依的历史。《中华人民共和国电子签名法》（以下简称《电子签名法》），于 2004 年 8 月 28 日第十届全国人民代表大会常务委员会第十一次会议通过，自 2005 年 4 月 1 日起施行。

虽然说《电子签名法》只是我国电子商务历程中一部从局部入手的法律，但是它的诞生使我们看到了我国在信息化领域探索法治管理的良好开端。随着我国信息化建设的全面深入及法制建设的日益加强，我们相信，《电子签名法》仅仅撩开了我国信息化领域法制建设神秘面纱的一角，更精彩的篇章将会紧随其后。

自 20 世纪 90 年代以来，以计算机网络和电子技术应用为依托的电子商务开始在全球范围内得到日益广泛的应用，但人们在感受电子商务比传统商务具有更为便捷、高效、覆盖面广、交易费用低廉等明显优势的同时，也深深感到这种新的交易方式在广泛应用过程中遇到的来自传统法律的障碍。这种障碍首先体现在以无纸化记载的信息代替以传统纸质为载体的信息是否具有法律效力的问题；其次是如何界定以数据文件在网络间传递的信息的原件及其保存的问题；此外还有签名的问题，因为在电子商务中，传统的签名方式不可能被采用，人们必须创造一种在网络上的签名方式，并且此方式要被法律确定为有效。而以上三个问题如果不能取得法律上的说法，电子商务就难以取得长足的发展。

基于这些原因，世界各国对于电子商务的立法都给予了高度关注。到目前为止，全世界已有 60 多个国家和地区分别制定了各自的电子签名或电子商务方面的相关法律及法规。

随着计算机在中国的普及与应用，中国的电子商务应用也日益广泛。而且从与国际化接轨的需要看，中国的经济正在逐步融入世界经济活动的大家庭中，这就要求中国在享受 WTO 普遍优惠的同时，其经济行为和方式也必然要受到 WTO 规则的约束。同时，中国经过 20 多年的改革开放，在世界范围内的经济地位正在不断攀升，国内及国际间的交流合作也日益频繁。这些都要求我国必须尽快出台既与本国发展相适应，又适合于国际间交流的相关制度，《电子签名法》适时而生。

《电子签名法》的产生在我国并非一蹴而就。早在 1999 年两会期间就提出了电子商务立法的问题，鉴于当时条件的不成熟，该提案并没有得以立即实现，但有关部门实际上已经开始着手相关问题的研究。从 2002 年开始，鉴于电子商务立法的复杂性，有关部门决定先从局部着手进行立法，这就是今天的《电子签名法》。《电子签名法》在其制定过程中历经几次改名，曾经被定为《电子签章法》、《数字签名法》，最终本着技术中立的原则，被确定为《电子签名法》。

2）《电子签名法》的内容

《电子签名法》共分五章三十六条。 第一章总则，包括第一至第三条； 第二章数据电文，包括第四条至十二条；第三章电子签名与认证，包括第十三条至二十六条；第四章法律责任，包括第二十七条至第三十三条；第五章附则，包括第三十四条至第三十六条。

3）《电子签名法》要解决的问题

根据《电子签名法》的条文内容我们可以看出，该法立法的直接目的是为了规范电子签名行为，确立电子签名的法律效力，维护各方合法权益；立法的最终目的是为了促进电子商务和电子政务的发展，增强交易的安全性。《电子签名法》重点解决了五方面的问题：一是确立了电子签名的法律效力；二是规范了电子签名的行为；三是明确了认证机构的法律地位及认证程序，并给认证机构设置了市场准入条件和行政许可的程序；四是规定了电子签名的安全保障措施；五是明确了认证机构行政许可的实施主体是国务院信息产业主管部门。

4）《电子签名法》的特点

解读《电子签名法》，我们还可以发现这部法律与其他国家或地区的电子签名方面的立法相比，有许多共性及个性方面的特点。

与国外相关法律相比，我国的《电子签名法》共性特点主要体现在三方面。一是电子签名技术问题复杂，但法律问题相对简单。与传统商务相比，电子商务本身也是商务，只是载体发生了变化，因此在制定《电子签名法》时着重进行了技术方面的规定，而在法律方面大多数只要采用功能等同于传统法律即可，因此文中有关法律描写的章节较少。这一点与国际上相关的法律十分吻合，国际上许多国家的相关立法在法律方面的篇幅也都很少。二是具有很强的国际统一趋势。电子商务最大的优势就是可以利用全球的网络进行网上交易，这就要求《电子签名法》必须具有国际性。在联合国的努力下，目前很多国家有关数据电文和电子签名的规定大体一致。我国《电子签名法》的基本规定与联合国的《电子商务示范法》也基本一致。三是采取了"技术中立"的立法原则。法律只规定了作为安全可靠的电子签名所应达到的标准，对于采用何种技术手段法律不做规定，因为信息技术发展日新月异，如果法律过多局限于某项技术，随着技术的变化就可能失效。我国立法初期名称的不断改变就是为了规避因技术发展可能产生的矛盾。

《电子签名法》的个性特点也主要体现在三方面。一是体现引导性，而不是强制性。例如，在电子商务活动或电子政务活动中，可以使用电子签名，也可以不使用电子签名；可以用第三方认证，也可以不用第三方认证。二是体现开放性，而不是封闭性。例如，虽然从条文规定来看主要适用于电子商务，但又不完全局限于电子商务，电子政务也同样适用。另外，从技术层面上看，并不局限于使用一种技术。三是条文规定体现的是原则性，而不是具体性。例如，条文中对"第三方"的界定、对认证机构的条件设置等，都是采用了"原则性"而非"具体性"的处理方式，留下了很大的法律空间。

5）电子签名法的适用范围

制定《电子签名法》的主要目的是为了规范电子签名行为，确立电子签名的法律效力。目前，电子签名主要是在电子商务活动中使用的。随着信息化水平的不断提高，在政府部门对一些经济、社会事务管理中，也开始采用电子手段，如电子报关、电子报税、电子年检及行政许可法规定的可以采用数据电文方式提出行政许可申请等，这些也都涉及电子签名的法律效力问题，同样需要适用电子签名的有关规定。因此，《电子签名法》的适用范围应有一定的前瞻性和包容性，即主要适用于商务活动，但又不限于商务活动。所有使用电子签名、数据电文的领域，关于电子签名、数据电文的法律效力问题，均适用电子签名法的规定。同时，考虑到经济、社会等方面的行政管理活动中使用数据电文、电子签名的特殊情况，《电子签名法》授权国务院依据本法制定政务活动和其他社会活动中使用电子签名、数据电文的具体办法。

此外，基于交易安全和社会公共利益的考虑，借鉴一些国家的做法，《电子签名法》规定在一些特定范围内的法律文书，不适用电子签名法关于电子签名、数据电文的法律效力的规定，它包括以下几方面：

（1）涉及婚姻、收养、继承等人身关系的；

（2）涉及土地、房屋等不动产权益转让的；

（3）涉及停止供水、供热、供气、供电等公用事业服务的；

（4）法律、行政法规规定的不适用电子文书的其他情形。

作为我国信息化领域的第一部法律，同时也是我国《行政许可法》实施以来以法律形式对直接关系公众利益的电子认证服务业设置行政许可，并授权中华人民共和国工业和信息化部作为实施机关对电子认证服务提供者实施监督管理的第一部法律，《电子签名法》对实施信息化管理的部门来说，是依法行政的重要一步。

 相关链接

电子签名与手写签名的区别

随着信息科技越来越发达，电子签名成为手写签名的延伸，那么电子签名与手写签名有何区别呢？

手写签名是指特定的人将能够表明或证明是自己或其代表的组织或他人的特定的符号，以手写或以其他方式签在特定的文件或单据上，以表明愿意受到该文件或单据所载书面内容约束的行为。一般对传统签名的要求：正确的名字、书面形式、本人亲手书写。传统签名具有标识当事人身份及其对内容承认、认可的作用。

电子签名是指数据电文中以电子形式所含、所附用于识别签名人身份并表明签名人认可其中内容的数据。电子签名具有多种形式，例如，附着于电子文件的手写签名的数字化图像，包括采用生物笔迹辨别法所形成的图像；向收件人发出证实发送人身份的密码、计算机口令；采用特定生物技术识别工具，如指纹或眼虹膜透视辨别法等。无论采用什么样的技术手段，只要符合电子签名法规定的要件，就是电子签名法所称的电子签名。

电子签名与传统的手写签字相比有如下特点：

（1）电子签名仅表现为一组代码，需要计算机系统进行鉴别，无法仅从视觉上进行辨认。

（2）电子签名是一种数据，无法以原件形式提交。

（3）电子签名一般通过计算机网络在线签署，可以节省当事人的时间、提高交易效率。

（4）电子签名需要特殊的电子认证以确定其真实性，需要经过资质信誉良好的认证机构按照一定的标准，通过计算机系统的核查对电子签名的真实性与有效性予以确认。

（5）电子签名容易被改动，且修改后不易被发现，可能会给电子签名的签署者在电子交易中带来一定损失。

（6）大多数人只有一种手书签名样式（虽然事实上它可能发生演变），但一个人却可能同时拥有许多个电子签名。

（7）传统签名几乎不存在被签署者完全忘记的情况，而电子签名则有可能被遗忘。

2. 中国《非金融机构支付服务管理办法》

（1）《非金融机构支付服务管理办法》颁布的意义。2010年6月1日，中国人民银行公布了《非金融机构支付服务管理办法》，办法对非金融机构支付服务进行了规范，为企业、个人用户的资金安全提供了制度保障。《非金融机构支付服务管理办法》的出台，符合非金融机构在遵循平等竞争规则基础上规范有序发展的需要，符合广大消费者维护正当权益、保障资金安全的需要，符合国家关于鼓励金融创新、发展金融市场、维护金融稳定和社会稳定要求的需要，必将对我国金融体系的健康发展产生积极而重要的影响。

（2）《非金融机构支付服务管理办法》的主要内容。《非金融机构支付服务管理办法》（以下简称《办法》）共五章五十条，主要内容如下。

第一章总则　主要规定了《办法》的立法依据、立法宗旨、立法调整对象、非金融支付业务申请与许可条件、人民银行的监管职责与支付机构支付业务的总体经营原则等。

第二章申请与许可　主要规定了非金融机构支付服务市场准入条件及中国人民银行关于《支付业务许可证》的两级审批程序。市场准入条件主要强调申请人的机构性质、注册资本、反洗钱措施、支付业务设施、资信状况及主要出资人等应符合的资质要求。此外，明确了支付机构变更等事项的审批要求。

第三章监督与管理　主要规定了非金融支付机构在规范经营、资金安全、系统运行等方面应承担的责任与义务，以确保其在运营中的各项安全。

规范经营主要强调支付机构应按要求的范围从事支付业务、报备并公开披露业务收费情况、制定并披露服务协议、校验客户身份信息、保守客户秘密、保管业务相关资料、规范发票的开具等；资金安全主要强调支付机构应在同一商业银行专户存放接收的客户备付金，且只能按客户要求使用；系统运行主要强调支付机构应具备必要工具支撑，如技术手段、灾难恢复处理能力及应急处理能力等。此外，支付机构还需配合人民银行进行监督检查等。

第四章罚则 主要明确中国人民银行工作人员、商业银行、支付机构等各责任主体相应承担的法律责任等。各责任主体若违反《办法》中的相关规定要依法给予行政处分，构成犯罪的，依法追究刑事责任。

第五章附则 主要明确了《办法》的过渡期要求、施行日期等。本办法实施前已经从事支付业务的非金融机构，应当在本办法实施之日起 1 年内申请取得《支付业务许可证》。逾期未取得的，不得继续从事支付业务。

 相关链接

非金融机构支付服务兴盛惠及电子商务产业链

随着《非金融机构支付服务管理办法》等相关政策的出台，非金融机构支付服务被正式纳入国家监管体系，并拥有合法的身份。近年来，其以自身优势，努力寻求和挖掘新的利润增长点，在支付渠道、支付工具和产品服务等方面进行了一系列创新，以不断满足电子商务企业和个人的支付需求。例如，非金融支付服务机构向企业提供的全系列的支付服务产品及定制化的行业解决方案，有效地提高了商户增加资金流运作的效率，降低了风险。成长型电子商务企业，特别是其中的中小企业在运营过程中除接受银行的支持外，同样也离不开非金融机构支付服务。除了常规的资金流转和结算，其帮助企业建立的诚信交易，包括资金的整体运营，对于电子商务企业自身，乃至整个电子商务产业链也至关重要。环迅支付是中国最早的第三方支付品牌，自获得中国人民银行颁发的支付业务许可证以来，除基于原有的产品和服务创新之外，还加紧向整个电子商务产业链布局，旗下以"付联网"为代表的创新性应用，在满足电子商务产业链上下游整合及跨行业联合的发展需求基础上，全面覆盖了包括外贸领域、金融、现代服务业、制造业、供应链整体解决方案等多个领域。

实践证明，非金融机构进行的一系列支付服务创新，拓展了银行支付服务的广度和深度，填补了银行支付服务可能存在的空白。同时非金融机构的支付服务创新打破了银行支付服务同质化的倾向，带动和促进了整个支付服务市场的创新，提高了支付服务效率，增加了消费者福利。此外，非金融机构支付服务的多样化、差异化、个性化等特点较好地满足了电子商务企业和居民个人的支付需求，促进了电子商务和信息经济的发展，在刺激消费、扩大内需、促进经济增长方式转变等方面发挥了积极的作用。

 实践训练

1. 课堂讨论

（1）《电子商务示范法》的主要内容。

（2）电子签字中当事各方的基本行为规范。

（3）《电子签名法》的作用与意义。

2．案例分析

《电子签名法》全国第一案

案情简介：

2004年1月，杨先生结识了女孩韩某。同年8月27日，韩某发短信给杨先生，向他借钱应急，短信中说："我需要5000元，刚回北京做了眼睛手术，不能出门，你汇到我卡里"。杨先生随即将钱汇给了韩某。一个多星期后，杨先生再次收到韩某的短信，又借给韩某6000元。因都是短信来往，两次汇款杨先生都没有索要借据。此后，因韩某一直没提过借款的事，而且又再次向杨先生借款，杨先生产生了警惕，于是向韩某催要。但一直索要未果，于是起诉至海淀法院，要求韩某归还其11 000元钱，并提交了银行汇款单存单两张。但韩某却称这是杨先生归还以前欠她的欠款。

为此，在庭审中，杨先生在向法院提交的证据中，除了提供银行汇款单存单两张外，还提交了自己使用的号码为"1391166××××"的飞利浦移动电话一部，其中记载了部分短信息内容。例如，"2004年8月27日15:05，那就借点资金援助吧"。2004年8月27日15:13，"你怎么这么实在！我需要5000，这个数不大也不小，另外我昨天刚回北京做了个眼睛手术，现在根本出不了门口，见人都没法见，你要是资助就得汇到我卡里！"等韩某发来的18条短信内容。

后经法官核实，杨先生提供的发送短信的手机号码拨打后接听者是韩某本人。而韩某本人也承认，自己从去年七、八月份开始使用这个手机号码。

法庭判决：

法院经审理认为，依据《最高人民法院关于民事诉讼证据的若干规定》中的关于承认的相关规定，"1391173××××"的移动电话号码是否由韩女士使用，韩女士在第一次庭审中明确表示承认，在第二次法庭辩论终结前韩女士委托代理人撤回承认，但其变更意思表示未经杨先生同意，亦未有充分证据证明其承认行为是在受胁迫或者重大误解情况下作出，原告杨先生对该手机号码是否为被告所使用不再承担举证责任，而应由被告对该手机其没有使用过承担举证责任，而被告未能提供相关证据，故法院确认该号码系韩女士使用。

依据2005年4月1日起施行的《中华人民共和国电子签名法》中的规定，电子签名是指数据电文中以电子形式所含、所附用于识别签名人身份并表明签名人认可其中内容的数据。数据电文是指以电子、光学、磁或者类似手段生成、发送、接收或者储存的信息。移动电话短信息即符合电子签名、数据电文的形式。同时移动电话短信息能够有效地表现所载内容并可供随时调取查用；能够识别数据电文的发件人、收件人，以及发送、接收的时间。经本院对杨先生提供的移动电话短信息生成、储存、传递数据电文方法的可靠性；保持内容完整性方法的可靠性；用以鉴别发件人方法的可靠性进行审查，可以认定该移动电话短信息内容作为证据的真实性。根据证据规则的相关规定，录音、录像及数据电文可以作为证据使用，但数据电文可以直接作为认定事实的证据，还应有其他书面证据相佐证。

通过韩女士向杨先生发送的移动电话短信息内容中可以看出：2004年8月27日韩女士提出借款5000元的请求并要求杨先生将款项汇入其卡中，2004年8月29日韩女士向杨先生询问款项是否存入，2004年8月29日中国工商银行个人业务凭证中显示杨先生给韩女士汇款5000元；2004年9月7日韩女士提出借款6000元的请求，2004年9月8日中国工商银行个人业务凭证中显示杨先生给韩女士汇款6000元。2004年9月15日至2005年1月韩女士屡次向杨先生承诺还款。

杨先生提供的通过韩女士使用的号码发送的移动电话短信息内容中载明的款项往来金额、

时间与中国工商银行个人业务凭证中体现的杨先生给韩女士汇款的金额、时间相符，且移动电话短信息内容中也载明了韩女士偿还借款的意思表示，两份证据之间相互印证，可以认定韩女士向杨先生借款的事实。据此，杨先生所提供的手机短信息可以认定为真实有效的证据，证明事实真相，本院对此予以采纳，对杨先生要求韩女士偿还借款的诉讼请求予以支持。

本案是我国电子签名法实施后，法院依据电子签名法裁判的第一起案例，意义重大，意味着我国的电子签名法真正开始走入司法程序，数据电文、电子签名、电子认证的法律效力得到了根本的保障，通过电子签名法的实施，基本上所有与信息化有关的活动在法律的层面都有了自己相应的判断标准。

资料来源：http://www.chinaeclaw.com/News/2005-07-25/3863.html

讨论与分析

（1）在本案中，法官引用了电子签名法的哪些规定裁判了本案？

（2）根据我国电子签名法的规定，审查数据电文作为证据的真实性，应当考虑的因素有哪些？

3．实务训练

（1）网上进一步了解我国《电子签名法》颁布的内容及适用范围。

（2）网上进一步了解《非金融机构支付服务管理办法》颁布的内容及意义。

实训说明

（1）课后收集整理。

（2）课堂交流讨论。

4．课后拓展

（1）借助网络了解《电子签名法》自颁布以来在各方面的实施情况。

（2）借助网络了解当前非金融机构支付服务开展情况。

知识小结

一个良好的电子商务环境，不仅取决于计算机和网络技术的发展，在很大程度上还取决于电子商务法律的健全。

本模块详细介绍了买卖双方之间、网络交易中心、网站经营者、客户与网上银行及认证机构等电子商务参与各方的法律关系、地位和责任；并对我国涉及计算机安全、网络安全和电子商务交易安全的法律法规；对电子商务安全交易影响大的联合国《电子商务示范法》《电子签字示范法》和中华人民共和国《电子签名法》《非金融机构支付服务管理办法》做了简要叙述。

网络系统安全保障是一个复杂的系统，它涉及诸多方面，包括技术、设备、各类人员、管理制度、法律调整等，需要在网络硬件及环境、软件和数据、网络通信等不同层次上实施一系列的保护措施。只有将技术保障措施与法律保障措施有效地结合起来，才能实现安全性，保证我国计算机网络的健康发展。

练习测试

1．名词解释

电子合同　　电子签名

2．选择题

（1）电子合同是通过计算机网络系统订立的，以（　　）方式生成、储存或传递的合同。

    A．电子手段　　　　　　B．光学手段　　　　　C．数据电文　　　　　　D．电子邮件

（2）联合国在（　　）中对"电子商务"中的"商务"一词做了广义的解释。

    A．《电子商务示范法》　　　　　　　　　B．《电子商业示范法》

    C．《贸易法委员会电子签字示范法》　　　D．《电子签字统一规则》

（3）以下（　　）为立法的核心。

    A．特定的主体　　　　　　　　　　　　B．特定的社会关系

    C．电子商务　　　　　　　　　　　　　D．调整对象

（4）电子商务法的调整对象是（　　）。

    A．电子商务的参与者

    B．电子商务交易活动中发生的各种社会关系

    C．认证中心与被认者之间的关系

    D．虚拟银行与交易参与者之间的关系

（5）对电子商务立法的理解，应从（　　）方面进行考虑。

    A．商务　　　　　　　　　　　　　　　B．网络交易客户

    C．网络交易中心　　　　　　　　　　　D．电子商务所包含的通信手段

3．简答题

（1）简述电子商务交易中买卖双方之间的法律关系。

（2）简述联合国《电子商务示范法》颁布的目的与意义。

（3）我国现行的涉及交易安全的法律法规有哪些？

（4）简述电子签字的功能。

（5）《非金融机构支付服务管理办法》的颁布对促进经济增长发挥了哪些积极的作用？

4．论述题

（1）谈谈你对我国发展电子商务法律的认识。

（2）分析比较中外电子支付立法情况。

参 考 文 献

[1] 臧良运，纪香清．电子商务支付与安全．北京：电子工业出版社，2006．

[2] 臧良运．电子商务支付与安全．北京：电子工业出版社，2010．

[3] 陈萱．电子商务概论．上海：上海交通大学出版社，2005．

[4] 杨坚争，杨立钒，赵雯．电子商务安全与电子支付（第2版）．北京：机械工业出版社，2011．

[5] 崔爱国，严春风．电子商务安全与支付．北京：电子工业出版社，2013．

[6] 祝凌曦，陆本江．电子商务安全与支付．北京：人民邮电出版社，2013．

[7] 崔爱国．电子商务安全与支付．北京：电子工业出版社，2010．

[8] 屈武江，陈晴光．电子商务安全与支付技术（第2版）．北京：中国人民大学出版社，2013．

[9] 李洪心，马刚．电子支付与结算．北京：电子工业出版社，2010．

[10] 帅青红．网上支付与安全．北京：北京大学出版社，2010．

[11] 王维安．网络金融学．杭州：浙江大学出版社，2002．

[12] 张铭洪，张丽芳．网络金融学．北京：科学出版社，2010．

[13] 柯新生．网络支付与结算（第2版）．北京：电子工业出版社，2010．

[14] 帅青红．电子支付与结算．大连：东北财经大学出版社，2011．

[15] 周虹．电子支付与网络银行（第2版）．北京：中国人民大学出版社，2011．

[16] 李洪心．电子商务安全．北京：北京师范大学出版社，2011．

[17] 宋文官．电子商务概论（第3版）．北京：清华大学出版社，2012．

[18] 熊平，朱平，陆安生，张爱菊．电子商务安全技术（第2版）．北京：清华大学出版社，2013．

[19] 胡伟雄．电子商务安全与认证．北京：高等教育出版社，2011．

[20] 王丹．电子商务法律实务．上海：上海交通大学出版社，2013．

[21] 胡伟雄．电子商务安全与认证．北京：高等教育出版社，2011．

[22] 王芸．电子商务法律基础知识（第2版）．北京：高等教育出版社，2010．

[23] 肖伟民，王丽萍．电子商务法律法规．北京：电子工业出版社，2010．

反侵权盗版声明

电子工业出版社依法对本作品享有专有出版权。任何未经权利人书面许可，复制、销售或通过信息网络传播本作品的行为；歪曲、篡改、剽窃本作品的行为，均违反《中华人民共和国著作权法》，其行为人应承担相应的民事责任和行政责任，构成犯罪的，将被依法追究刑事责任。

为了维护市场秩序，保护权利人的合法权益，我社将依法查处和打击侵权盗版的单位和个人。欢迎社会各界人士积极举报侵权盗版行为，本社将奖励举报有功人员，并保证举报人的信息不被泄露。

举报电话：（010）88254396；（010）88258888

传　　真：（010）88254397

E-mail：　dbqq@phei.com.cn

通信地址：北京市万寿路 173 信箱

　　　　　电子工业出版社总编办公室

邮　　编：100036